O MUNDO AINDA É JOVEM

DOMENICO DE MASI

O MUNDO AINDA É JOVEM

CONVERSAS SOBRE O FUTURO PRÓXIMO
com Maria Serena Palieri

TRADUÇÃO: Sieni Cordeiro Campos e Reginaldo Francisco

VESTÍGIO

Copyright © 2019 Domenico De Masi
Copyright © 2019 Editora Vestígio

Título original: *Il mondo è giovane ancora. Conversazione sul futuro con Maria Serena Palieri*

Todos os direitos reservados pela Editora Vestígio. Nenhuma parte desta publicação poderá ser reproduzida, seja por meios mecânicos, eletrônicos, seja via cópia xerográfica, sem a autorização prévia da Editora.

GERENTE EDITORIAL
Arnaud Vin

EDITORAS RESPONSÁVEIS
Maria Amélia Mello
Rejane Dias

EDITORA ASSISTENTE
Cecília Martins

PREPARAÇÃO DE TEXTO
Sonia Junqueira

REVISÃO
Carla Neves
Mariana Faria

CAPA
Diogo Droschi

DIAGRAMAÇÃO
Waldênia Alvarenga

Dados Internacionais de Catalogação na Publicação (CIP)
Câmara Brasileira do Livro, SP, Brasil

Masi, Domenico De, 1938-
  O mundo ainda é jovem : conversas sobre o futuro próximo com Maria Serena Palieri / Domenico De Masi ; tradução Sieni Cordeiro Campos, Reginaldo Francisco. -- 1. ed. -- São Paulo : Vestígio, 2019.

  Título original: Il mondo è giovane ancora. Conversazione sul futuro con Maria Serena Palieri

  ISBN 978-85-54126-49-0

  1. Conversa 2. Ciências sociais - Filosofia 3. Ciência política - Filosofia 4. Palieri, Maria Serena I. Título.

19-28562   CDD-300.1

Índices para catálogo sistemático:
1. Ciências sociais : Filosofia 300.1

Maria Alice Ferreira - Bibliotecária - CRB-8/7964

A **VESTÍGIO** É UMA EDITORA DO **GRUPO AUTÊNTICA**

São Paulo
Av. Paulista, 2.073, Conjunto Nacional, Horsa I
23º andar . Conj. 2310-2312 .
Cerqueira César . 01311-940 São Paulo . SP
Tel.: (55 11) 3034 4468

Belo Horizonte
Rua Carlos Turner, 420
Silveira . 31140-520
Belo Horizonte . MG
Tel.: (55 31) 3465 4500

www.editoravestigio.com.br

7 APRESENTAÇÃO

9 INTRODUÇÃO

13 **DESORIENTAÇÃO E PROJETO**

35 **LONGEVIDADE E VELHICE**

61 **ANDROGINIA E GÊNEROS**

79 **DIGITAIS E ANALÓGICOS**

99 **TRABALHO, ÓCIO**

129 **MEDO E CORAGEM**

167 **ENGAJAMENTO E EGOÍSMO**

195 **CLASSE E INDIVÍDUOS**

223 **INTELIGÊNCIA E SENTIMENTOS**

247 **FELICIDADE E LEVEZA**

265 **ADVERTÊNCIA**

APRESENTAÇÃO

Roberto D'Avila

Em mais de quatro décadas entrevistando e conhecendo personalidades em todo o mundo, aprendi que nem sempre um grande artista ou intelectual renomado é uma pessoa admirável. Domenico De Masi, com quem convivo há mais de vinte anos, é daquelas pessoas peculiares, que somam as duas características. Mimmo, como é conhecido pelos seus amigos, fez de sua extensa e importante obra um estilo de vida, e posso afirmar que, entre os grandes que conheci na minha longa trajetória profissional e pessoal, ele é dos maiores. Oscar Niemeyer, um de seus queridos amigos, dizia que encontrá-lo era sempre uma imensa alegria: "O De Masi é o homem mais feliz que eu conheci".

Sociólogo de formação, Mimmo é muito mais do que um formulador e um estudioso das teorias do comportamento de países e povos. Ele é um filósofo que transita entre os livros, as pessoas e a vida com a mesma paixão e profundidade intelectual. Dono de uma memória invejável e de uma cultura enciclopédica, esse pensador original mantém o espírito livre e crítico enquanto nos ensina a melhor compreender o mundo e a viver nele com mais alegria embalados pelos mistérios da existência.

Há vinte e cinco anos, desde que descreveu o *O ócio criativo* como uma "maneira inteligente de trabalhar e ao mesmo tempo se divertir", ele nos ensina, na prática e na teoria, que a ética e o humanismo são os verdadeiros predicados que moldam um ser humano melhor. Como ensinar ou falar em ética se não a praticarmos no nosso dia a dia?

Conviver com De Masi, professor por excelência, é aprender com os seus exemplos de dignidade e elegância de espírito. Nos ensinando seja música clássica, civilização grega, seja o Império Romano, passando pela

Idade Média e pelos iluministas, Domenico sempre busca nos valores humanos a razão principal do homem na História.

Sempre à frente do seu tempo, e com mais de 80 anos, ele é a própria definição de Marc Chagal quando chegou aos 90: "Um menino de uma certa idade". O seu "otimismo da razão", descrito neste livro, é ainda maior do que a "desorientação", maneira criativa como ele explica esta época de profundas e ao mesmo tempo efêmeras mudanças em que vivemos.

Extremamente atual, este livro, uma releitura de suas observações sobre política, filosofia, história e economia, é uma forma instigante e original de tentar "compreender" o mundo fluido em que vivemos. Ao mesmo tempo que nos lembra que a maior parte dos tabus está sendo varrida, nos mostra também que a democracia como conhecemos está em risco, numa época em que a política dá lugar às finanças e os líderes se transformam em meros administradores dos interesses dos poucos grupos que dominam a economia mundial.

De Masi questiona, ainda, os benefícios da tecnologia. Foi-nos prometido um mundo mais transparente e igualitário, mas agora nos deparamos com a complexidade controlada por imensos e poucos atores de um mundo interconectado.

Leitura obrigatória para quem quiser fazer um extenso e agradável "voo de horizonte" pela cultura universal, *O mundo ainda é jovem* é uma aula magna deliciosa deste que é considerado pelos seus pares um dos mais completos sociólogos da atualidade.

Leia e releia este livro muitas vezes.

Além de aprender muito, você vai se tornar também uma pessoa melhor.

INTRODUÇÃO

Maria Serena Palieri

O mundo ainda é jovem.
Giambattista Vico

Em seu instigante livro sobre grupos criativos, *A emoção e a regra*, Domenico De Masi recorre ao trecho inicial da autobiografia de Stefan Zweig, *O mundo de ontem*, para evocar o mundo no qual floresceu o trabalho de Michael Thonet, o mestre do design. Mais especificamente, às palavras com as quais o grande escritor austríaco descreve, em 1941, a "Austria felix"[1] – de onde ele próprio fora projetado para uma paisagem nova e feroz, instável e precária –, varrida pela Primeira Guerra Mundial. Judeu, refugiado no Brasil, morreria suicida no ano seguinte.

Aqui está a página: "Ao tentar encontrar uma definição prática para o tempo antes da Primeira Guerra Mundial, no qual me criei, espero acertar dizendo: foi a época áurea da segurança".

Prossegue Zweig: "Tudo na nossa monarquia austríaca quase milenar parecia estar fundamentado na perenidade, e o próprio Estado parecia ser o avalista supremo dessa estabilidade. Os direitos que concedia aos seus

---

[1] "Austria felix", forma simplificada de "*Bella gerant alii, tu felix Austria nube*", que significa, literalmente: "Que outros façam a guerra, tu, feliz Áustria, casa-te". A frase era o lema da Casa de Habsburgo, que usava a política matrimonial (em vez da guerra) como ferramenta para expandir seu poder. Tempos depois, a expressão passou a ser associada ao feliz modo de ser dos cidadãos chamados de "velhos austríacos" (cf. bit.ly/2Z4SdZf). (N.E.)

cidadãos eram assegurados por escrito pelo Parlamento – a representação livremente eleita pelo povo –, e cada dever era delimitado com precisão. Nossa moeda, a coroa austríaca, circulava na forma de brilhantes peças de ouro, avalizando, assim, sua imutabilidade. Cada um sabia o que possuía e a quanto tinha direito, o que era permitido ou proibido. Tudo tinha sua norma, medida e peso bem determinados. Quem possuísse uma fortuna podia calcular exatamente quanto receberia por ano em forma de juros; o funcionário e o oficial, por sua vez, podiam confiar que encontrariam no calendário o ano em que seriam promovidos ou aposentados. Cada família tinha seu orçamento fixo, sabia de quanto precisaria para morar e para comer, para viajar no verão e para sua vida social. Além disso, invariavelmente, uma pequena quantia era reservada para imprevistos, para doenças e para o médico. Quem possuía uma casa considerava-a um porto seguro para filhos e netos. A casa e o negócio passavam de uma geração para a seguinte; enquanto a criança ainda estava no berço, já se depositava uma primeira contribuição para sua vida num cofrinho ou no banco – uma pequena 'reserva' para o futuro".

E conclui: "Nesse vasto reino, tudo era firme e imutável, e no posto mais elevado estava o velho imperador; mas, caso ele morresse, sabia-se (ou acreditava-se) que outro viria e que nada mudaria na ordem bem calculada. Ninguém acreditava em guerras, revoluções ou quedas. Tudo o que era radical e violento já parecia impossível numa era da razão. Esse sentimento de segurança era o bem mais almejado por milhões de indivíduos, era o ideal comum de vida".

Por que voltar a essa página de oitenta anos atrás? Porque, ao falar da "sua" Áustria, Stefan Zweig na verdade retratava o que, em todas as latitudes e em todas as épocas, pode ser o sonho de cada cidadão comum. Um sonho infantil? Sim, caso seja infantil o sonho de viver em um mundo sólido e estável, onde tudo contribui para o bem, sem imprevistos e sem ansiedade.

Esse cenário não é o oposto daquele em que vivemos hoje? Este nosso mundo, onde não há um soberano que cuide de nós como um bom pai e onde – longe dos florins e das coroas de ouro puro! – até a moeda que usamos, o euro, mesmo tendo sido criada recentemente, amanhã mesmo pode desaparecer…

Em uma época distante, 1995, Domenico De Masi e eu escrevemos *O ócio criativo*, livro no qual o sociólogo apresenta, sob forma de conversa, sua teoria sobre a categoria do tempo na sociedade pós-industrial. O livro, fato raro, ainda é encontrado nas livrarias. E a expressão que De Masi cunhou à época passou a ser amplamente utilizada.

Agora partimos para uma breve viagem ao futuro. Um futuro próximo: 2030, digamos. Como será o mundo nesse ano?

Em seu último livro, *Il lavoro nel XXI secolo* [O trabalho no século XXI], De Masi (nascido em 1938) se apresenta assim: "Nasci em um pequeno vilarejo rural do sul da Itália onde ainda não havia energia elétrica nem água encanada. Ouvi rádio pela primeira vez aos 8 anos, assisti ao primeiro programa de televisão aos 16, fui trabalhar em uma grande siderúrgica aos 23 e, no ano seguinte, vi um computador pela primeira vez. Fui um dos primeiros italianos a comprar um fax, usar um celular, ter internet".

A confissão de um filho do século prossegue: "Portanto, tenho a inestimável sorte de ter vivenciado pessoalmente a passagem da sociedade de um milenar arranjo rural a um bicentenário arranjo industrial e a um inédito advento pós-industrial. Assim, pude provar como primórdios ou temer como ameaças todas as inúmeras novidades tecnológicas que marcaram essa transição e, com elas, todas as mutações antropológicas e sociais, inclusive a ascensão e o declínio das classes trabalhadora e média, o aumento exponencial da produção e o fracasso da distribuição, o acirramento da competitividade e a rejeição da solidariedade".

É essa a bagagem existencial que acompanha seu instrumental de sociólogo, com o qual, portanto, ele inicia seu caminho. Há um binômio, hoje proverbial, que Gramsci, em um artigo de 1920 publicado no semanário *L'Ordine Nuovo*, tomou emprestado do francês Romain Rolland: pessimismo da inteligência e otimismo da vontade. Na viagem de hoje a 2030 que empreendemos nestas páginas, De Masi opta conscientemente por uma terceira via: um "otimismo da razão". É sob esse signo, claramente contra a corrente, que aqui se investiga uma série de palavras – dez conceitos e seus contrários –, opondo a inteligência sociológica ao nosso sentimento de desorientação e, às "percepções" – fantasma que ronda nosso tempo –, dados objetivos sobre temas como idade e gêneros, mudanças tecnológicas e medos.

É uma viagem a um futuro próximo que De Masi liga a uma palavra que todos amamos e ninguém pratica: "felicidade".

Mas pode um sociólogo ignorar os fenômenos do presente? Não. Assim, no capítulo final, uma advertência que é também uma despedida, lemos os sinais do "pré-fascismo" que ora se manifestam: avançaremos rumo à "felicidade" ou retrocederemos a uma época primitiva e arcaica?

Para começar, é preciso circunscrever a plataforma de onde parte nosso ônibus espacial. Continue a ler. Aliás, aqui está o primeiro par: desorientação e projeto...

Desorientação e projeto

A primeira de nossas palavras-chave é "desorientação". Nos últimos anos, ela se tornou um termo central na reflexão do sociólogo, que lhe dedicou um volume inteiro – O futuro chegou: modelos de vida para uma sociedade desorientada *– e algumas páginas de* Alfabeto da sociedade desorientada: para entender o nosso tempo.

De Masi, nós, terráqueos do terceiro milênio, somos os primeiros da história humana a nos sentir "desorientados"?

Somos os primeiros a sentir uma desorientação total. De 360 graus. Não em uma única esfera da vida, mas em todas. Nesse sentido, nosso desnorteamento constitui uma categoria nova. Porque, na realidade, é algo que desponta e se torna imperioso em todas as épocas de transição, registrando-se muito menos nas fases definidas. São as descobertas "paradigmáticas" que o suscitam. Imaginemos a desorientação gerada pelo impacto do cristianismo sobre o Império Romano: em um império que diz "bem-aventurados os fortes, bem-aventurados os ricos, bem-aventurados os prepotentes", chega um desconhecido que diz "bem-aventurados os pobres, bem-aventurados os aflitos, bem-aventurados os fracos". Mas há outras invenções ou explorações que também mudaram o paradigma do mundo, como a do purgatório, quando se estabeleceu que, além do inferno e do paraíso, havia, na vida após a morte, esse terceiro reino no qual as penas dos mortos podiam ser expiadas por meio das indulgências ganhas pelos vivos. A descoberta da América e o modo como Lutero reescreveu a relação entre céu e terra também foram revolucionários. No entanto, há mudanças de paradigma que ocorrem após uma longa gestação e, portanto, são mais bem metabolizadas, ao passo que outras chegam quase de improviso. A ideia de purgatório, por exemplo, foi elaborada no século XII, mas Santo Agostinho, orando por sua mãe falecida, já pedia ao Senhor uma suspensão do julgamento. Os padres da Igreja debateram esse assunto durante mais mil anos, apresentando várias propostas. Por fim, nada menos de três concílios – os de Lyon, Florença e Trento – determinaram de uma vez por todas que o purgatório existe; a partir daí, não só a geografia celeste foi modificada, mas também o mundo terreno, sua antropologia e sua economia. Riquezas imensas afluíram para conventos e santuários, e, para garantir sua gestão prudente, nasceram os bancos. Ou seja, o capitalismo.

Muitas vezes são os artistas que dão nomes e formas a um sentimento. Algum artista soube expressar a desorientação na pintura ou na literatura, na música ou na escultura?

Se os artistas contribuíram para algo, foi para ajudar a criar a desorientação. Ao teorizar a perspectiva, Piero della Francesca sem dúvida obriga todo o mundo da arte a rever suas certezas. O mesmo faz Picasso, por sua vez, quando, quatro séculos e meio depois, anula o paradigma de Piero com *As meninas de Avignon*. Isso para não falar do pós-modernismo, que acumula diversos estilos de diversas épocas e elimina as diferenças entre dentro e fora, conteúdo e embalagem, substância e forma. O prédio de Hans Hollein em frente à catedral de Viena é um bom exemplo, com sua fachada pós-moderna que não corresponde totalmente ao interior e, em vez disso, reflete a da catedral, diferentíssima e antiga. Se a arte representa a desorientação, ao fazer isso, também a provoca.

E temos Schönberg, com a música atonal. Musil, na literatura, com a obra aberta. Na arquitetura, Le Corbusier, com a Casa Dominó. Nietzsche, com sua contraposição entre apolíneo e dionisíaco e sua tentativa, em parte bem-sucedida, de desmontar os valores do Ocidente. Enquanto Freud destruía o conceito tradicional de psicologia, e Einstein, o de física. Assim, viemos após um século que assistiu a essas mudanças de paradigma em todos os setores no mesmo escasso número de anos. Mas também viemos depois da Segunda Guerra Mundial, que tornou obsoleta grande parte do mundo que a precedeu. E, além disso, vivemos em um planeta no qual a mídia dá a todos, tanto ao filósofo como ao analfabeto, a mesma sensação: a de viver em um mundo globalizado que o homem faz mudar com tal rapidez que, depois, não consegue compreendê-lo. Se a América fosse descoberta hoje, tomaríamos conhecimento do fato no mesmo dia, ao vivo, pela televisão ou via *streaming*. Em 1492, quem ficou sabendo? Ninguém, nem mesmo o próprio Cristóvão Colombo, que se iludia pensando ter chegado às Índias. O que sabia então o camponês analfabeto de Frosinone sobre o descobrimento da América? Nada. Talvez só tenha recebido a notícia quando as tropas americanas chegaram a Ciociaria, em 1944.

A mídia – essa dimensão inerente ao nosso mundo atual –, em vez de nos fornecer instrumentos de navegação, contribui para a nossa desorientação?

Sim. Hoje, um número enorme de pessoas escolarizadas se informa, de modo pontual. Contudo, ao não obter respostas às próprias perguntas, se desorienta. Quando não atendida, a necessidade de saber aumenta o desnorteamento.

Em que campos a mudança, hoje, é mais radical, mais rápida e perturbadora?

"Estamos em uma fase de transição. Como sempre", dizia Ennio Flaiano. Essa é uma verdade paradoxal. Porém, há mudanças mais rápidas, ou mais profundas, ou mais abrangentes. Além disso, a transição histórica em que estamos imersos é, pela primeira vez, as três coisas ao mesmo tempo. Quanto à rapidez, por exemplo, a sociedade rural durou 7 mil anos, enquanto a sociedade industrial, nascida no final do século XVIII, já está desaparecendo...

Temos certeza de que é uma transição histórica? Ou assim parece porque somos nós que a estamos vivenciando?

Tomemos o encontro entre Donald Trump e Kim Jong-un: de que assunto tratam esses dois poderosos da Terra? Não de uma disputa territorial, como teria sido o caso naqueles 7 mil anos em que a terra era a verdadeira riqueza; nem, como em uma contenda dos séculos XIX-XX, de uma questão de mercado industrial. Tratam da questão nuclear. A partir da bomba de Hiroshima, este é o cerne: a invenção tecnológica e a utilização dessa arma.

Hoje os motivos de desorientação são inúmeros. Por exemplo, precisamos habituar-nos a uma vida mais longa e com maiores interesses, o que não é nada simples; é muito mais difícil acostumar-se com o declínio ao passar de rico a pobre, mas a passagem de pobre a rico também requer adaptação. Além disso, há o desnorteamento decorrente da mudança das relações entre os sexos. Contudo, por deformação profissional, o que me parece primordial é a desorientação social, ou a transição da sociedade industrial para a sociedade pós-industrial, termo que abrange todo o resto.

Vejamos então, de forma ordenada, "o resto": que dimensões da nossa existência são afetadas...

Um fator de desorientação social reside nas grandes migrações que não conseguimos administrar, a não ser em termos de *apartheid*. Os alemães que moravam em torno dos campos de extermínio nazistas tinham o álibi de não saber o que estava acontecendo dentro daqueles campos, ao passo que nós, hoje, sabemos tudo a respeito da atual tragédia migratória, em tempo real, por meio de sites, jornais, serviços de televisão, filmes, documentários e cenas reais a que assistimos todos os dias em nossas cidades.

No festival de jornalismo da revista *Internazionale*, realizado em Ferrara, em outubro de 2018, o designer Gipi leu um por um os nomes de mais de 34 mil migrantes que morreram tentando chegar à Europa, publicados em um anexo da revista. O primeiro foi o de Kimpua Nsimba, jovem de 24 anos da República Democrática do Congo, encontrado enforcado em um centro de detenção cinco dias após sua chegada à Grã-Bretanha. A seguir, o de Wasantha di Barrova, que morreu perto de Viena juntamente com outros compatriotas do Sri Lanka, com os quais viajava escondido no bagageiro de um ônibus. E milhares de crianças afogadas no mar junto com seus pais e irmãos. Centenas de milhares de pessoas da África, da Macedônia, da Síria, do Peru, de todas as partes do mundo, tentaram chegar à Europa, e muitas morreram sem conseguir: a ONG United for Intercultural Action contou 34.361 delas de 1993 até hoje, e a lista certamente não é completa.

Ainda antes de embarcar, muitos migrantes fazem longas viagens atravessando o Saara a pé ou em caminhões precários. De 1996 até hoje, mais de 2 mil dessas pessoas morreram em fugas, às quais se somam milhares de vítimas de deportações em massa praticadas pelos governos de Trípoli, Argel e Rabat, abandonadas à própria sorte nas áreas de fronteira em pleno deserto. Centenas de pessoas perderam a vida por sufocamento ao viajar escondidas nos caminhões ou nos trens, outras morreram congeladas no compartimento de carga de aviões, outras se afogaram atravessando rios fronteiriços a nado, outras morreram tentando cruzar a pé pontos de fronteira ou campos minados. As polícias de fronteira mataram centenas de fugitivos, e outros foram mortos por contrabandistas beduínos do Sinai.

Tudo isso nos deixa perplexos diante da magnitude do fenômeno, do total desespero dos migrantes impelidos pela fome e pela violência, da crueldade inaudita das populações opulentas que deveriam acolhê-los.

Mas à desorientação causada pelos atuais fluxos migratórios internacionais soma-se a outra, muito menos dramática, mas nem por isso indolor, vivida na própria carne por nossos pais e avós e que permaneceu para sempre gravada em nosso inconsciente coletivo.

Na Itália do pós-guerra, milhões de italianos foram deslocados, impelidos pela miséria e em busca de trabalho, do sul para o norte, do interior para o litoral, dos vilarejos de montanha para os vales, das cidades pequenas para as maiores.

O fenômeno da urbanização não foi só italiano: os centros urbanos incharam no mundo inteiro, e se hoje 52% da humanidade vive em cidades, em 2030 essa porcentagem ultrapassará 60%. Na Itália não há vilarejo cujo centro de gravidade não tenha se deslocado para baixo, em direção à planície... Vencida a malária com o DDT, não mais era preciso refugiar-se nas altitudes, onde o mosquito anófeles morria. Pelo vale passavam as estradas asfaltadas, ao passo que as provinciais e municipais eram de terra batida; no vale havia a ferrovia e a estação, um lugar de circulação e de vida no qual se podia sobreviver mais humanamente e de onde era possível fugir com mais facilidade.

Voltemos aos meios de comunicação de massa. Nascido em 1938, Domenico De Masi, pode nos contar, como testemunha ocular, sobre a chegada da TV?

Antes de vê-la com meus próprios olhos, ouvi falar sobre ela – ao voltar da Filadélfia para a Itália, um parente nosso me disse: "É uma tela em que você pode ver uma entrevista, ou outra coisa, dependendo do que é transmitido. Às vezes até acontece de ver amigos". Mais tarde, em viagem com a escola a Turim – eu estava com 17 anos –, percebemos sob as galerias uma aglomeração de pessoas olhando para dentro de uma vitrine: naquela galeria, vi uma tela pela primeira vez; estava ligada, e aquele foi meu primeiro contato com um televisor.

A partir dali, mais que com o advento do rádio, põe-se em marcha a transição da cultura tangível para a cultura virtual. É o que nos levaria, a seguir, dos átomos aos bits, para usar a expressão de Nicholas Negroponte. A cultura física é pesada e medida – passa pelos sentidos, diria Aristóteles –, ao passo que a virtual não, salvo quando se manifesta em sons, dados e imagens. Um quadro de Caravaggio é "físico". Não é possível modificar suas cores ou dimensões. Com sua contraparte virtual disponível na rede, ao contrário, você pode fazer o que quiser: modificar, transportar, pegar um pedaço...

A passagem do tangível ao virtual acentua as desigualdades ou as atenua? Padroniza ou diferencia?

Depende. No plano superestrutural, as atenua. No meu vilarejo, no domingo, dia de feira, os camponeses, mesmo vestidos de festa, eram imediatamente reconhecíveis. Um era o camponês, outro o médico ou o advogado... A mesma coisa na fábrica: quem estivesse no portão e visse sair o operário, o empregado administrativo, o gerente e o patrão entendia imediatamente quem era quem e por quê. Eles se vestiam de forma diferente, falavam de forma diferente, deslocavam-se com meios diferentes – a bicicleta, a Vespa, o automóvel. Até os anos 1960, ao ver uma manifestação, você reconhecia quem estava ali e o que fazia. Foi no decorrer de 1968 e depois que todos os rapazes se vestiam com a jaqueta eskimo verde, e todas as moças, com a longa saia indiana. E não era só uma questão de vestuário: Gianni Agnelli e seus operários da Fiat passaram a assistir ao mesmo telejornal.

A mídia padronizou antes de mais nada a língua – todos começaram a falar italiano. Mas também a experiência: quando é que, antes da TV, um conterrâneo ou eu mesmo teríamos entrado, digamos, no Palácio do Quirinal ou em um zoológico, ou penetrado na casa de um rico? Nem sabíamos como era feita e mobiliada a casa de um bilionário. E de repente você entrava na mansão do apresentador de TV Mike

Bongiorno. Essa padronização, que hoje parece óbvia, foi violentíssima, e não apenas entre ricos e pobres, mas também entre mulheres e homens, entre jovens e idosos, entre o citadino e o camponês. Sobre o que se fala à noite em Sant'Agata dei Goti? Assiste-se à televisão, à mesma a que estamos assistindo em Roma e Milão. E quando ocorre apenas no âmbito visual, a padronização não induz segurança, mas desorientação.

Não se trata de uma padronização só de fachada? Você, pobre, pode ver Londres na TV, mas só eu, rico, posso mandar meu filho para estudar na London School of Economics...

É um tipo diferente de distância. Entre um analfabeto e um alfabetizado, a distância é infinita. Entre quem sabe ler e escrever e alguém com diploma universitário, é mensurável; entre quem estuda na Universidade La Sapienza e em Cambridge, também. São as distâncias infinitas que não têm mais lugar no nosso mundo.

A questão das desigualdades também é política. Também estamos desorientados nesse plano?

Com certeza. Comecemos dando uma olhada no cenário internacional. Cem anos atrás, havia menos de 100 Estados no mundo; agora são 196. Cem anos atrás, quando o cenário internacional era povoado por poucos Estados e alguns destes, com seu poderio, imperavam sobre vastíssimas áreas do planeta, era difícil que qualquer pessoa medianamente culta não conhecesse todos os poucos Estados do mapa-múndi e, provavelmente, suas respectivas capitais. Hoje, nem nós, bastante cultos, conhecemos todos eles, nem todas elas. Todos os dias nascem novos Estados.

Esse é um primeiro fator de desorientação política. Há outros?

O outro fator que impede que se reduza a desorientação é a falta de grandes líderes, tanto no plano nacional quanto no mundial.

Nos meses subsequentes às últimas eleições italianas, os comentaristas permitiram-se, com frequência crescente, traçar consternadas comparações entre os líderes saídos das urnas como por milagre e os "grandes" políticos do passado. Qual é a relação entre esses novos líderes e um De Gasperi, um Togliatti, um Andreotti, um La Malfa, um Nenni? Por que os atuais protagonistas parecem pigmeus em relação aos do passado, e essa comparação soa quase como uma blasfêmia?

Pode ser que os novos líderes não sejam menos inteligentes que De Gasperi e Togliatti. Sua idade tampouco nos diz muito: por ocasião das importantíssimas eleições de 1948, Andreotti tinha 28 anos, Ugo La Malfa, 44, Nenni, 57, e De Gasperi, dez a mais.

Na verdade, há duas razões principais pelas quais os fundadores da Primeira República italiana são infinitamente mais prestigiosos que os da Terceira. A primeira consiste no fato de que cada um daqueles políticos de 1948 tinha o respaldo de uma ideologia forte, de um paradigma sólido, de um modelo de sociedade bem delineado por grandes mestres do pensamento. Por trás de Togliatti estavam Marx e Engels, Lênin e Gramsci, a Revolução de Outubro e o drama do estalinismo. Por trás de Gasperi e Andreotti havia 2 mil anos de cristianismo, os padres da Igreja, as ordens religiosas, Leão XIII e Sturzo. Por trás de Nenni e Saragat, Owen e Proudhon, Bernstein e Rosa Luxemburgo. Por trás de Ugo La Malfa havia Gaetano Salvemini e Benedetto Croce, Ugo Spirito e o New Deal de Roosevelt.

Cada um desses políticos de 1948 tinha em mente – com toda a clareza – a Itália que queria construir, quais eram os pontos irrenunciáveis dos respectivos programas, que meios e tempos requeria a realização desses pontos programáticos. Os trabalhos complexos e densos, porém apaixonantes, da Assembleia Constituinte – de 25 de junho de 1946 a 31 de janeiro de 1948 – foram o laboratório em que cada formação política pôde testar sua própria força e aprimorar sua competência.

A segunda razão pela qual os fundadores da Primeira República parecem gigantes comparados com os da Terceira é que os primeiros foram formados sob e contra o fascismo, em vinte anos cruciais nos quais o engajamento se pagava com prisão ou exílio. Além disso, alguns haviam aperfeiçoado sua cultura em organizações de extremo refinamento intelectual, como La Malfa na *Enciclopédia Treccani* de Giovanni Gentile e De Gasperi na Biblioteca Vaticana.

O conjunto desses fatores invalida comparações. E suscita quase que uma vertigem, ao pensar que, seja ele qual for, o governo que sair dessas eleições será, de qualquer maneira, confiado a governantes a quem provavelmente faltam um modelo teórico sólido, uma visão de longo prazo, uma experiência variada e profunda. Ou seja, as qualidades que distinguem um político de um estadista e que são indispensáveis para transformar um país combalido em uma nação exemplar.

Portanto, essa é uma fonte nada insignificante de desorientação.

Até aqui, a Itália. A situação é diferente em nível mundial? E, tanto na Itália quanto no resto do mundo, em que medida uma maior alfabetização pode contribuir para o nascimento de novos líderes?

Não há garantia automática de uma melhor seleção de líderes nem se, em um ou em todos os países, a cultura crescer quantitativamente, isto é, se os analfabetos passarem a ser alfabetizados, e estes, diplomados universitários. Na Califórnia, 66% da população é portadora de diploma universitário; no entanto, não me parece que esse estado, que abriga as maiores empresas inovadoras do mundo e continua produzindo as tecnologias mais revolucionárias, tenha produzido líderes igualmente revolucionários no campo político, capazes de experimentar novas formas de convívio, adequadas aos tempos novos que essas tecnologias determinam.

Imagine na Itália, onde os portadores de diploma universitário mal chegam a 23%!

Trump, Macron e Theresa May também são personagens menores quando comparados a Roosevelt, De Gaulle ou Churchill, para não falar de Augusto ou Napoleão.

Quando os eleitores eram uma elite, escolhia-se dentro da elite. Como era feita a nomeação logo após a unificação da Itália? O livro *O leopardo*, que originou o premiado filme homônimo, nos conta: o emissário de Cavour vai de Turim à Sicília para convencer o príncipe de Salina a ser membro do Parlamento. Por que Cavour o quer no governo? Porque ele é a elite da elite, é o siciliano mais culto e prestigioso. Podemos hoje imaginar Grillo saindo de Gênova para ir à Sicília escolher o mais culto e o mais refinado, o príncipe de Salina de plantão, não por razões de nobreza, mas por motivos éticos e culturais?

Juntamente com o vazio dos grandes estadistas, há o dos grandes *maîtres à penser* – guias morais e intelectuais que, com seu pensamento e seu exemplo, orientam sociedades inteiras. Penso em Diderot e Voltaire,

Marx e Mazzini, Croce e Sartre. Os intelectuais que hoje divulgam suas ideias pela televisão podem ser meritocraticamente comprometidos e até se tornarem famosos, mas nenhum deles constitui um ponto de referência ético e comportamental.

Líderes e maîtres à penser... Mas será que hoje não somos, na verdade, governados por realidades às quais não conseguimos dar nem rosto nem nome?
A atuação de entidades mais poderosas que os Estados, ou seja, as multinacionais, de fato deixa nações inteiras à mercê de decisões tomadas em outros lugares e voltadas para interesses privados muitas vezes conflitantes com os dos cidadãos. Basta pensar nos inúmeros casos de poluição mortal e de exploração da mão de obra no Terceiro Mundo, atribuídos às grandes indústrias: por exemplo, a Nestlé, acusada de recorrer ao trabalho infantil na Costa do Marfim; a Pfizer, acusada de testar alguns medicamentos em crianças nigerianas pobres e doentes, mascarando tudo como "missão humanitária"; a Monsanto, acusada de comercializar herbicidas geradores de dioxina, desfolhantes, Agente Laranja, fertilizantes, pesticidas e anticongelantes.

Na sociedade pós-industrial, a economia suplantou a política, a finança suplantou a economia, as agências de classificação de risco suplantaram a finança. Cada uma dessas esferas enfraqueceu a outra, fagocitou-a e agora a hegemoniza. Por sua natureza, a política deveria encarar as próximas gerações com um olhar de longo prazo, a economia deveria lançar sobre o próximo exercício financeiro um olhar de médio prazo, enquanto as agências de classificação de risco determinam e certificam os movimentos imediatos das bolsas. A partir do momento em que os mercados financeiros impõem sua agenda aos governos, estes são forçados a fazer uma navegação costeira, correndo atrás do índice Nasdaq ou do Dow Jones e deixando os cidadãos sem nenhuma visão estratégica sobre seu próprio futuro e o de seus filhos.

E tudo isso, uma vez mais, gera em nós desorientação política.

E qual é o papel da ciência?
A desorientação genética é uma coisa séria. Tínhamos uma certeza que atribuíamos à natureza: o branco era branco e o negro era negro, o

homem era homem e a mulher era mulher, o vivo era vivo e o morto era morto. A engenharia genética está destruindo totalmente essas certezas. Que se pense na fecundação assistida: se um óvulo de uma jovem é fecundado e implantado no útero que sua mãe lhe empresta e daí nasce uma menina, quais serão os papéis? Quem é mãe de quem? Quem é irmã? E não é necessário que a coisa aconteça concretamente: para causar desorientação, basta o fato de ser teórica e tecnicamente possível.

E também a homossexualidade. Até um passado recente, era considerada algo a ser escondido; assim, a questão, varrida para debaixo do tapete, não complicava as relações sociais. Era uma solução carola, cruel em relação aos que se sentiam homossexuais, mas apaziguadora e simplista no plano do convívio.

Agora podem existir, à luz do sol, lésbicas, gays e transgêneros nos dois sentidos, além de toda a série de variantes e combinações derivadas, nos casais, no jogo de papéis, assim como nos filhos que nascem. Também nesse campo tudo está evoluindo. E tudo, pelo menos por enquanto, é causa de desorientação.

Trazer as coisas para a luz do sol e dar uma explicação científica para elas pode nos deixar perdidos, em vez de nos tranquilizar?

No caso de que estamos falando, como em tantos outros, as antigas certezas derivavam da ignorância da complexidade dos fenômenos e da adoção de atalhos mentais para descrevê-los e lidar com eles. Meu livro de química, usado no ensino médio há sessenta anos, dedicava apenas duas páginas ao tópico "átomo"; o da minha neta dedica doze. Mas as duas páginas do meu tempo já eram muito em relação à ideia de átomo dos homens do Renascimento ou do século XIX.

O escultor romeno Constantin Brancusi dizia que "a simplicidade é uma complexidade resolvida".

Há uma simplicidade infantil, primitiva, que deriva da ignorância dos fenômenos ou da vontade, talvez inconsciente, porém obstinada, de não ver sua complexidade.

Thomas Kuhn traz o exemplo da luz, que para os gregos parecia misteriosa e que eles explicavam recorrendo ao mito de Júpiter. Com esse mito explicavam o dia e a noite, a aurora e o ocaso. Mas, à medida que os dados e as experiências eram sistematicamente reunidos, a explicação mítica ia revelando sua insuficiência.

Foram necessários muitos séculos até que Newton provasse que se tratava de um fenômeno corpuscular. E a maioria dos cientistas o seguiu. Mais tarde, com o tempo e a reflexão, deram-se conta de que a explicação newtoniana tinha, por sua vez, lacunas inaceitáveis, e tentaram novos caminhos até Augustin-Jean Fresnel, e depois Thomas Young, chegar a uma solução mais convincente, segundo a qual a luz é um fenômeno ondulatório por ser composta de ondas transversais. Essa teoria também ganhou a confiança da comunidade científica por algum tempo, até que também revelou suas fissuras. Retomaram-se as pesquisas, e hoje os cientistas da física ótica concordam com a seguinte explicação, fornecida por Einstein em 1905 em um trabalho que lhe rendeu o Prêmio Nobel: a luz não é um fenômeno corpuscular nem ondulatório; sua natureza tem a ver com os *quanta* de luz, ou seja, com pacotes de energia que depois seriam chamados de fótons.

Segundo o epistemólogo Karl Popper, "sempre que uma teoria lhe parecer a única resposta possível, considere isso um sinal de que você não entendeu nem a teoria nem o problema que ela pretendia resolver". Assim, mais cedo ou mais tarde, até a explicação de Einstein se mostrará inadequada, e os físicos cairão em um estado de desorientação destinado a durar até que um novo gênio forneça uma explicação mais convincente, abrindo um período de paz mental, também destinado a ser perturbado por novas objeções e a arrastar seus cultores a uma nova desorientação.

Portanto, estamos fadados, em todos os campos da nossa existência, a alternar fases de segurança tranquilizadora com fases de desorientação inquietante. Quando um fenômeno nos parece misterioso, primeiro o simplificamos descrevendo-o em termos poéticos, míticos, teológicos, e em seguida, depois de analisar sua essência com um método rigoroso, tornamos a simplificá-lo, mas agora cientificamente, talvez reduzindo-o a uma fórmula breve e memorizável, assim como fez Einstein com a energia.

Passemos a outra transição histórica: o prolongamento da vida.

A longevidade, tema que retomaremos de forma mais detalhada, implica coexistência entre várias gerações. Hoje há inúmeras famílias em que bisavós, avós, pais e filhos convivem. A coexistência entre gerações também provoca desorientação, porque não são mais tanto os jovens que assumem rapidamente os paradigmas elaborados pelos idosos, como ocorria no passado, mas são os idosos que hoje sucumbem à tentação do juvenilismo.

E depois há a sequência, o encontro e o desencontro de papéis e status, bem sintetizados por Anna Laura Zanatta em seu livro *Le nuove famiglie* [As novas famílias]: "Um único indivíduo pode passar pela experiência de viver uma sequência de formas familiares: pode começar a vida em uma família tradicional e, após o divórcio dos pais, passar a fazer parte de uma família com um só genitor (na maioria das vezes, a mãe) e, portanto, de uma família recomposta, se a mãe se casar novamente, eventualmente passando a ter novos irmãos e irmãs e uma espécie de pai social, mesmo que não reconhecido, que se soma, sem o substituir, ao pai biológico e legal".

E continua: "Uma vez adulto, pode viver temporariamente sozinho, dando vida a uma família unipessoal, e mais tarde pode passar a conviver com alguém (família *de facto*) e, posteriormente, casar-se, não necessaria-mente com a mesma pessoa com quem conviveu; não se pode excluir que depois se divorcie, como fizeram seus pais, e crie uma família recomposta, não mais como filha ou filho, mas como cônjuge ou companheiro(a), talvez experimentando de novo, antes ou depois, um período de solidão ou de convivência. Por fim – se for uma mulher, com mais probabilidade do que um homem –, terminará sua vida outra vez só, como viúvo ou viúva. A família tende cada vez mais a se transformar de *experiência total e permanente em experiência parcial e transitória* na vida individual".

No final dessa reflexão, Zanatta se pergunta, sem chegar a uma respos-ta, se essa pessoa hipotética será mais ou menos feliz do que quem seguiu uma trajetória de vida mais tradicional, da casa dos pais à conjugal, até o fim de seus dias. Não sei dizer se será mais ou menos feliz, mas não creio que me engane ao pensar que sem dúvida será mais desorientada.

Até que ponto a secularização contribui para o nosso desnorteamento?

A desorientação religiosa é um dado de fato. Há, pela primeira vez na Itália, uma coexistência maciça entre várias religiões, às vezes até no mesmo núcleo familiar. Em muitas famílias há uma babá ou doméstica de outra religião, de forma que a criança passa muito mais horas com ela do que com sua mãe ou seu pai e, assim, presencia hábitos, ritos e costumes religiosos que não coincidem com os de sua família. Aumenta a porcentagem de não crentes e de crentes não praticantes, motivo pelo qual ateus, descrentes e crentes são forçados a interagir muito mais do que no passado, quando ateus ou fiéis de outras religiões eram marginalizados, isolados e até sepultados em cemitérios diferentes.

Além disso, há manifestamente duas ordens de conflitos no nível macrossocial: entre ciência e fé, de um lado, e entre consciência individual e ética religiosa, do outro. O todo faz parte do fenômeno, já examinado, do ocaso das ideologias. Hoje, indivíduos, associações e até sindicatos e partidos gabam-se de ser a-ideológicos, nem de direita nem de esquerda, renunciando às certezas que as ideologias têm condições de proporcionar, por serem como autoestradas que, uma vez tomadas, isentam você de perguntar-se aonde está indo e como chegar lá.

Some-se a isso o fato de que, como já disse, faltam grandes líderes políticos e grandes mestres do pensamento.

Não existem mais cérebros como os do passado? Ou damos menos valor aos cérebros, aos gênios?

A genialidade tem ritmos muito caprichosos. Na Atenas de Péricles, dos 40 mil cidadãos livres e 20 mil metecos, dez eram gênios do calibre de Aristóteles ou de Aristófanes. Na Florença dos Médici, numa população de cerca de 20 mil cidadãos, pelo menos cem eram gênios absolutos e todos eles locais, no máximo oriundos das vizinhas Vinci ou Caprese. Há também os polos de atração, como a Paris dos anos 1920 e 1930 ou Nova York depois da guerra. Ou a Roma Antiga, onde, mesmo em diferentes épocas, havia Catulo, vindo de Sirmione, Horácio, de Venosa, Santo Agostinho, de Hipona. Hoje há grandes gênios no campo científico. Mas, se eu pensar no meu campo, não vejo nenhum. Cheguei à sociologia em uma época na qual se agigantavam mestres como Talcott Parsons, Adorno, Merton, Wright Mills: eram estudiosos que haviam elaborado paradigmas; podíamos concordar ou discordar de suas ideias, mas se tratava de cavalos de raça.

Em comparação com ontem, hoje a escolaridade generalizada e a mídia oferecem a um número infinitamente superior de cidadãos a oportunidade de adquirir cultura. Mais pessoas leem e mais pessoas escrevem, mas basta ir a uma grande livraria para constatar quanto papel impresso acumula-se dia após dia e quantos livros mal permanecem uma semana na vitrine e depois evaporam.

Isso tem muito a ver com a loucura calculada do mercado editorial. Mas, voltando ao nosso tema, em que outros aspectos estamos desorientados?

Temos uma profunda desorientação estética, deliberadamente gerada pela arte contemporânea, que, como teoriza Adorno, do Romantismo em diante não procurou mais ser *bela*, e sim *original*, perseguindo de modo sistemático a novidade, a mudança, a distorção, o choque.

Há uma forte oscilação do gosto: antes, um casaco de inverno durava a vida toda e, de qualquer maneira, o modelo era aquele; agora, os desfiles sazonais se sucedem, as revistas competem para propor novidades e a Amazon se encarrega de entregá-las na sua casa em 24 horas.

Some-se a desorientação espaço-temporal: com o Skype, não podemos estar em qualquer lugar a todo momento?

Após vinte anos de euforia, as novas tecnologias agora estão nos decepcionando justamente porque, após suas promessas de certezas, democracia, onipotência e onipresença, estão nos mostrando suas consequências desagradáveis. Haviam-nos assegurado informações mais completas e confiáveis, economia e política mais transparentes, até mesmo democracia direta. Prenunciavam um mundo com menos desigualdade, trabalho mais agradável, remunerações mais equitativas, mais oportunidades e proteções, descentralização do poder, compras mais práticas, relações mais fluidas.

Juntamente com vantagens inegáveis – como a música para todos do Spotify, a erudição para todos da Wikipédia, as imagens para todos do Instagram –, também nos deram a selva de *fake news* e de *trolls*, os golpes planetários subjacentes à economia do compartilhamento, a concentração inaudita de riqueza, de informação e de publicidade geradora de monopólios que nem mesmo o pior capitalismo ousara criar.

Por fim, mas não menos importante, a desorientação educacional.

Antes, tradições, estereótipos e cânones eram transmitidos de pai para filho e de avô para neto. Hoje, a geração global é cada vez mais ampla: não mais inclui apenas o filho do embaixador que acompanha o pai a Londres e ao Rio de Janeiro, mas também o menino que, acompanhado por um adulto, ou mesmo sozinho, chega em um bote. Há milhões e milhões de pessoas que, após a infância em um vilarejo subsaariano, partem, enfrentam uma viagem no deserto e, quando chegam à Líbia, já viram morrer pai, irmão e amigos e, se e quando atracarem na Europa, verão pela primeira vez água encanada e casas com geladeira. Tudo isso sem o acompanhamento de uma escola, de um educador. Imagine o desnorteamento.

Mas imagine também a desorientação de uma criança italiana que se encontra, em sua sala de aula, com um colega de Camarões, um do Afeganistão, um sírio, e conhece, desde a mais tenra idade, pessoas que têm outras ideias, outras culturas, que comem de forma diferente ou evitam comer o que ela come.

Portanto, é como se nos sentíssemos em um barco à deriva. O que seria necessário para sentir que novamente comandamos a rota?

Precisaríamos de um modelo e de uma cultura centrada nesse modelo. A desorientação é parente da complexidade. Recordei a frase de Brancusi, segundo a qual a simplicidade é uma complexidade resolvida. Algo complexo é como um jogo de ilusionismo: enquanto não entendo o truque, parece prodigioso; assim que descubro o truque, parece-me até banal. No meu livro *Uma simples revolução*, comecei por descrever uma obra de Brancusi, *Pássaro no espaço*, na qual o escultor romeno trabalhou em muitas variantes até alcançar a síntese suprema: aquele "pássaro no espaço" com o qual – ele mesmo dizia – finalmente experimentou "a alegria da alma liberta da matéria". Naquela ocasião, coloquei o problema de como desmontar um mecanismo – no caso, como Brancusi conseguiu sugerir a essência do voo sem se deter na aparência.

No entanto, quando se trata de relações entre sistemas, como em uma sociedade, é necessário ir além. Não basta desmontar e entender um por um os mecanismos, os sistemas; é preciso um modelo abrangente que nos ajude a interpretar, prever, nos comportar. Hoje não temos nenhum, e a falta de um modelo completo de referência priva o docente da possibilidade de indicar a seus estudantes, o gerente de indicar a seus colaboradores, os pais de indicarem a seus filhos o que é bem e o que é mal, o que é belo e o que é feio, o que é certo e o que é errado.

Em que transições históricas a humanidade teve, ao contrário, o modelo ao qual se reportar?

O Sacro Império Romano nasce porque o Evangelho e, a seguir, os padres da Igreja tinham elaborado um conceito cristão de sociedade; então vem Carlos Magno e se encarrega de construí-lo. Lênin cria a Rússia soviética balizado pelo modelo de comunismo teorizado por Marx e Engels. Cavour faz a Itália com as ideias de Cattaneo, Gioberti e Mazzini, e com base nessas ideias modula a ação militar e diplomática: assim cria um Estado que antes não existia.

A sociedade pós-industrial – a nossa – não conta com o respaldo de teóricos?

Esta é, a meu ver, a primeira sociedade nascida absolutamente sem um modelo prévio de referência, e essa carência talvez constitua a verdadeira novidade da sociedade pós-industrial: ter nascido por germinação espontânea da que a precedeu, porque esta – a sociedade industrial – acelerou o progresso tecnológico, o desenvolvimento organizacional e a globalização – fenômenos que sempre existiram, mas que, de fato, adquiriram maior velocidade e extensão nos últimos duzentos anos. Acelerou igualmente a alfabetização das massas e sua manipulação através da mídia e, agora, das redes sociais. Em seguida, somou-se a tudo isso o grande detonador que foi a Segunda Guerra Mundial.

Eis então a nova sociedade em que nos encontramos, mas da qual só agora estamos, gradualmente, tomando consciência. Quando há mutações, nem todos as percebem, nem todos se dão conta delas com a mesma rapidez e profundidade. Assim, os que as percebem tempestivamente talvez ganhem bilhões. Berlusconi se deu conta de que o novo mundo havia chegado e investiu na televisão; a família Agnelli não percebeu e continuou a investir no carro, ou seja, em um símbolo da sociedade que estava desaparecendo.

Voltemos ao modelo. Sem um Evangelho ou um Marx que nos digam aonde vamos, o que acontece?

Sem um modelo, perde-se o parâmetro de avaliação. O modelo é o elemento com base no qual se julga se uma coisa é boa ou ruim. Você tem o Alcorão? O Alcorão diz o que você pode fazer ou não, com quem pode se casar ou não, se pode ou não pode investir em determinado tipo de negócio. Você é comunista? O modelo marxista lhe diz se uma determinada ação leva ou não ao conflito, à superação das classes ou, ao contrário, ao alargamento da distância entre elas. Sem modelo teórico de comportamento, hoje um pai não sabe se deve dizer à criança que algo se faz ou não, e o filho, por sua vez, não obedece porque não consegue entender se o pai tem razão ou não. Aliás, sejamos claros, o pai também não sabe. Eu, professor, não sei como responder às objeções de um estudante; o jornalista não sabe como julgar determinado governo; o crítico de arte não sabe o quanto vale a instalação de um artista extravagante. Ennio Flaiano dizia: "Não compro arte abstrata: eu mesmo a faço". Como posso dizer que Pollock é belo ou feio? Poderia dizer no máximo que me fascina, que me produz vibrações. Como posso saber se algo é de direita ou de esquerda se os intelectuais dizem tudo e seu contrário, seja qual for a facção à qual afirmem pertencer, mas sem serem "orgânicos" de nenhuma delas?

É a pós-ideologia, como é chamada.

Exatamente. O que equivale a dizer que não se tem nenhuma ideologia. E talvez nenhuma ideia.

Sob esse aspecto, tudo é pós-ideológico. Chegamos ao ponto em que é difícil até dizer se uma pessoa está viva ou morta. Não por acaso discutimos durante dezessete anos o destino de Eluana Englaro, que se encontrava em estado vegetativo.

Quando existe, um modelo de referência torna-se um precioso atalho intelectual, porque impõe determinados comportamentos e proíbe outros. Em certo sentido, também é uma camisa de força, assumida, no entanto, em virtude de uma síntese cultural que me beneficia. Pode, por exemplo, me pedir renúncias, mas em vista de uma vantagem maior que o modelo me garante. Um modelo me oferece a capacidade de lidar com uma realidade – portanto, de possuí-la, de me tranquilizar. Não ter um modelo me desorienta porque, como diz Sêneca, "nenhum vento é favorável para o marinheiro que não sabe aonde quer ir". E nós, sem saber aonde queremos ir, podemos considerar qualquer trajeto, indiferentemente, como positivo ou negativo, sem poder traçar com consciência uma rota salvadora.

A quem, na sociedade, compete criar modelos? E quem, portanto, deixou de cumprir essa tarefa na nossa?

Os intelectuais. Jesus Cristo, Maomé e Martinho Lutero foram intelectuais, Mazzini foi intelectual, Marx e Engels foram intelectuais. Até agora, assistimos apenas a tentativas mais ou menos bem-sucedidas de atualizar os modelos precedentes. Não pensamos um modelo completamente novo, adequado à complexidade do nosso novo sistema social, como fizeram em seu tempo os iluministas ou Marx. Ou seja, os revolucionários. Tivemos medo da revolução. E cortejamos o conceito de reforma.

Quanto tempo uma sociedade leva para encontrar seu profeta? Para não ir muito longe, quanto tempo a sociedade industrial precisou esperar para que Karl Marx viesse decodificá-la?

Nesse caso, a cronologia tem algo de miraculoso: é de 1776 *A riqueza das nações* de Smith; são de 1844 os *Manuscritos econômico-filosóficos* de Marx. Para entender o alcance dessas obras, devemos levar em conta o fato de que, durante toda a longa sociedade rural, o trabalho era considerado algo ignóbil, digno apenas de animais e escravos, privados de alma e privados de tempo e modo de crescer intelectualmente.

Assim, se datarmos o nascimento da nossa sociedade pós-industrial a partir do segundo pós-guerra, podemos não nos desesperar tanto, pois pode ser que um Marx esteja para chegar…

Só virá quando os intelectuais perceberem sua necessidade. Hoje não criamos um modelo porque nenhum intelectual colocou o problema. De minha parte, é o que tento pôr em discussão.

Nas últimas duas décadas, a ideia de uma "sociedade líquida", proposta por Zygmunt Bauman, tem sido muito bem acolhida. Não se trata de um modelo?

Li Bauman com interesse, assim como leio cada estudo que se proponha a elaborar um novo modelo social. Mas mesmo o dele, submetido à prova dos fatos, reduz-se à descrição do que está diante de nossos olhos, sem captar sua essência, explicar seu sistema, prever suas saídas, sugerir uma estratégia. O líquido é algo que assume a forma do recipiente. Mas, como não se sabe qual é o recipiente, também não se conhece a forma, mesmo se líquida, que nossa sociedade assumirá de tempos em tempos. Dizer "sociedade líquida" não significa nada. O sucesso dessa fórmula, repetida mecanicamente e não sem complacência, deriva do fato de que oferece um slogan, uma escamoteação só aparentemente decisiva para quem gostaria de dizer algo agudo sem ter nada a dizer.

Esta sociedade pode até parecer líquida, escorregadia, fundida, fluida, dissolvida, como diz Bauman, mas qual é a verdade? Talvez nossa mente esteja fundida e líquida, no sentido de que não consegue tornar sólido – porque ainda não existe – o modelo com base no qual esta sociedade foi plasmada e sem o qual é impossível interpretar seus sinais, prever seu caminho e governar sua evolução. O fato de dizer que a sociedade é líquida não me permite saber como comportar-me. "Líquido" – mas poderíamos igualmente dizer "gasoso" – é um adjetivo que descreve de maneira evasiva, mas não explica nem orienta. Desorienta.

Então o que devemos fazer para identificar o modelo que torne compreensível o mundo no qual vivemos hoje?

Há anos me coloco esse problema. Muitos evitam a questão afirmando que não é preciso um modelo e que a sociedade pós-industrial, por sua natureza, não admite modelos, não admite ideologias, não admite distinções "superadas" como direita e esquerda, revolução e reformismo, etc. Para dar uma contribuição, ainda que modesta, mas não por isso menos difícil, à elaboração *a posteriori* de um modelo adequado à nossa sociedade, pareceu-me necessário reanalisar cuidadosamente os grandes modelos de sociedade elaborados até agora pelo homem, no transcurso de sua história, para entender o que hoje é obsoleto e o que deve ser resgatado e incorporado ao novo modelo pós-industrial que nos cabe construir. Foi um trabalho que me absorveu por muito tempo e do qual é testemunha o volume *O futuro chegou: modelos de vida para uma sociedade desorientada.* Trata-se de uma simples verificação que podia ser efetuada por um único pesquisador.

Mas a *pars construens,*[2] necessária para projetar um novo modelo de sociedade, requer a contribuição interdisciplinar de mais especialistas. Algo parecido, no método e nos resultados, com o que os iluministas fizeram ao criar aquele inigualável monumento à inteligência humana que é a *Encyclopédie.*[3]

Qual é a sua proposta, De Masi? Por onde seria necessário começar a "reconstruir"?

Por duas certezas irrefutáveis. A primeira é que o mundo no qual vivemos certamente não é o melhor dos mundos possíveis, mas é, sem dúvida, o melhor dos mundos que já existiram até hoje. Nunca antes a Terra foi habitada por 7 bilhões de cérebros, boa parte deles instruída e cada vez mais interconectada. Nunca os homens foram tão longevos; nunca as famílias reuniram tantas gerações e tantas vivências sob o mesmo teto; nunca a onipresença foi tão possível e praticada; nunca, como hoje, havíamos debelado a dor física; o planeta nunca produziu tanta riqueza e alimentou tantas bocas; nunca tantos países conheceram a democracia; nunca havíamos feito tantas descobertas científicas e construído obras tão surpreendentes.

A segunda certeza é que a obra criativa do homem está apenas iniciando sua caminhada, e, pela primeira vez na história humana, cabe a nós dar-lhe continuidade ou interrompê-la para sempre. "O mundo ainda é jovem", diria Giambattista Vico ao propor sua vida nova.

---

[2] Francis Bacon propõe, em *Novum Organum*, obra de 1620, um método de interpretação da natureza para se chegar à verdade, constituído de duas fases: a *"pars destruens"* designa a fase destrutiva, em que se eliminam equívocos e noções préconcebidas; e a *"pars construens"*, a fase construtiva, em que se propõe um novo modelo e argumentos para sustentá-lo (cf. bit.ly/2HjdUd4 e bit.ly/2HjyEkP). (N.E.)

[3] *Encyclopédie, ou dictionnaire raisonné des sciences, des arts et des métiers (Enciclopédia, ou dicionário racional das ciências, artes e profissões)*, publicada na França entre 1751 e 1772, com base nos ideais iluministas, foi uma das primeiras enciclopédias do mundo. Editada por Jean le Rond d'Alembert e Denis Diderot, contou com a contribuição de pensadores como Voltaire, Rousseau e Montesquieu, e foi um importante instrumento para a atividade intelectual anterior à Revolução Francesa (cf. bit.ly/2siDWVZ). (N.E.)

Longevidade e velhice

Partimos do pressuposto de que este mundo em que hoje vivemos é o melhor dos que já existiram até agora para tentar identificar os pontos fixos em que se fundamenta esse pressuposto, de modo a neles ancorar nossa existência e assim vencer nossa desorientação.

Esse é o fio lógico sugerido por você, De Masi.

Comecemos então pela longevidade: o que acontecerá nesse âmbito no futuro próximo? Vamos chegar ao recorde dos 122 anos vividos pela pessoa mais longeva de todos os tempos, Jeanne Calment, a mulher francesa que conseguiu assistir ao vivo ao funeral de Victor Hugo, mas também viu pela TV a queda do Muro de Berlim? Mas, sobretudo: a proliferação de nonagenários e centenários nos países ricos tem o caráter de fenômeno "histórico"? E em que medida a parte do mundo mais desfavorecida participa dessa nova abundância de anos de vida?

Em relação a outras disciplinas, a demografia tem a vantagem de contar com uma notável capacidade de prever fatos, se não por outro motivo, porque a cada 365 dias os vivos têm um ano a mais. Assim, por exemplo, podemos dizer com absoluta certeza que, na Itália, as crianças nascidas em 2024 estarão no primeiro ano do ensino fundamental em 2030. No mesmo ano, é previsível que entrem no mercado de trabalho os jovens nascidos entre 2005 e 2010, e se aposentem os idosos nascidos em 1965.

Passando do nível italiano para o mundial, sabemos, mas com certeza ligeiramente inferior, que, ainda em 2030, os idosos com mais de 65 anos serão 910 milhões, contra os atuais 420 milhões, motivo pelo qual é legítimo pensar que o século XXI será dos idosos e velhos, assim como o século XX foi dos jovens e adultos. De desvantagem que era, a idade transforma-se em oportunidade social por motivos de quantidade, de consumo, de poder de decisão e até mesmo de eficiência.

Como se vê, a demografia lida principalmente com números, e os números, tediosos quando não os lemos com atenção, tornam-se interessantíssimos, e até sedutores, quando fazemos o pequeno esforço de extrair seu significado. A sociologia não poderia existir sem a estatística, e a estatística não poderia existir sem os números.

Ao nascer, o homem de Neandertal tinha expectativa de vida de 29 anos; os atenienses da era de Péricles chegavam aos 36; no século XIX, os súditos de Napoleão não ultrapassavam os 45. Hoje, apenas 200 anos após a era napoleônica, a expectativa de vida dos 7,4 bilhões de habitantes do nosso planeta chegou a 69 anos para os homens e 74 para as mulheres. Como se vê, a vida humana levou muitos milênios para se alongar 15 anos e, em seguida, bastaram 200 anos para que se estendesse por mais 30.

E como foram as coisas na Itália?

Em 1920, a vida média dos italianos era em torno de 50 anos. Em 1960, ainda era tão reduzida que nos deixava em décimo nono lugar na Europa e vigésimo terceiro no mundo. Hoje, com expectativa de vida de 84,8 anos, a Itália ocupa o terceiro lugar entre os 196 países que compõem o tabuleiro de xadrez internacional, depois do principado de Mônaco, onde os homens chegam a 86 e as mulheres superam os 94, e do Japão, onde a expectativa de vida é de 85,5 anos. As mulheres italianas desfrutam de uma vida média de 86 anos; os homens devem contentar-se com 5 a menos. Não por acaso há na Itália 750.822 viúvos contra 3.737.232 viúvas.

O prolongamento da vida média gera um sentimento social de segurança ou o oposto é verdadeiro?

Em termos de psicologia individual, deveria implicar maior segurança. Se você tem 30 anos hoje e sabe que viverá, presumivelmente, outros 50, deveria se sentir mais seguro do que o homem de 30 anos que, no século XIX, tinha bons motivos para temer partir em 20 anos.

O prolongamento da vida média deveria induzir uma reestruturação do tempo: vivemos mais – 700 mil horas – e trabalhamos no máximo 80 mil horas, ao passo que nossos trisavós viviam 300 mil horas, das quais trabalhavam 150 mil. Portanto, *objetivamente,* temos mais tempo. Além disso, inventamos uma série de máquinas que servem para administrar melhor o tempo disponível: máquinas que poupam tempo, como a de lavar roupas, o telefone e o carro; máquinas que enriquecem o tempo, porque nos permitem fazer duas ou mais coisas simultaneamente; máquinas para armazenar tempo, como o gravador ou a secretária eletrônica; máquinas para programar o tempo, como o calendário do celular, que nos vai recordando os compromissos do dia.

Paradoxalmente, quanto mais tempo temos e mais compromissos e prazos assumimos, mais somos atormentados e estressados pela falta de tempo, em vez de desfrutar da sensação reconfortante de um tempo que se dilata até o infinito.

A longevidade estimula mais o frenesi do que a tranquilidade?

Precisaríamos de sabedoria. Reduzir os compromissos e deixar tempo para a introspecção, as brincadeiras, a amizade, o amor, a convivência, a contemplação da beleza. Em suma, precisamos entender que a felicidade também consiste em não ter prazos.

Voltemos à demografia. De fato, hoje, na Itália, quase não há mais famílias numerosas.

Até a época de nossos bisavós, era preciso ter muitos filhos para que dois ou três deles tivessem uma boa probabilidade de chegar à idade adulta, escapando das pestes, doenças e milhares de outras emboscadas da natureza. Os que ultrapassavam a barreira de uma morte precoce tinham visto mais de um contemporâneo morrer a seu lado, o que emprestava à vida um pessimismo, uma entrega fatalista aos caprichos do destino.

Para garantir pelo menos um herdeiro do sexo masculino, os soberanos recorriam a uma prole numerosa: Maria Teresa da Áustria teve dezesseis filhos, e sua filha Maria Carolina de Nápoles, sete. Já quem hoje nasce nos países do Primeiro Mundo tem todas as chances de chegar aos 80 anos, e quem quer um filho único não precisa gerar dois ou três. Não é por acaso que as mulheres que utilizam métodos modernos de contracepção são 82% na China, 80% no Reino Unido e apenas 12% na Mauritânia ou em Angola. A taxa de fecundidade ainda hoje é de

7 filhos por cada mulher no Níger, contra 1,4 na Itália. Desemprego e problemas econômicos, temor pelo futuro dos filhos, menos tempo em casa por parte das mães que trabalham, falta de serviços sociais e de habitação, assim como uma concepção de vida diferente estão na base desse comportamento demográfico que, em poucos anos, transformou a Itália de um dos países mais imprudentemente férteis em um dos países mais cautelosos em relação à procriação.

Como evoluiu a mortalidade infantil?

Na Itália, no final do século XIX, a mortalidade infantil era de 326 a cada mil nascidos vivos. Hoje, na Itália, assim como na Alemanha, na Espanha e na França, a taxa é de apenas 3 crianças por mil. No Japão é de 2, e nos Estados Unidos, de 6 crianças por mil. O mérito desse progresso cabe em parte às vacinas e em parte à melhoria global das condições de vida. Lá onde esse avanço foi mais lento, as taxas de mortalidade infantil continuam mais altas: no Afeganistão, por exemplo, ainda são 111, e na Somália, 95 por mil.

Dados recentes apontaram que, na Itália, o número de nascimentos continua a diminuir, enquanto o de mortes continua a aumentar, o que causou certo alarme.

Em termos demográficos, os últimos três anos se caracterizaram por algumas novidades negativas cujas causas ainda não foram definidas com precisão. Em 2015, o número de óbitos na Itália aumentou 11% em relação a 2014, passando de 50 mil a 55 mil por mês, em média. Nos últimos cem anos, só ocorreu elevação súbita similar por ocasião das duas guerras mundiais: no período 1915-1918 e em 1943.

Segundo as hipóteses mais plausíveis, a culpa deve ser atribuída ou à crise econômica internacional, ou à concomitante redução do bem-estar social.

A segunda novidade alarmante também remete às mesmas causas: embora a expectativa de vida da população italiana tenha aumentado, o número de anos de vida saudável das pessoas acima de 60 diminuiu. Não basta viver mais: o que conta é viver bem. Infelizmente, contudo, a quantidade de *vida saudável* de que os italianos desfrutam diminuiu nos últimos vinte anos. Contribuíram para esse fenômeno a maior poluição atmosférica, que determina doenças de vários tipos, a crise econômica, que obrigou uma faixa crescente da população a consumir alimentos menos saudáveis, e o desmantelamento progressivo do nosso Serviço Nacional de Saúde, que reduziu a prevenção e aumentou o custo unitário.

A relação entre renda e saúde é estreitíssima. Basta pensar que os alimentos orgânicos são consumidos por 70% da população no norte da Itália, por 23% no centro e por 7% no sul. A vida média de quem é de Nápoles, por exemplo, é três anos mais breve do que a de quem vive em Milão. Como já observava Orwell, "quanto menos dinheiro você tem, menos está disposto a gastar com saúde e alimentos saudáveis".

Isso no que diz respeito aos mortos. E quanto aos nascidos?

Permito-me uma curiosa digressão. Antigamente, na Itália, os nomes da Sagrada Família eram um sucesso, e a maioria das pessoas se chamava Maria, Giuseppe, Anna e Giovanni, com a adição de dois santos padroeiros: Antonio e Francesco. Depois prevaleceram os personagens das telenovelas: Samantha, Patrizia, Igor e Michel. Agora as meninas se chamam Giulia e Aurora; entre os meninos, graças ao Papa Bergoglio, reapareceu o nome Francesco, acompanhado de Alessandro e superado – não se sabe o porquê – por Leonardo em umas dez regiões. A maioria das crianças estrangeiras, no entanto, se chama Adam e Sofia.

A geografia dos nomes se renova enquanto permanece constante o declínio dos nascimentos. Como se sabe, para preservar a quantidade de população existente, a taxa de reposição deve ser de 2,1 filhos por mulher. Oitenta anos atrás, uma mulher italiana dava à luz em média 2,5 filhos; em 2010, 1,34; hoje, dá à luz 1,26. Nos últimos 8 anos, os nascimentos diminuíram em mais de 100 mil unidades, chegando ao nível mínimo dos últimos 40 anos.

O fenômeno da desnatalidade é exclusivamente italiano ou também ocorre em outros países europeus?

Enquanto na Itália, em 2018, nasceram 12 mil crianças a menos do que no ano anterior, na Alemanha nasceram 55 mil crianças a mais. Por que a discrepância evidente entre dois países tão próximos? À medida que as mulheres locais enriquecem e abandonam a agricultura, deixam de ter filhos, e a taxa de reposição só pode ser mantida graças à maior fertilidade das imigrantes. As crianças nascidas na Alemanha em 2016 foram 7% a mais do que as nascidas no ano anterior, mas o número de filhos de estrangeiras aumentou 25%.

Na Itália, ao contrário, os nascimentos diminuem tanto entre italianas quanto entre estrangeiras. Em 2010, cada estrangeira residente na Itália tinha 2,4 filhos; hoje tem 1,97. Na prática, uma estrangeira que chega à Alemanha encontra condições favoráveis para manter a mesma fertilidade com a qual foi educada em seu país de origem, ao passo que na Itália encontra condições que a dissuadem de ter filhos.

Quais são as condições que determinam a desnatalidade na Itália até entre as estrangeiras?

Certamente decisivo é o fato de que, nos últimos dez anos, o número de mulheres em idade fértil (15-50 anos) caiu quase um milhão. Além de serem menos numerosas, as mulheres férteis são menos propensas a ter filhos por duas razões opostas: ou porque as más condições econômicas, agravadas pela crise e não compensadas por um bem-estar social adequado, não lhes permitem, ou porque as condições econômicas são suficientemente confortáveis para induzi-las a dar prioridade à sua carreira, e não à maternidade.

Outro fator que influencia a desnatalidade é que são sobretudo os casados que tendem a ter filhos, mas o número de casamentos está diminuindo (132 mil a menos num arco de 8 anos).

Um quarto fator é que são cada vez mais frequentes os casos em que a mulher adia repetidamente a decisão da maternidade e acaba chegando aos 44 anos de idade, quando a reprodução assistida também se torna complicada porque sua reserva ovariana está próxima do esgotamento. Hoje, na Itália, a média de idade do primeiro parto subiu para 32 anos e, portanto, é difícil para a mulher ter mais de um filho.

O resultado global é que o número de casais sem filhos ou com filho único está aumentando e, como vimos, a Itália, ao contrário da Alemanha, não consegue compensar o déficit demográfico das mulheres locais por meio da contribuição das imigrantes.

Desde o início dos anos 2000, na Itália, a questão da "demissão em branco" – carta que a trabalhadora tem de assinar não datada no momento da contratação, na qual pede demissão em caso de gravidez – trouxe à luz um fenômeno social que se agravou ainda mais com o início da crise. Ou seja, a crescente incompatibilidade entre trabalho e maternidade: de acordo com o Instituto Nacional de Estatística da Itália (ISTAT), em 2008-2009, cerca de 800 mil mães declararam ter sido demitidas ou colocadas na situação de ter de pedir demissão após uma gravidez. Em 2007, a Lei Nicchi, n. 188, punia essa prática. Em 2008, recém-empossado, o governo de Berlusconi revogou a nova norma. Em 2012, o projeto de lei da reforma do mercado de trabalho interveio outra vez no assunto... Não são décadas em que se trava uma verdadeira guerra em torno da questão maternidade-trabalho?

Falemos claro: em alguns aspectos, a empresa ainda está atrasada em relação à sociedade civil. Exemplos eloquentes disso são a falta de paridade contratual entre homens e mulheres e a fobia das empresas à maternidade das funcionárias, o que se traduz em abusos gritantes como os que você citou. Essas disparidades são mais ou menos acentuadas conforme o setor e o nível hierárquico. Por esse motivo, uma lei de 2012 previu incentivos para a contratação de mulheres nos setores e nas profissões em que a disparidade salarial excedia 25%. Vale a pena recordar: os setores em questão eram agricultura, construção civil, indústria extrativa, gestão da água e dos resíduos, energia, indústria manufatureira, transporte e armazenamento, informação e comunicação, serviços gerais da Administração Pública. As profissões incentivadas, contudo, foram a condução de veículos e máquinas, as atividades de projeto, a direção de empresas e muitos trabalhos artesanais.

Como se vê, as mulheres recebem uma remuneração média 25% inferior à dos homens em quase todos os setores e em um número considerável de profissões.

Voltemos à natalidade. Há outras causas para seu decréscimo?

Há causas de natureza econômica: alto custo da gravidez, do parto, da criação de um filho; crescente flexibilidade do trabalho, precariedade laboral, crise econômica, frequentes atrasos no pagamento dos salários. Todos esses fatores interrompem a continuidade dos meios de subsistência e geram uma insegurança que desestimula a procriação.

As causas de natureza sociopolítica estão entrelaçadas às econômicas: as deficiências do bem-estar social (licenças, férias e subsídios insuficientes, creches e escolas de educação infantil inadequadas, etc.); ausência ou distância geográfica de parentes, especialmente avós, a quem confiar as crianças enquanto os pais trabalham; situação não incomum em que os cônjuges trabalham em duas localidades distantes uma da outra, motivo pelo qual as despesas dobram e o cuidado com os filhos se complica; desinteresse da política pela questão demográfica, até porque os idosos votam, e os recém-nascidos, não.

Todas essas são causas de natureza, por assim dizer, "objetiva". Existem outras que possam estar vinculadas a fatores subjetivos?

Com certeza. Os casamentos, formais ou não, duram cada vez menos; os estudos se prolongam cada vez mais, ocupando boa parte da idade fértil das mulheres; o trabalho e a carreira se erguem como obstáculos à procriação e à educação dos filhos; os homens resistem obstinadamente à ideia de dividir com as mulheres as tarefas relativas à vida doméstica e à criação da prole; em muitos casos, os filhos são vistos como obstáculo à vida social, à liberdade, ao consumo, à conquista de outros objetivos, sobretudo profissionais; o medo de que os filhos trazidos ao mundo possam acabar mal ou desempregados.

Apesar dos demais fatores, deve-se ter em mente que a taxa de natalidade é superior em países como a Suécia e a Noruega, nos quais a igualdade homem-mulher é mais avançada.

Além do número de habitantes, sua distribuição por faixas etárias é relevante. Um país em que os jovens predominam é diferente, sob muitos aspectos, de um país em que os velhos predominam.

Atualmente, há no mundo quase 1,2 bilhão de pessoas com idades entre 15 e 24 anos, a maioria na África. O país mais "jovem" do mundo é o Níger, com média de idade de 15 anos. Na Nigéria, os cidadãos com menos de 25 anos representam 63% da população (na Itália, 23%);

os de mais de 70 anos mal chegam a 1,4% (contra os nossos 16%). A Itália é um dos países mais "velhos" do mundo: para cada 100 jovens com menos de 15 anos, há 165 pessoas acima de 65 anos. Mas é preciso ter cuidado ao dizer "velhos".

Em que sentido? Como a velhice foi encarada no transcurso dos séculos?

Dois séculos atrás, quem tinha 50 anos já era velho. Os poucos avós eram venerados, porque sua experiência constituía um patrimônio precioso de noções práticas, uma espécie de enciclopédia viva à qual recorrer nas emergências cotidianas. O trabalho acompanhava o homem durante toda a sua existência: do aprendizado precoce e severo até a morte, que quase sempre ceifava os trabalhadores em pleno exercício de seus ofícios.

Quando mudou esse estado de coisas multissecular?

Foi a sociedade industrial que modificou radicalmente a tendência da vida humana: novos fármacos, higiene pública e privada mais cuidadosa, medicina e cirurgia, informação e prevenção, vacinas, alimentação mais abundante e saudável, assim como condições habitacionais mais decentes permitiram que ocorresse em poucas décadas o que parecia inimaginável no transcurso dos milênios anteriores. De 1840 até hoje, a vida média tem se estendido constantemente nos países industrializados. Naquela época, um homem vivia em média 40 anos; por volta do ano 2000, chegou aos 80. Em outras palavras, em pouco mais de um século e meio, a vida média dobrou. Enquanto isso, as horas que dedicamos ao trabalho diminuíram e o desgaste do corpo durante a atividade laboral atenuou-se consideravelmente.

Em torno da Segunda Guerra Mundial, deu-se outra transição histórica: os avanços da ciência, da cultura e da tecnologia, convergindo em uma grande onda de inovações revolucionárias, determinaram o advento da sociedade pós-industrial e, com ela, a substituição de muitos trabalhos cansativos e perigosos por atividades de natureza intelectual, levando a um prolongamento da vida média, que atualmente é, no mundo, de 72 anos, mas varia entre os 90 anos do Principado de Mônaco e os 50 do Chade.

Na Rússia, a vida média encurtou logo após a queda do comunismo, mas agora está se estendendo, embora persista grande defasagem entre a dos homens (65 anos) e a das mulheres (76). Na China, a expectativa de vida era de 42 anos em 1950, mas desde então tem crescido a um ritmo de 6 meses a cada ano, e hoje um chinês vive em média 77 anos. Algo semelhante aconteceu na Índia, onde a expectativa de vida atualmente é de 69 anos.

A emigração em massa da África para a Europa se deve sobretudo à forte disparidade econômica entre os dois continentes. Quais são as dimensões desse abismo?

A Europa é onze vezes mais rica do que os países do Sahel e da África Subsaariana. Daqui a trinta anos, será dez vezes.

Então a diferença diminuirá, mesmo se apenas um ponto?

Algo está mudando na África também, não há dúvida, mas com uma lentidão que deixa em sua esteira milhões de mortes por desnutrição e guerra. Neste momento, há conflitos em andamento em 34 países do mundo, e em 12 outros não se pode dizer que reine a paz.

O país africano que conheço melhor é a República Democrática do Congo, onde estive por motivos de trabalho. Lá, por exemplo, ainda circulam medicamentos fora do prazo de validade, mas que venceram há pouco tempo e, portanto, são um pouco mais eficazes ou um pouco menos perigosos. Para extinguir por completo o analfabetismo do continente, bastaria repatriar o dinheiro que seus governantes corruptos mandam para o exterior.

Que futuro demográfico nos espera? A vida média ainda aumentará?

As previsões a esse respeito não são unânimes. Se a vida média continuasse a crescer ao ritmo de 3 meses para cada ano, as crianças nascidas em 2000 viveriam 20 anos a mais do que as pessoas que morreram em 2000; portanto, chegariam a 100 anos. No momento, há na Itália 192 pessoas com mais de 110 anos de idade. Aliás, a Bíblia prognosticou que chegaríamos a 190 anos. E também há futurologistas tão utópicos que preveem a imortalidade.

O dado indiscutível é que cada vez menos crianças morrem, aumentando assim a duração média da vida. No passado, se os quase 90 anos de Michelangelo e os 88 de Ticiano eram exceções – simetria especular a quem, como Mozart e Schubert, morria aos 30 e poucos –, e se as pessoas morriam jovens devido a guerras, tuberculose, malária ou sífilis, muitos viviam até 65, ou mesmo 70 anos, idade bastante avançada.

A forte redução da mortalidade infantil determinou em nós uma relação psicológica diferente com a morte: houve um tempo em que uma criança que sobrevivesse até os 10 anos teria visto morrer três, quatro irmãozinhos; um sobrevivente de 30 anos assistira à morte de irmãos, pais e, certamente, avós. Hoje, um sobrevivente não é sobrevivente: é o único filho nascido e o único filho vivo. Quando chegar aos 30 anos, ainda terá os avós, às vezes os bisavós, e também os filhos. A média elevou-se. E coincide cada vez mais com a mediana.

Há mais uniformidade, então. O que isso implica?

Enquanto, no passado, a média da vida humana era calculada com base em um Michelangelo, com seus 90 anos, e em dezenas e dezenas de recém-nascidos que morriam imediatamente, agora esse cálculo se baseia nos 90 anos de um Michelangelo e nos 70 de muitos. Isso não é despido de significado do ponto de vista cultural, porque muda o sentimento relativo à vida e à morte: ter visto muitos irmãos morrerem significava introjetar uma sensação de insegurança diante da vida, um fatalismo paralisante, mas também uma sensação de sorte, como ganhar na loteria, por ser o que escapou.

Em certo sentido, conferia valor ao viver.

Exatamente. Hoje, as pessoas de 60 anos que não viram nenhum irmão partir, porque não tiveram irmãos ou porque eles ainda estão vivos, não têm nem essa visão da fragilidade humana nem essa gratidão ao destino. A sensação de fragilidade nos é comunicada muito mais por acidentes de carro – todos testemunhamos algum desastre, talvez até fatal – do que pelo medo de um bacilo como o da tuberculose, ou de uma picada de *Aedes aegypti*.

O que mais impressiona o estudioso no modo como a família se modificou?

O progressivo desaparecimento de algumas figuras familiares: o tio e a tia são cada vez mais raros. Proliferam, ao contrário, figuras antes raríssimas, como o avô ou mesmo o bisavô. Eu, que há muitos anos sou avô de quatro netos, não conheci nenhum dos meus quatro avós, que já tinham morrido quando nasci. Antes, era frequente indagarem: "quantos avós você conheceu?"; acho que agora ninguém mais pergunta algo assim.

O bisavô era uma figura excepcional, ao passo que hoje é comum...
Como também é habitual ver pessoas de 90 anos. Não me lembro de ter conhecido ninguém de 90 anos antes de eu mesmo ter passado dos 50. Agora conheço quatro ou cinco: Lina Wertmüller e Luciano De Crescenzo são dois deles, Francesco Rosi faleceu aos 92, minha mãe, aos 94. Mas a qualidade de vida nessa idade avançada também mudou. Raffaele La Capria, que há pouco tempo completou 96 anos, tem alguns problemas de audição, mas continua a escrever coisas agradabilíssimas.

A morte de Gillo Dorfles aos 107 anos, vividos com lucidez até o fim, começou a fazer até o limiar dos 100 parecer menos "extremo"...
Nem todos têm a mesma taxa de obsolescência. E cada um de nós experimenta uma obsolescência setorial: não só um indivíduo morre antes de outro como, dentro do mesmo indivíduo, alguns órgãos envelhecem mais cedo do que outros. Há quem seja surdo, quem tenha artrose, quem enxergue menos. Não morremos em bloco, mas um pouco de cada vez.

Borges diz com razão que se morre dezenas de vezes por dia: se eu sair à rua e vir um transeunte, será provavelmente a primeira, mas também a última vez que o vejo na minha vida; se eu não for mais ao Brasil, a morte do Brasil já terá acontecido na última em vez que estive lá. Há muitas coisas que fazemos pela última vez. Depois de certa idade, pensa-se nisso. Por exemplo, quando vou embora de Ravello no final do verão, digo a mim mesmo: quem sabe se poderei voltar no ano que vem.

Já com 80 anos, De Masi, pode nos dizer como mudam a concepção da vida e a consideração de si mesmo à medida que se avança? Para você, como mudaram?
Aos 30 anos de idade, eu estava convencido de que os trintões eram o coração da Terra: os cavaleiros da luz cheios de amor e transgressão,

destinados a consertar o mundo antes que as regras conseguissem subjugar as emoções, antes que o mundo os ferisse de morte ao integrá-los a seus mecanismos.

Aos 40, estava convencido de que os quarentões eram o sal da Terra: as tropas de assalto destinadas a substituir os dominadores pelos líderes; finalmente capazes de dar sentido às emoções e sentimento às regras.

Aos 50, eu estava convencido de que os cinquentões eram a mente da Terra, os depositários das ciências puras e aplicadas, da arte e da organização, da paz e da guerra; capazes de impor uma regra até às emoções.

Aos 60, estava convencido de que os sessentões eram a síntese da Terra, o estuário das dialéticas, o ponto de convergência do máximo de indignação com o máximo de tolerância, em que a emoção e a regra, cansadas de batalhar, finalmente se casam compondo uma totalidade.

Aos 70, estava convencido de que os setentões eram os marcos quilométricos da Terra, a quem o mundo confia sua rota quando, desorientado, precisa de um modelo ao qual se referir para distinguir o bem do mal, o verdadeiro do falso, o belo do feio.

Aos 80 anos, estou convencido de que minha geração é a energia da Terra: os dispensadores de coragem e equilíbrio, os cultores intransigentes da justiça e da alegria, os amantes conscientes das obras e dos dias, um pouco mais próximos da morte e, portanto, um pouco mais enamorados da vida.

E aos 90? Aos 90 – admitindo que eu chegue lá –, estarei convencido de que as pessoas de 90 serão testemunhas da vida sobre a Terra, as únicas autorizadas a certificar e garantir a persistente juventude do mundo.

E aos 100? Aos 100 anos, finalmente compreenderei o que Heráclito, o Obscuro, tentava dizer quando escreveu que "o tempo é uma criança que brinca".

Parece-me que hoje há um sentimento que prevalece no mundo por razões objetivas: a nostalgia. A nostalgia do migrante africano que chega aqui; a nostalgia dos trabalhadores domésticos e cuidadores filipinos que veem por Skype os filhos pequenos que deixaram com os avós; mas também a nostalgia dos nossos novos emigrantes, jovens que vão para Barcelona ou Londres em busca de um emprego como barman *ou de uma bolsa de pesquisa. Quais são os traços da nostalgia ligados à longevidade?*

A nostalgia das coisas perdidas encontra solo favorável nas condições objetivas do mundo contemporâneo, entre as quais, obviamente, também a longevidade. Quanto mais longa a vida, maior o pesar pelas pessoas perdidas, oportunidades desperdiçadas, momentos intensos que não voltarão.

Quando nos encontramos à noite com os amigos, Antonio Ghirelli não está mais, Filippo Alison não está mais. Entre meus conhecidos não está mais Federico Fellini, não estão mais Umberto Eco e Alberto Moravia, não está mais Leonardo Sciascia, com quem fiz inclusive uma bela viagem à Andaluzia, para passar a Semana Santa com nossas esposas. Quantas vezes, com todos esses amigos, jantamos juntos na deliciosa roda de conversa que se formava à noite na casa de Lina Wertmüller e Enrico Job. Lembro-me da tristeza pensativa de Fellini quando lhe disse que, a meu ver, no futuro próximo assistiríamos aos filmes em casa e iríamos ao cinema apenas como hoje vamos à ópera. Lembro-me da segurança de Moravia quando festejamos seu octogésimo aniversário e lhe perguntei qual era a maior diferença entre os nossos tempos e os da sua juventude. Ele, sem hesitação alguma, apontou a estética: "As cidades, as casas, as ruas e os indivíduos hoje são muito mais bonitos e bem-cuidados do que ontem".

Se vou ao Rio de Janeiro, não está mais lá Oscar Niemeyer, a quem me ligaram trinta anos de intensa amizade. Então, se morrer significa cortar todos os fios, não é que esses fios sejam decepados de repente, todos juntos: corta-se um de cada vez até que, por fim, os últimos sejam ceifados. O próprio Niemeyer me dizia: "Praticamente todos os que amei e conheci estão mortos". Ele estava com 105 anos de idade e havia se casado novamente, aos 99, com Vera, uma "menina" de 77. Até sua filha tinha partido alguns anos antes. Certa vez, perguntei se ele, que criara tantas belezas arquitetônicas, acreditava o que salvaria o mundo seria a beleza, como afirma Dostoiévski, e ele me respondeu que a beleza nunca tinha salvado nada: para salvar o mundo, é preciso a revolução! Oscar me deu muitos desenhos e, acima de tudo, o projeto completo do Auditório de Ravello. Alguns meses antes de morrer, copiou para mim numa grande folha, para eu guardar, uma frase que escrevera em uma parede de seu escritório, tanto mais significativa por ter sido pensada por um grande arquiteto, um dos maiores do século XX: "O mais importante não é a arquitetura, mas a vida, os amigos, a família e este mundo injusto que devemos modificar".

Com o passar dos anos, muda até a postura diante da realidade?

Quando minha mãe já estava muito idosa, se um conhecido morria, hesitávamos em contar a ela por medo de que ficasse muito impressionada. Na verdade, se mesmo assim ela vinha a saber, sua reação era muito menos desesperada do que esperávamos. Talvez houvesse também um pouco, lá no fundo, de satisfação inconsciente por sua vez ainda não ter chegado. Acredito que, mudando a idade, muda até mesmo a avaliação da morte, considerada uma questão cada vez menos distante e improvável, cada vez mais próxima e óbvia.

De Masi, gostaria de acrescentar algumas reflexões sobre a nostalgia?

Sim, e dizer que há vários tipos de nostalgia. Eu teria cuidado para não confundir a nossa, de pessoas geograficamente estáveis, com a dos migrantes. Mesmo entre os sentimentos existem os pobres e os de luxo. E a nossa nostalgia é romanticamente luxuosa comparada com a tragicamente miserável dos imigrantes. Em que consiste o trágico? Consiste no que é necessário e, no entanto, impossível. Um jovem que fugiu da escassez subsaariana, foi torturado em um campo de concentração líbio, forçado a desafiar a morte em uma balsa deveria ser acolhido como um irmão; deveria poder reencontrar os parentes que ficaram longe. Mas é impossível, porque nosso crescente egoísmo impede isso.

Se nosso filho está triste, nos apressamos a levá-lo ao psicólogo infantil; mas estamos testemunhando – até agora, imunes a elas – situações desumanas em que alguns pais sírios ou africanos, para evitar que os filhos sofram uma morte violenta e certa, os confiam, ainda crianças, a traficantes de vidas humanas.

Nostalgia? Quem dera essas crianças pudessem sentir nostalgias luxuosas como as nossas! São colocadas em um triturador de sentimentos do qual nunca se recuperarão e de onde poderiam sair suicidas ou terroristas.

O governo Trump parece ter montado conscientemente, em junho de 2018, uma fábrica de dor e ódio futuro na fronteira entre o México e os Estados Unidos.

Trump ordenou barbaramente que os filhos ainda pequenos fossem separados de pais imigrantes clandestinos mexicanos e trancados em jaulas como animais em um zoológico. Muitos deles nunca tornarão a encontrar seus pais.

Atribuir a essas crianças sentimentos nostálgicos seria reduzir a um quadrinho de cores pastel os tons sombrios suscitados pelo ódio, pela ruptura, pelo desenraizamento total. Essas pobres criaturinhas desamparadas foram arrancadas de seu país, onde tinham as pessoas e os lugares amados; depois foram levadas para um lugar desconhecido, sem a mínima semelhança com aquele de onde haviam fugido e, como se não bastasse, foram arrancadas à força de seus pais, que as abraçavam contra o peito. Sofreram total dilaceração física e psíquica de suas raízes. Estamos muito além da nostalgia!

Só seria possível olhar para esse abismo se ele existisse, inevitável, em vista de um bem superior. Mas não pode haver nenhum bem "superior" que justifique esse abismo. No caso de Trump e seus eleitores, a miséria opulenta se resume a isto: um povo de obesos que se recusa a compartilhar parte de sua obesidade com esqueletos humanos. A mesma verdade em que se condensa o cinismo com o qual nós, europeus, igualmente obesos, rejeitamos para o mar os migrantes igualmente famintos.

Dizem que é em nome da razão suprema do direito.

"Louco é o homem que perdeu tudo menos a razão", dizia Chesterton. Se um louco acha que é Napoleão, quando te encontra ele não te chama de Maria Serena, te chama de Josefina de Beauharnais. Trump e seus eleitores são loucos raciocinantes, aliados e cúmplices do louco raciocinante da nossa casa.

Voltando aos temas de partida, longevidade e velhice, o que podemos acrescentar?

Primeiro, quando disse que a Itália é um dos países mais "velhos" do mundo porque há muito mais adultos acima de 65 anos do que jovens com menos de 15 anos, esqueci de dizer que é preciso ter cuidado ao dizer "velhos". Com as palavras "velhos" e "velhice" indicamos uma idade indefinida, que inclui tanto pessoas com ótima saúde e em plena atividade, cheias de energia porém agora inativas, quanto idosos decadentes ou decrépitos. Depois de indicar as diversas faixas etárias, em que situam crianças, jovens e adultos, as estatísticas oficiais colocam todos os demais sob o rótulo genérico residual de "acima de 65 anos".

Onde está o erro?

Geralmente dizemos que os jovens constituem a "primeira idade", os adultos, a "segunda idade", e que todos os demais fazem parte da "terceira idade". Dessa forma, definimos a velhice de uma pessoa com base na data em que nasceu, quando deveria ser definida em relação à data em que morrerá. Nem todo mundo morre com a mesma idade, e alguns já são velhos aos 60 anos, ao passo que outros ainda estão vivos e vigorosos aos 80.

Um bom indicador do enfraquecimento que corresponde à verdadeira velhice é o uso de medicamentos, como uma vez me sugeriu o advogado Gianni Agnelli. De fato, calculou-se que, nos últimos dois anos de vida, quando corpo e alma começam a falhar, as pessoas tendem a gastar com medicamentos uma quantia equivalente à gasta no transcurso da vida inteira até então. Com base nessa constatação, podemos concordar que, na maioria dos casos, tornamo-nos realmente velhos, não mais autossuficientes, um par de anos antes de morrer, e que o fato de começarmos a usar muitos fármacos significa que estamos a dois anos da morte.

Portanto, quando se morria por volta dos 60 anos, ficava-se velho, em média, aos 58 anos; hoje, que se morre aos 85 anos, a velhice chega aos 83. Isso significa que, ao contrário do que ocorria no passado, hoje as idades do homem não são mais três, e sim quatro: depois da "segunda idade", ou seja, a idade adulta, há uma "terceira idade", que vai de cerca de 60 a cerca de 80 anos, e ainda uma "quarta idade", que corresponde aos últimos anos, à verdadeira velhice, com pouca autonomia psicomotora.

A nova "terceira idade", à qual no passado apenas alguns afortunados chegavam, é a verdadeira grande novidade demográfica. Antes era uma categoria quase desabitada, mas hoje está lotada de pessoas que já não são mais adultas, porém ainda não são velhas, que ainda querem fazer coisas, movimentar-se, ter e manifestar opiniões, produzir e até reproduzir-se. Em suma, a idade se alongou, sim, mas não a velhice, que hoje, como ontem, ocupa só os dois anos finais da vida. Mas é difícil fazer com que se entendam essas verdades.

Quem muito analisa o futuro ainda costuma ser uma Cassandra incompreendida?

Esse é um dos eternos problemas do intelectual. Quando vai muito à frente em suas conjecturas, as pessoas não acreditam, mesmo se são conjecturas acertadas. A comunidade científica a que pertence acredita ainda menos. Li em algum lugar que, quando descobriu a fórmula da relatividade e seus colegas não levaram a sério porque não entendiam, Einstein aterrorizou-se com a possibilidade de morrer antes de conseguir explicar sua descoberta a alguém.

Quando, no início da década de 1980, publiquei *A sociedade pós-industrial,* mais tarde republicado em onze edições, a tese que o livro continha – o declínio da sociedade centrada na produção em série de bens materiais e o nascimento de uma nova sociedade, centrada na produção de bens intangíveis – foi ignorada, deturpada e até ridicularizada por muitos colegas meus. Quando argumentei, apoiado em dados, que o componente operário seria proporcionalmente reduzido em relação ao componente administrativo e gerencial, um amigo sindicalista, reconhecendo nisso um ataque ao proletariado, parou de falar comigo.

Nesses casos, há também uma certa postura provinciana: a tese apresentada por um estudioso italiano não será aceita enquanto uma tese idêntica não for publicada por um estudioso estrangeiro. Tenho em mãos o artigo de um conhecido jornalista do *Corriere della Sera* que relata como novidades as ideias de Kai-Fu Lee, erudito e empresário meio chinês, meio americano. Passeando entre os pavilhões do Instituto de Tecnologia de Massachusetts (MIT), Kai-Fu revelou a ele que o avanço tecnológico destruirá mais postos de trabalho do que criará, tornando necessárias a modificação da ética do trabalho e a implementação de proteções sociais. Cerca de trinta anos atrás, eu já havia afirmado algo do gênero em meu livro *O futuro do trabalho*, infelizmente escrito por um italiano, em língua italiana e publicado por uma editora italiana – portanto, totalmente desprovido de *appeal* para o nosso jornalista italiano.

No caso da longevidade, que mensagem é necessário transmitir?

Que, com o prolongamento da vida, a velhice não se alonga, mas é adiada. Ouve-se dizer que "o velho é caro", referindo-se aos tratamentos médicos. Mas, em relação a esses tratamentos, o velho não é caro a partir dos 60 anos, como na primeira metade do século XX; em média, passa a ser caro a partir dos 80, ou seja, a partir da idade em que hoje em dia nos tornamos realmente velhos.

Qual é a consequência desse cálculo diferente das idades do homem e dessa concepção diferente da velhice?

Pela lógica, dado que cada um envelhece e morre em uma idade diferente, é absurdo que todos se aposentem com a mesma idade, no mesmo ano e no mesmo dia da própria vida. Para cada trabalhador, em cada setor, deveria valer a regra hoje em vigor para os professores universitários dos Estados Unidos: fixada uma idade mínima de aposentadoria, cada um deveria ter a liberdade de ou aposentar-se ao chegar a essa idade, ou negociar com seu empregador como e por quanto tempo estender suas atividades. Por que um mineiro precisa se aposentar na mesma idade que um jornalista? E por que um jornalista deve se aposentar aos 65 anos, quando talvez tenha finalmente aprendido a usar o subjuntivo?

Enfim, aposentar-se pouco antes de morrer?

Aposentar-se quando as partes envolvidas concordarem em querer isso. A alternativa é aquela em vigor atualmente: definir uma vida laboral mais curta para os que fazem trabalhos extenuantes e, para todos os demais trabalhadores, adiar a idade da aposentadoria à medida que a vida média se alonga. Neste segundo caso, contudo, se ao mesmo tempo o número total de horas de trabalho não for reduzido, o adiamento da aposentadoria se traduzirá em menos emprego para os jovens.

Se ainda restar uma ampla margem de anos entre a aposentadoria e a verdadeira velhice, uma solução gratificante possível é ter uma segunda carreira para enriquecer o sentido da "terceira idade", ainda mais considerando-se que o trabalhador poderá contar com máquinas cada vez mais produtivas e geriatras cada vez mais especializados. O aposentado que empreende uma segunda carreira tem finalmente a possibilidade de desenvolver trabalhos que nunca tinha imaginado poder fazer e dos quais pode obter as satisfações que a primeira carreira nunca lhe deu. Além disso, a aposentadoria representa apenas 80% da remuneração anterior, ao passo que suas necessidades estão 100% vivas, se não tiverem até aumentado. Os proventos da segunda carreira podem permitir que as atenda plenamente.

Os aposentados também se inscrevem no voluntariado.

Sim. Em Roma, por exemplo, há milhares de associações do setor, e, em quase todas, é grande e ativa a presença dos maiores de 60 anos. O voluntariado é uma atividade feita gratuitamente na qual a motivação e a liberdade conferem um sentido diferente ao engajamento. Hoje são associações muito estudadas por especialistas em administração, seja porque no passado foram um ponto forte da democracia estadunidense, seja porque representam um excelente exemplo de organização, muito mais capaz de motivar seus membros do que as empresas. Um guru famoso como Peter Drucker escreveu um ensaio cujo título é eloquente: "What Business Can Learn from Nonprofits" [O que as empresas podem aprender com as instituições sem fins lucrativos].

Portanto, seria necessário modificar toda a estrutura de bem-estar social relacionada às aposentadorias?

No início do século XX, quando a expectativa de vida na Europa era de 62 anos, a idade da aposentadoria na Alemanha era 70 anos, com base em uma lei aprovada em 1889. Também aos 70 foi definida, por uma lei de 1908, a idade da aposentadoria na Inglaterra. Em 1910 foi a vez da França, que, no entanto, estabeleceu um teto de 65, assim como o fez a Itália, em 1919.

Na prática, a maioria dos trabalhadores morria antes de atingir a idade da aposentadoria, e as instituições de previdência social arrecadavam, por meio do prêmio de seguro recebido, muito mais do que pagavam depois. É como se hoje, quando as pessoas morrem em torno dos 80 anos, a idade da aposentadoria fosse fixada em 100 anos. Dado que, em vez disso, a idade é definida para cerca de 15 anos, em média, antes da morte, as contas da previdência não fecham. Mas é um erro dizer que não fecham porque o número de idosos está aumentando: a previdência italiana está em crise não por haver velhos demais, e sim porque a idade da aposentadoria não está acompanhando no mesmo ritmo a evolução da expectativa de vida.

Por trás da questão previdenciária, que é hoje amplamente discutida, há, em suma, uma questão cultural que, por enquanto, é pouco explorada?

Exatamente. As leis, a cultura e a consciência pública se adaptam lentamente às mudanças estruturais. Entre outras coisas, a vida média não se alongou da noite para o dia, mas um pouco a cada ano, então teríamos tido muito tempo para modificar as leis pertinentes. Em vez disso, demoramos tanto que a ministra Fornero[4] teve de tomar, todas de uma vez, decisões que, diluídas ao longo dos anos, teriam sido metabolizadas com mais tranquilidade.

Além disso, falar de longevidade e velhice nos obriga a entrar no conceito de bem-estar social, porque ali se encontra o ponto de ataque do neoliberalismo contra a social-democracia.

Em que sentido?

O Estado de bem-estar social, como se sabe, foi a resposta reformista, social-democrata, humanitária aos desafios da sociedade industrial, às reivindicações sindicais, às demandas religiosas, à luta de classes e aos impulsos revolucionários. Em 1883, o chanceler Bismarck, que não era propriamente um filantropo, tornou obrigatório fazer seguro para os trabalhadores. Seis anos depois, em 1889, a Itália introduziu o seguro obrigatório contra acidentes no trabalho. Então, gradualmente, o bem-estar social passou a cobrir também outras áreas: invalidez, morte

---

[4] Elsa Fornero, ministra do governo Mario Monti que assinou a reforma da previdência em 2011 (N.T.)

do cônjuge, doenças, desemprego, encargos familiares insustentáveis, serviços sociais para pessoas não autossuficientes, garantia de renda mínima, subsídios, demissões e anos sabáticos para formação, serviços de emprego, apoio à mobilidade, políticas ativas, licença para cuidar dos pais, licença-maternidade e paternidade.

Como disse William Beveridge, que dedicou todas as suas energias intelectuais a esses problemas, "o bem-estar social ajuda a libertar a sociedade de quatro monstros: necessidade, doença, ignorância e miséria". Na verdade, o bem-estar social contribuiu para a modernização da Europa ao equilibrar os excessos do liberalismo, reduzir o conflito social, estabilizar a economia de mercado, consolidar as instituições democráticas e fornecer respostas originais às necessidades dos trabalhadores e cidadãos. Em síntese, representou o "modelo social europeu" no qual outros países também se inspiraram, dos Estados Unidos ao Japão e à Austrália.

Mas por que esse modelo primorosamente social-democrata entrou em crise?
Porque chegou o neoliberalismo, com a curva traçada em 1974 pelo professor Arthur Laffer, segundo o qual os impostos devem ser reduzidos ao mínimo porque, se aumentarem, os empresários sonegarão e deixarão de investir. Na década de 1980, convencido dessa receita, um paladino do neoliberalismo como o presidente Ronald Reagan diminuiu de 70% para 28% a *top tax rate*, ou seja, a tributação dos mais ricos. A outra curva que ajudou a persuadi-lo foi a traçada já em 1955 pelo ganhador do Prêmio Nobel Simon Kuznets, segundo o qual o progresso só geraria desigualdades e poluição em um primeiro momento, porque a seguir a riqueza acumulada pelos ricos seria redistribuída para "erradicar a pobreza, ampliar a liberdade humana e limpar o planeta", disse outro paladino do neoliberalismo, o presidente George W. Bush.

Essa é a teoria do gotejamento, desmentida pelos fatos de que justamente a sua aplicação determinou a maior desigualdade da história humana e de que a riqueza, longe de gotejar automaticamente do vértice rico para a base pobre, na verdade sempre goteja de maneira contranatural: de baixo para cima. Após vinte anos de aplicação da calamitosa política neoliberal, o Relatório de Desenvolvimento Humano das Nações

Unidas atestou, em 2002, que o 1% mais rico da população mundial se apoderara de uma renda igual à dos 57% mais pobres.

E como os governos reagiram?

A maioria perseverou diabolicamente suas políticas neoliberais e, quando os cofres do Estado permaneceram secos, reduziu aos poucos os gastos com o bem-estar social, começando exatamente pelas aposentadorias. Em 23 de fevereiro de 2012, Mario Draghi, presidente do Banco Central Europeu, chegou a declarar ao *Wall Street Journal*: "O que está despontando na Grécia é um novo mundo que abolirá o velho regime e nos libertará dos sepulcros caiados. Por fora têm bela aparência, mas por dentro estão cheios dos ossos dos mortos e podridão. O estado social está morto".

No entanto, a opinião amplamente difundida e compartilhada é a de que uma sociedade na qual predominam os jovens é decisivamente mais dinâmica e criativa do que uma sociedade em que predominam os velhos.

Com os dados em mãos, afirmo que a sociedade pós-industrial assistirá ao avanço progressivo dos maiores de 60 anos no mundo do trabalho e no da riqueza e do poder. Pela mera questão numérica, já representam uma proporção tão consistente da população que impõem sua presença, seus gostos, suas decisões. Além disso, o eleitorado jovem está diminuindo numericamente e o senil, aumentando: faz 20 anos que cada deputado da república italiana pode contar com seus 7.500 votos de jovens e 22 mil de idosos.

Na atual situação, o único ponto fraco dos maiores de 60 anos é a exclusão digital: por enquanto, estão menos familiarizados do que os jovens com a informática, o mundo virtual e as novas tecnologias. Mas é uma lacuna destinada a desaparecer gradualmente à medida que essa geração for saindo de cena e dando lugar aos atuais jovens digitais.

Há outros fatores que jogam a favor dos maiores de 60?

O segmento cada vez mais vasto e variado que ocupam no mercado consumidor. Se, por um lado, o declínio dos nascimentos implica menos despesas familiares e públicas com educação, nutrição e outras necessidades das crianças, por outro lado, o aumento do número de idosos implica despesas crescentes com cuidado do corpo, saúde, estética, lazer, e assim por diante.

Li em algum lugar que, já 20 anos atrás, nos Estados Unidos, 55% dos idosos comiam fora habitualmente, 70% tinham férias de 4 semanas ou mais, 49% liam livros, 22% iam ao cinema e 13% viajavam. Trata-se, portanto, de um vasto público-alvo de "consumidores invisíveis", como os imaginativos marqueteiros os chamam, dotados de notável poder aquisitivo.

Então o marketing identificou esse novo público?

Os marqueteiros analisam de modo sistemático e capilar os desejos e as necessidades, os estilos de vida e os costumes relacionais da terceira e da quarta idades. Uma boa porcentagem das pessoas maiores de 60 anos é composta de viúvas que moram sozinhas e, portanto, reúnem em si o poder aquisitivo antes compartilhado com os maridos. Isso é uma vantagem para o mercado de bens destinados às mulheres de certa idade.

Em seu conjunto, o mercado das terceira e quarta idades movimenta uma enorme massa de bens e serviços – ou seja, de riqueza – fornecidos por estruturas públicas, estruturas religiosas, agências de lazer, centros de ocultismo, empresas, partidos, associações, e assim por diante.

Muitos, hoje, se aposentam exaustos e com grande desejo de descansar, mas outros, forçados a se aposentar mesmo estando em plena posse de suas capacidades físicas e intelectuais, não sentem o impulso de procurar uma nova atividade?

Sim, como eu já disse. Anos atrás, minha amiga Federica Olivares, que havia aberto uma nova editora, me pediu que escrevesse a introdução a um belo livro de Xavier Gaullier intitulado *Seconda carriera e terza età* [Segunda carreira e terceira idade]. O texto defendia que outro motivo pelo qual os idosos estão destinados a assumir uma crescente importância social é o valor de suas competências profissionais. As empresas continuam a se desfazer de seus sessentões, mesmo ainda fortes, saudáveis e lúcidos, muito especializados, bem-treinados, menos belicosos, dotados de uma vasta rede de relacionamentos, livres de problemas familiares que incluem licença por casamento e licença-maternidade, e a substituí-los por jovens muito menos especializados, mais conflituosos e absentistas, que, mal acumulam algum currículo, costumam passar para a concorrência.

No momento da aposentadoria, os homens ainda têm em média catorze anos de vida pela frente, e as mulheres, dezenove. Portanto, muitos aposentados constituem uma preciosa reserva profissional, motivo pelo qual alguns abrem seus próprios escritórios de trabalho e consultoria, e outros estabelecem relações formais ou informais com *startups* inovadoras. E isso é tanto mais difundido pelo fato de o trabalho físico ser delegado a máquinas, e o trabalho intelectual, que não requer força muscular, ser realizado por pessoas com experiência, cultura, equilíbrio e motivação.

De Masi, você parece, portanto, derrubar o paradigma anterior: uma sociedade em que predominam as pessoas pertencentes à terceira e à quarta idades não é pior do que uma sociedade em que predominam os jovens e os maduros.

A presença mais maciça dos idosos em nossa sociedade não pode senão dar forte impulso à paz, induzir a lutar com mais empenho contra as doenças e a dor, determinar um melhor estilo de vida – menos álcool, menos drogas, menos violência –, aumentar a atenção aos problemas ambientais, disseminar mais sabedoria e profissionalismo, facilitar a solidariedade, reduzir o consumismo, reafirmar o papel social dos grupos primários, manter viva a atenção aos aspectos essenciais da vida. A existência de um número maior de pessoas que têm diante de si a perspectiva da morte como algo próximo conduz toda a sociedade a meditar sobre os valores mais profundos, a voltar a depositar mais confiança no amor, na amizade, no convívio do que no poder e na riqueza material.

Androginia e gêneros

Desde 1962, há mais homens do que mulheres no planeta. De lá para cá, a diferença numérica entre os gêneros vem aumentando e, nestes anos do novo milênio, vivem na Terra 100 mulheres para cada 101-102 homens, segundo a publicação World Population Prospects, *elaborada pelo Departamento de Assuntos Econômicos e Sociais da ONU. Índia e China têm um peso particular nesse caso: no subcontinente indiano há 43 milhões de indivíduos do sexo masculino a mais do que do sexo feminino; na China, são 50 milhões a mais. Não é obra da Mãe Natureza: na Índia, pratica-se o infanticídio de recém-nascidas; na China, a política do filho único provocou abortos seletivos em massa e o descarte de embriões com cromossomo duplo X. No Ocidente, ao contrário, o prolongamento da vida premia as mulheres. E isso tem consequências para a divisão do poder... Daqui até 2030, o que acontecerá nesse aspecto?*

De Masi, você usa uma palavra que alude à fusão: "androginia". Por que a considera o termo certo?

Para abrandar nossa desorientação, precisamos nos ancorar em uma leitura racional da realidade na qual estamos imersos, compreender sua tendência histórica e os eventuais sinais positivos.

Em termos numéricos, há uma lacuna entre os dois sexos, mas esse não é o aspecto mais relevante. Imaginemos uma balança tendo em um prato todos os homens e, no outro, todas as mulheres: mesmo se estivessem em equilíbrio do ponto de vista do peso físico, a balança penderia incrivelmente mais para o lado do prato masculino por uma questão de poder.

Na verdade, seriam necessárias muitas balanças diferentes: uma para a Europa Ocidental, uma só para os países escandinavos, uma para o

Islã, uma para a África, e assim por diante. Tenho em mãos uma foto do grupo do Conselho de Governadores do Banco Central Europeu, ou seja, o presidente Mario Draghi junto com os 24 membros. Pois bem, são 25 pessoas, 23 das quais homens vestidos de preto; uma das mulheres, a cipriota Chrystalla Georghadji, veste um terno escuro para mimetizar-se com os colegas masculinos; a outra, a alemã Sabine Lautenschläger, ousa ostentar corajosamente, sobre a calça preta, uma chamativa jaqueta vermelha. Também tenho uma foto do grupo de governadores e ministros das finanças que dirigem o Fundo Monetário Internacional. De seus 111 membros, 7 são mulheres; mas aqui começamos a registrar uma novidade: a presidente é a economista Christine Lagarde.

Então estamos em pleno processo evolutivo?

É claro que, em algumas zonas do mundo, o desequilíbrio entre os dois pratos da balança tem diminuído no último século. Se, então, usarmos balanças diferentes – em uma colocamos apenas a burguesia, em outra, só o proletariado, em outra, ainda, apenas os camponeses, etc. –, registraremos distintas situações. É sabido que no mundo rural a mulher tem muito mais importância do que no industrial: é ela que gera filhos – ou seja, que são os braços para o trabalho –, é à matriarca que se presta homenagem. No mundo industrial, no entanto, a mulher, considerada fisicamente fraca, permanecia em casa enquanto o marido ia trabalhar. É preciso voltar a Roma e à Grécia antigas para encontrar uma marginalização do sexo feminino tão forte quanto a da era industrial.

O que está ocorrendo agora? A transição progressiva de uma situação totalmente subordinada para outra em que há reivindicação de direitos, de igualdade, mas também de algo mais: de respeito, ou seja, da especificidade dos dois sexos. E o próximo marco é significativo: em 2030, as mulheres do mundo todo viverão, em média, três anos a mais que os homens.

Na nossa parte do planeta a diferença já não é maior?

Sem dúvida. Na Itália, por exemplo, são seis anos de defasagem entre homens e mulheres. As já citadas estatísticas demográficas do ISTAT registram que hoje temos 750.822 viúvos e 3.737.232 viúvas.

E afirma-se que, em 2030, as mulheres dos Estados Unidos controlarão dois terços de toda a riqueza do país.

A riqueza, em suma, estará nas mãos das viúvas dos magnatas da internet, da viúva de Steve Jobs e, gradualmente, das outras?

Essas já são acionistas. O dado mais significativo é que, em 2030, 60% dos estudantes universitários, 60% dos graduados e 60% dos mestres serão mulheres.

O que a redistribuição de riqueza entre os sexos implicará no plano dos costumes?

Muitas mulheres se casarão com homens mais jovens. Nós, homens, nos casávamos com mulheres mais jovens para aumentar a segurança de que teríamos um herdeiro e uma cuidadora gratuita na velhice, além de desfrutar de uma companheira mais bonita e menos deteriorada do que nós.

Existe uma lógica natural para a atual tendência: se os homens morrem antes, não é ilógico casar-se com um mais novo, certo?

Mas é sobretudo uma questão de poder. Além disso, muitas mulheres terão um filho sem ter um parceiro ou marido. Esta é uma transição histórica porque os homens, ao contrário, não poderão ter filhos sem recorrer a uma mulher, mesmo se for uma barriga de aluguel. Por tudo isso, as mulheres estarão no centro do sistema social.

Já em 2030?

Já hoje a maioria das atividades criativas e de formação – moda, televisão, cinema, design – está nas mãos das mulheres.

E, sobretudo, com seis anos a mais de vida, há pouco a fazer: todo homem casado deixará para trás uma viúva que, por seis anos, fará o que bem lhe aprouver. Herdará os bens materiais. Mas também, digamos, a biblioteca e os escritos, no caso de um escritor. Poderá ser uma viúva que, como a esposa de Ítalo Calvino, administrará a memória dele ou que, como a de Mozart, nem mesmo colocará uma cruz no túmulo do marido, de forma que os mozartianos como eu não sabem aonde levar flores. Não é trivial o fato de que a memória dele estará nas mãos dela, e não vice-versa.

As mulheres estarão no centro do processo social. E podemos prever que desejarão administrar o poder com a dureza inspirada pelos agravos sofridos nos milênios anteriores.

Tentemos fazer uma conta: nas civilizações mediterrâneas, o último traço de poder matriarcal é o deixado por Hatshepsut, a rainha da XVIII dinastia egípcia no século XV a.C. O que implicará um renascimento do poder feminino?

Enquanto a agressividade e a competitividade foram inculcadas sobretudo no homem, os valores historicamente cultivados na mulher – estética, subjetividade, emoção e flexibilidade – acabarão por colonizar os homens também. Por isso falo de androginia, e não de feminilização.

É um sistema de vasos comunicantes?

Claro. Por outro lado, mesmo no nível físico, nós, homens, temos uma parte feminina difícil de explicar: por que temos mamilos? Fiz essa pergunta a vários etologistas, inclusive famosos. Parece que, em alguma época remota, amamentamos com esses mamilos, e depois a falta de uso atrofiou o órgão. O qual, no entanto, não desapareceu por completo. O mesmo se pode dizer do clitóris na mulher.

Nos estilos de vida, se disseminará a fluidez sexual, isto é, a troca frequente de papéis, mas também a troca frequente de propensões, por exemplo, a usar maquiagem ou perfume. Até então, se um casal fosse ao teatro e um deles estivesse usando perfume, seria a esposa; agora, no entanto, também pode ser o marido.

Pansexualidade e androginia se difundirão. Tudo isso vai exercer uma série de influências sobre todos os setores da nossa vida social, começando pelo mercado de trabalho, no qual a população ativa está quase dobrando.

O que se entende exatamente por essa expressão?

Na prática, chamamos de população ativa a que tem idades entre 15 e 65 anos e não se enquadra em certas categorias: não estão incluídos na população ativa os que estudam, os que estão fazendo o serviço militar e os prisioneiros, assim como os portadores de deficiência e as donas de casa "explícitas".

"Explícitas"?

Esse termo indica a mulher que é dona de casa e pronto, cuja ocupação principal é o desempenho das tarefas domésticas; aquela sobre a qual o marido costuma dizer: "A minha mulher não trabalha, fica em casa". "Implícita", ao contrário, é a dona de casa que trabalha como operária, gerente ou jornalista, mas que, ao mesmo tempo, cuida dos filhos, cozinha, enfim, realiza sistematicamente atividades de administração da família e da casa. Nas últimas décadas, o número de donas de casa explícitas sofreu redução considerável em favor do das donas de casa implícitas.

Foi na década de 1980 que, quase de um ano para o outro, o ISTAT registrou 11 milhões a mais de desempregados na Itália, porque 11 milhões de donas de casa deixaram de se declarar como tais e passaram à categoria de "desempregadas". Quantas são hoje na Itália as donas de casa?

Cerca de 7 milhões de mulheres se autodefinem como "donas de casa", o equivalente a 23% do total, ao passo que as "trabalhadoras" são 9,6 milhões. As donas de casa são, em sua maioria, do sul, idosas, e limitaram sua escolaridade à obrigatória. Representam um grupo social que está diminuindo progressivamente, tanto que 10 anos atrás elas eram meio milhão a mais, e hoje mal chegam a 8,5% entre as mulheres de menos de 34 anos. Elas também gostariam de escapar da situação doméstica, mas não conseguem encontrar emprego fora de casa.

Em casa, no entanto, há muito trabalho, mesmo não reconhecido nem remunerado. Uma dona de casa trabalha em média 2.539 horas por ano, contra as 1.725 de todos os outros trabalhadores. Segundo um relatório do ISTAT, 7 milhões de donas de casa fazem, por si sós, o mesmo número de horas de trabalho não remunerado que 25 milhões de homens.

As estatísticas oferecem aos homens a opção "dono de casa"?

A diferença é esta: segundo o ISTAT, um homem que trabalha faz parte da população ativa; se perder o emprego, torna-se desempregado, mas, mesmo assim, continua inserido na que é considerada população ativa se estiver procurando um novo emprego. Cabe a ele, caso deseje, declarar-se "dono de casa". A mulher que perde o emprego tem, ao contrário, duas opções: pode procurar "ativamente" um novo trabalho – por exemplo, ir às agências de empregos –, caso em que é uma desempregada à procura de ocupação e permanece na população ativa; ou pode não fazer isso, e, nesse caso, torna-se automaticamente "dona de casa". Fora do grupo dos "ativos".

Quem sabe quantos, hoje, têm consciência de que, por trás dessas alternativas, está um debate que se desenrola há meio século: reconhecer o trabalho doméstico como um trabalho de pleno direito? Dar salário e aposentadoria à mulher que o exerce? Ou lutar para que ele seja dividido igualmente entre os dois sexos? E agora que existe a união civil entre homossexuais, que diferenças isso trará para a divisão do trabalho doméstico? Isso terá um peso estatístico? Mas voltemos a explicar o tema inicial, a androginia.

Como eu disse, no âmbito cultural estamos assistindo, e assistiremos cada vez mais, a essa transferência de propensões: os dons que eram atribuídos às mulheres – comportamentos, na minha opinião, mais induzidos pela educação do que pela natureza – são cada vez menos estranhos aos homens também. Muitos, por exemplo, cuidam do próprio corpo, o que antes era sinal de "afeminação" (termo que se usava, em sentido pejorativo, para definir a adoção de alguns hábitos, de alguns comportamentos usualmente femininos). A moda colabora: paletós coloridíssimos, até saia para homens.

Claro que a moda, cada vez mais desestruturada, informal, contribui para aproximar os estilos dos dois sexos.

Contribui, mas não obriga. A moda em si está em declínio porque os produtores têm cada vez menos necessidade de padronizar o consumo. O motivo é deliciosamente técnico. As máquinas do passado, mecânicas e eletromecânicas, eram pensadas para determinado produto específico: por exemplo, para fazer um tecido com certas dimensões e quadradinhos de uma certa cor, motivo pelo qual conseguiam fazer sempre e apenas tecidos daquelas dimensões e daquela cor. Então, para comercializá-los, era necessário criar a moda das roupas quadriculadas e, para criar essa moda, era preciso que Brigitte Bardot usasse um vestido assim. Hoje a máquina é eletrônica, com controle numérico; então, você pode dizer à mesma máquina que faça sete metros de tecido de uma cor e uma estampa, cinco de outro, quinze de outro, etc. A empresa fabricante não tem mais necessidade alguma de impor que todos os vestidos sejam quadriculados ou todos da cor verde-esquimó, porque é economicamente indiferente fazê-los verdes, amarelos ou vermelhos. A tendência é chegar a dizer "De que cor quer? Eu faço para você".

Seguindo essa breve digressão, a última invenção foi a da marca espanhola que professa a "desigualdade" e mistura uma série de elementos — um patchwork *— de maneira diferente em todas as peças que produz, vestidos, sapatos, bolsas, etc. Assim, somos todos iguais no vestir-nos desigualmente?*

Hoje as empresas tendem a produzir séries de pequenas séries. Ou seja, estamos em um momento crucial. Na era industrial, convinha às empresas lançar produtos fabricados em grandes séries, como o famoso Ford Modelo T, que os americanos chamavam carinhosamente de *Tin Lizzie*, isto é, "lagartinho de lata", ou *Flivver*, "calhambeque", do qual foram produzidas 15.007.033 unidades iguais de 1908 a 1927. Assim como milhões de mulheres foram induzidas a se vestir com roupas quadriculadas por causa de Brigitte Bardot, milhões de operários e funcionários administrativos foram induzidos a comprar um Ford T, no Brasil conhecido como Ford Bigode, para atender ao slogan de Henry Ford: "Os americanos podem escolher carros de qualquer cor, desde que sejam pretos".

Em nossa sociedade pós-industrial, na qual a produção é confiada a máquinas digitais de flexibilidade ilimitada, posso fazer o que a Fiat já fez no Salão do Automóvel alguns anos atrás: posso sugerir que você mesmo, comprador, escolha a cor do seu Cinquecento. Azul da Prússia? Aqui está.

Na atual fase de transição entre produção em grandes séries e produção totalmente personalizada, recorre-se às séries de pequenas séries: 1 milhão de trajes nem todos iguais e nem todos diferentes, mas 5 mil de um modo, 7 mil de outro…

A primeira empresa a inaugurar com sucesso esse método talvez tenha sido a Swatch, ao lançar seus relógios por temporada, assim como as grifes, e em números limitados. Isso induziu ao colecionismo, que a Swatch alimentou, chegando até a "desserializar". Por exemplo, este relógio todo preto, presente da minha filha, com as horas praticamente invisíveis, produzido em um número mínimo de cópias, agora não encontrado em lugar algum, tornou-se uma raridade, tão procurada como o famoso selo cor-de-rosa Gronchi.

Então, enquanto as mulheres aumentarão seu poder daqui até 2030, o que acontecerá com os homens?

O poder, como se sabe, é um jogo de soma zero. Isso significa que enquanto a mulher está em uma fase gloriosa, o homem está em uma fase penosa... Perder o poder é muito mais duro do que conquistá-lo. Sei que nós, homens, estamos sofrendo uma punição pelos abusos infligidos às mulheres no transcurso de milhares de anos, mas nem por isso deixa de ser uma punição dolorosa. Que se pense, por exemplo, na desorientação sexual: o homem passou milhares de anos acostumado a ser o caçador, com a mulher forçada a agir como presa.

Hoje, inverter as relações parece ao homem quase como um comportamento contra a natureza. O aumento tão rápido do número de casais homossexuais masculinos – tive a oportunidade de falar sobre isso com meus alunos – talvez se deva também ao fato de o homem agora ter uma espécie de medo de tomar a iniciativa de relacionamento sexual com uma mulher, à qual se sente inferior do ponto de vista da vitalidade, da cultura e da autoestima.

O medo de não ter bom desempenho, uma profecia autorrealizável... Assim sobe o número de relacionamentos gays entre homens e, por reflexo, lésbicos entre mulheres. Por um lado, o medo está aumentando; por outro, as barreiras psicológicas estão diminuindo.

No plano dos costumes, foi superada outra fronteira: as revistas de fofocas agora contêm algumas páginas dedicadas aos casais ela&ela, ele&ele. Até o verão passado, o prato principal eram as clássicas histórias de adultério ou fotos de topless tiradas "sem o conhecimento" da interessada. Agora, sob o mesmo título "O verão escaldante de...", os paparazzi publicam fotos de casais de lésbicas ou gays no barco ou na praia. Dá a ideia de que, por essa via, esteja acontecendo a legitimação definitiva do homoerotismo. Mas cabe perguntar-se: os casais homossexuais já eram tão numerosos antes ou a questão está relacionada apenas à mídia? Ou seja, em termos simples, agora se fala do assunto e antes não se falava? Em particular no caso da lesbianidade, porque a homossexualidade feminina foi o verdadeiro tabu.

Tudo isso junto, provavelmente. Acredito que, no homem, haja a dificuldade de administrar um comportamento completamente novo da mulher – não mais a presa que foge, ou finge fugir, assim aumentando o desejo do macho, mas também a caçadora. Sempre foi a mulher que incentivou o homem a cortejá-la: esse é o tema de toda a literatura e toda a ópera lírica. Hoje a questão é diferente: se um homem a agrada, a mulher o corteja.

Um jovem de 18 anos de idade, hoje, partiria do pressuposto de que é a mulher que se aproxima dele.

Não, não é um pressuposto; pressupõe-se *que possa ser* assim. É diferente. Hoje, é totalmente normal tanto o homem cortejar a mulher quanto a mulher cortejar o homem. Mas, quando ele é cortejado por ela, tem reações estranhas; faz uma fuga bem diferente da simulada pela mulher que fingia fugir para ser perseguida: ele realmente foge, e foge de medo. Faz alguns dias, a filha de uma amiga minha, muito bonita, me disse: "Algumas noites atrás, me aproximei de um homem, e quando lhe disse 'vou te encontrar na praia, na tua casa na Sardenha, assim ficamos juntos', ele sumiu na hora". No meu tempo, a sorte de uma mulher te dizer "vou te encontrar na Sardenha" teria sido considerada milagre de São Genaro.

Neste momento, quais são as soluções para o homem em fuga?

Aqui precisaríamos de um especialista como Francesco Alberoni. Sou sociólogo e não entendo dessas coisas. O jovem hoje talvez queira se guardar zelosamente para a princesa encantada que espera encontrar.

Ou recorre à masturbação, que – como ouvi de algumas alunas – está começando a ser a maior concorrente delas, a saída masculina mais comum, apoiada pela internet com sites como o YouPorn. Ou até mesmo se volta para relacionamentos homossexuais, talvez com um amigo que tenha frustração análoga.

Mais de uma moça já me disse que tinha dificuldade objetiva de encontrar um homem com quem fazer amor. Não há dúvida de que, nesse campo, estamos diante de uma mutação revolucionária em relação à dimensão canônica que vivi na juventude.

No plano sexual, a novidade crucial do último meio século – estamos comemorando 50 anos de 1968 – foi a legitimação do desejo feminino. Antes a mulher não podia dizer que sentia desejo sexual...
A pergunta a fazer é: a que atribuir essa liberalização?

Ao fato de termos mandado os pais para o espaço? Ao feminismo? Mas, de todas as rupturas com o passado, esta é justamente uma das menos mencionadas e lembradas: o desejo sexual das mulheres obteve direito de cidadania.

Cinquenta anos depois, não devemos começar a nos perguntar se isso gerou mais riqueza para a vida sexual de mulheres e homens, mais prazer?
Creio que a data crucial dessa revolução foi 1961, quando da difusão da pílula anticoncepcional. Foi uma transformação científica com acentuados desdobramentos políticos. Antes, toda relação sexual era acompanhada do pensamento de uma possível gravidez, agravado pela proibição do aborto. Daí toda a ênfase sobre a importância da virgindade feminina e toda a marginalização punitiva da mãe solteira, para dissuadir outras moças de cometerem um pecado tão inconveniente do ponto de vista econômico, antes mesmo que em termos de reputação. Simultaneamente, também eram estigmatizados os atos sexuais "contra a natureza", isto é, sem finalidade de procriação, mas perigosos mesmo assim, porque se transformam com facilidade em atos "de acordo com a natureza". O que se pretendia era a abstenção total de qualquer relação erótica: o erotismo devia permanecer um desejo reprimido. A pureza era considerada a virtude por excelência, a "bela virtude": defendê-la, como Santa Maria Goretti, ou mesmo praticá-la, como São Domingos Sávio, valia uma beatificação ou canonização.

Qual foi o papel da mídia em tudo isso?

Nos anos 1960, o monopólio televisivo da Radio Audizioni Italia (RAI) assumia e difundia apenas o irrepreensível discurso católico. Nos anos 1970, o advento da televisão privada não modificou substancialmente a pedagogia sexual da nossa mídia. O programa *Drive In*, da Fininvest, foi mais generoso em seios e coxas, tomando emprestada a abundância da *Playboy* mensal americana, que passava a circular também na Itália, junto com nossa mais juvenil e refinada *Playmen*.

Alguns filmes, por sua vez, foram responsáveis por legitimar não apenas o ato sexual em si, como fizera a pílula, mas também suas variedades mecânicas.

Em poucos anos, houve uma escalada: se excluirmos Clara Calamai, que, no longínquo 1942, mostrara fugazmente os seios no filme *O jantar de zombaria*, de Blasetti, temos que esperar até 1964 para uma jovem negra quase anoréxica, de modo igualmente fugaz, mostrar os seios a um envelhecido e triste Rod Steiger no filme *O homem do prego*, de Sidney Lumet. No entanto, essa cena, que hoje pareceria angelical, atraiu muito mais os espectadores do que a beleza intrínseca da obra-prima cinematográfica de um grande diretor e de um famoso protagonista. Alguns anos mais tarde, em 1970, com *Zabriskie Point*, de Michelangelo Antonioni, e, dois anos depois, *O último tango em Paris*, de Bernardo Bertolucci, tornaram-se lícitas posições do Kama Sutra antes consideradas tabu. Como se pode ver, o cinema italiano deu sua boa contribuição para a liberalização dos costumes sexuais.

Nos mesmos anos, prosseguiam a secularização e a laicização. Em 1970, foi aprovada a lei do divórcio, depois confirmada por meio de referendo; em 1978, foi a vez da lei do aborto. Essas foram revoluções no verdadeiro sentido do termo se considerarmos que tudo isso aconteceu no país mais católico do mundo, onde está o Vaticano. Mas também era o país europeu com o partido comunista mais forte, com um partido socialista no governo e com um movimento radical hiperativo.

Como reagiram as outras instâncias formativas?

Foram anos em que proliferaram os cursos de graduação em Sociologia, nos quais milhares de estudantes aprenderam a transformar os dogmas indiscutíveis do nosso moroso sistema social em hipóteses a serem verificadas empiricamente.

Em 1958, Dom Lorenzo Milani publicara *Esperienze pastorali* [Experiências pastorais], obra com a qual a sociologia irrompera até nas paróquias; mais tarde, contudo, dois pesquisadores da Faculdade de Sociologia de Trento fizeram uma pesquisa empírica para verificar se os membros da base da Igreja, especialmente os párocos, estavam de acordo com a diretriz central, que proibia qualquer controle de natalidade, com a única e prudente exceção do método contraceptivo Ogino-Knaus. Os dois pesquisadores definiram uma amostra de confessores e foram se confessar, pedindo, a cada vez, autorização para usar vários métodos de controle de natalidade. Se as condições familiares descritas pelos sociólogos mudavam (família mais ou menos pobre, número crescente de filhos, etc.), mudava também a postura do confessor, passando de severa a permissiva.

A imprensa católica se escandalizou, considerando a pesquisa uma profanação inadmissível. Lembro que Umberto Eco resolveu a polêmica de uma vez por todas ao afirmar que, se o confessor pode revelar o pecado, mas não o pecador, o sociólogo pode revelar a confissão, mas não o confessor. Não sei se ele realmente acreditava nisso; com certeza gostou do jogo de palavras.

De Masi, você estava entre os opositores a essa pesquisa?

Naquela época, eu ensinava justamente Métodos e Técnicas da Pesquisa Social. Sempre disse aos meus alunos que o cidadão escolhido por um sociólogo para fazer parte de uma amostra representativa deve ser informado de que está participando de uma pesquisa, deve saber o escopo da pesquisa, deve dar o seu consentimento e, no final, deve ser posto a par dos resultados. Essa é a ética profissional correta de um pesquisador social caso contrário, acaba em fofoca ou espionagem.

Mais tarde, creio que em 1980, houve um episódio em alguns aspectos semelhante ao dos sociólogos de Trento: algumas feministas contrataram Véronique La Croix, prostituta de 27 anos, parisiense de origem tchecoslovaca, que filmou o comportamento de seus clientes sem que estes soubessem. Dali resultou um documentário, *A.A.A.*

Offresi, que devia ir ao ar, mas foi censurado pela RAI. Quase todos os meus colegas de faculdade subscreveram um abaixo-assinado pedindo a liberação do documentário, mas eu não assinei.

O grupo de escritores que realizou esse documentário – Loredana Rotondo, Annabella Miscuglio, Paola De Martiis, Rony Daopoulo, Anna Carini e Maria Grazia Belmonti – foi o mesmo que, um ano e meio antes, realizara Processo per stupro, *um filme-documento que constituiu um passo fundamental para chegar à lei sobre violência sexual.*

O documentário *A.A.A. Offresi* tinha um propósito louvável de denúncia e formação, não era contra as prostitutas, mas contra seus clientes: portanto, quem não assinava a petição corria o risco de ser considerado defensor desses exploradores. Mas não assinei porque, sob o ângulo da pesquisa sociológica, o método usado pelas pesquisadoras era fraudulento.

"Androginia": palavra-chave para 2030. Quem sabe o que implicará para o mercado sexual...
Enquanto isso, tem efeito salvador contra o flagelo machista...

Segundo você, De Masi, a androginia poderia curar nossa sociedade do machismo?
Uma das escritoras feministas mais interessantes, Germaine Greer, autora de *A mulher eunuco*, escreveu que "o machismo é como a hemofilia: ataca os homens, mas é transmitido pelas mulheres". Milhões de homens aprenderam seu comportamento machista com as mães que o inculcou em suas mentes. No passado, eram as mães que davam uma educação diametralmente oposta a filhos e filhas, validando a ideia de que um era livre e superior, e a outra, submissa e subordinada.

Até alguns anos atrás, se um de meus alunos e uma aluna, irmão e irmã, moravam fora da casa dos pais, a irmã cuidava do irmão, arrumava a cama para ele, passava suas camisas, fazia o café da manhã, assim como tinha visto sua mãe fazer para seu pai e os filhos homens. Hoje não é mais assim: essa cadeia de subordinação hereditária foi finalmente interrompida, e as mães mais jovens aprenderam a tratar seus filhos com a mesma dignidade e de acordo com uma diferença natural de gênero.

No entanto, como eu disse, ainda não está claro se no futuro próximo as mulheres ficarão satisfeitas com uma relação de igual dignidade ou se, uma vez tendo ocupado o centro do sistema social, não serão tentadas a administrar seu poder com a dureza que deriva dos agravos sofridos nos últimos 10 mil anos. A segunda hipótese me parece mais provável.

Com certeza, no entanto, no que diz respeito ao papel que a mulher pode desempenhar na sociedade e a seu consequente status, o mundo atual é o melhor dos que já existiram até agora.

Temos certeza de que no passado, no Ocidente, do lado de cá do Mediterrâneo, não houve períodos comparáveis a este quanto à igualdade de gênero?

De toda a Grécia Antiga, creio que somente em Esparta as mulheres tinham algum direito, embora a cidade fosse tão dedicada às atividades bélicas que Xenofonte chamava os espartanos de "profissionais da guerra". Na verdade, as espartanas eram as mulheres mais livres de toda a Grécia, e suas relações com os homens, quase igualitárias. No século IV a.C., possuíam 35-40% de todas as terras do Estado, encarregavam-se diretamente de sua gestão e, caso recebessem uma herança, elas mesmas podiam administrá-la. Embora fossem excluídas da vida política, podiam assistir às discussões públicas e gozavam de liberdade de expressão. Eurípides relata que costumavam sentar-se desenvoltamente "fora de casa junto com os jovens, com as pernas nuas e roupas ondulantes". Casavam-se mais tarde do que as outras mulheres gregas e não estavam submetidas à autoridade marital.

Os homens eram mantidos claramente separados das mulheres, educados para a obediência, a sagacidade, a rivalidade e a agressividade. Os que tinham entre 20 e 30 anos deviam assumir funções educativas em relação aos jovens de menos de 20 anos, o que incluía relações homossexuais entre o jovem amante e o adolescente amado.

Aos 30 anos, todo espartano – que passava grande parte do dia com seus companheiros de armas e jantava exclusivamente com eles – devia escolher, entre as espartanas na faixa dos 20, uma noiva com quem pudesse ter pelo menos um filho. Ao contrário das atenienses, que eram educadas de forma indolente e sedentária, as espartanas recebiam uma educação severa, separada da masculina, mas semelhante a esta e com ela mesclada, marcada por homossexualidade, atividades de ginástica e participação em corais. Obedecendo às leis de Licurgo, as moças, assim como os jovens, estavam acostumadas a se mostrar nuas nos desfiles, dançando e cantando sob os olhares dos homens.

O período imediatamente posterior ao casamento também era curioso, pois até então o noivo estava habituado a fazer sexo apenas com homens, e a noiva, apenas com mulheres. Plutarco nos diz que, para iniciar ambos nas relações heterossexuais, o noivo fingia sequestrar a futura esposa. A seguir, "a jovem sequestrada era confiada a uma mulher que lhe raspava os cabelos, trajava-a com roupas e calçados masculinos e a deitava em um colchão de palha, sozinha e no escuro. O noivo, que, como de costume, tinha feito sua refeição com os companheiros, entrava, desatava-lhe o cinto e, tomando-a nos braços, levava-a para a cama. Depois de passar um tempo bastante breve com ela, ia dormir com seus companheiros".

Em outras palavras, a noiva tinha cabelos raspados e vestia roupas masculinas para se assemelhar ao máximo a um rapaz, e a relação carnal, que acontecia exatamente como entre dois homens homossexuais, não envolvia a geração de filhos, que viriam mais tarde, apenas quando o casal, autodidata do amor, tivesse finalmente descoberto as relações heterossexuais.

Sexualidade à parte, um bom indicador do status conquistado pelas mulheres na sociedade é o direito ao voto.

Dando um zoom de Esparta até nossos tempos, descobrimos que na Itália, após a Unificação, as mulheres eram proibidas de votar e serem votadas, assim como os analfabetos, os falidos e os condenados. Em 1890, foi concedido o direito de voto feminino apenas nos conselhos de administração de instituições beneficentes, e, nos anos subsequentes, as mulheres passaram a poder dar voto administrativo em arbitragens de conflitos trabalhistas, nas câmaras de comércio e nos organismos do ensino fundamental e popular.

No início do século XX, Pio X tomou partido sem meios-termos: "A mulher não deve votar, mas devotar-se ao elevado idealismo do bem humano… Que Deus nos guarde do feminismo político".

Mais quarenta anos transcorreriam até que, em 1945, fosse emitido o decreto legislativo que conferia o direito de voto ativo às italianas (com a única exclusão das prostitutas com antecedentes criminais que trabalhavam fora das casas de tolerância).

Um "descuido" fez com que, inicialmente, o voto fosse apenas ativo.

Sim, apenas em 1946 as italianas obtiveram também o direito de serem eleitas. Dado que as mulheres eram favoráveis à Democracia Cristã e desfavoráveis ao Partido Comunista, dessa vez o papa, que era Pio XII, considerou o voto feminino não apenas um direito, mas também um dever: "Toda mulher, portanto, sem exceção, tem o dever, o estrito dever de consciência de não permanecer ausente, de entrar em ação [...] para conter as correntes que ameaçam o lar, para combater as doutrinas que lhe corroem os fundamentos, para preparar, organizar e cumprir sua restauração".

De 1948 até hoje tivemos, na Itália, 65 governos, 13 dos quais compostos exclusivamente de homens. Dos mais de 1.500 cargos de ministro nesses governos, as mulheres só ocuparam 78. No entanto, considerando a população como um todo, existem apenas 95 homens para cada 100 mulheres. Não há dúvida de que, como expressam esses números, as porcentagens de representação parlamentar permanecem desequilibradas a favor dos homens.

Contudo, observado em sentido diacrônico, o avanço da representação feminina aponta para uma aproximação progressiva entre as forças políticas feminina e masculina. Em 18 de abril de 1948, nas primeiras eleições, apenas 49 mulheres foram eleitas, o equivalente a 5% dos parlamentares. Hoje as mulheres são cerca de 35% dos deputados e senadores e, dos 18 ministros, 5 são mulheres; no anterior governo Renzi, de 16 ministros, metade eram mulheres.

Para concluir, poderia explicar como está a distribuição de poder em outros países, dando um panorama de quais são as áreas do planeta mais atrasadas e quais as mais evoluídas?

Uma pesquisa realizada há cinco anos pela Fundação Thomson Reuters nos 22 Estados da Liga Árabe, com o objetivo de verificar o grau de respeito pelos direitos das mulheres, demonstrou que em último lugar estava o Egito, onde ainda havia a maior frequência de casamentos forçados nos quais a mulher era objeto de compra e venda, onde 99% das mulheres e meninas sofriam assédio sexual e 91% das meninas eram submetidas à mutilação genital. Em seguida vinham o Iraque e a Arábia Saudita. Em 2018, na Arábia Saudita, as mulheres conquistaram o direito de dirigir carro sozinhas, mas ainda permanecem sujeitas a um regime de tutela exercida pelo parente masculino mais próximo (marido, pai ou irmão), cuja autorização é indispensável para viajar, casar-se, frequentar escolas e receber cuidados de saúde.

Os países árabes são aqueles em que a supremacia do homem sobre a mulher continua sendo mais tenaz.

O primeiro país do mundo a dar direito de voto às mulheres foi a Nova Zelândia, em 1893. Na Rússia, as mulheres o conquistaram em 1917; no ano seguinte, foi a vez do Reino Unido, que concedeu esse direito apenas às esposas de chefes de família com mais de 30 anos de idade; nos Estados Unidos, o sufrágio universal foi introduzido em 1920. Por último, no Ocidente, a "civilizadíssima" Suíça só estendeu o direito de voto às mulheres em 1971.

Finalmente, em 1960, a primeira mulher – Sirimavo Bandaranaike – tornou-se primeira-ministra de um país: o Sri Lanka. E hoje o parlamento com maior participação feminina é o de Ruanda, na África, com 61% dos assentos ocupados por deputadas.

Digitais e analógicos

Em 2030, o mundo conterá um bilhão de pessoas a mais do que hoje. Serão todas cidadãs do planeta nascidas na época "digital". Enquanto isso, nós, os "analógicos", nascidos antes do início dessa época, estaremos pouco a pouco nos extinguindo. Isso porá fim a uma das atuais fontes de conflito e desorientação.

Certo, mas o que significa "analógico" e o que significa "digital"? E quando começou essa nova era?

A definição se deve a Nicholas Negroponte, um dos primeiros a divulgar o conceito de digitalidade. Formado no MIT – ou seja, naquela que é a Meca da informática no leste dos Estados Unidos, da mesma forma que a Califórnia no oeste –, Negroponte funda em 1985, com o presidente do Instituto, Jerome Wiesner, um laboratório destinado a se tornar famoso, o Media Lab. Para entender quem é Negroponte, podemos pensar em Piero Angela[5]: ele faz pela informática o que Piero Angela faz pela ciência na Itália. É um ótimo divulgador, mas é também arquiteto e, estudando de dentro da informática, estabelece a arquitetura dos microprocessadores da mesma forma que a das plataformas. Em 1995, ele publica *A vida digital*, um livro que virou um best-seller mundial, no qual explica de modo muito simples que tudo que é analógico trata, manipula, transporta, importa e exporta átomos, isto é, matéria, enquanto tudo que é digital elabora, importa,

---

[5] Piero Angela: jornalista, escritor e apresentador de TV italiano conhecido principalmente como idealizador e apresentador de programas de divulgação científica (N.T.)

exporta, cria e destrói bits. A partir de Negroponte, começa-se a falar da digitalização e a entender mais claramente a diferença entre transportar uma notícia e transportar um livro, um automóvel ou uma geladeira.

Analógico é tudo aquilo que existia antes do digital? E "ser digital", no fundo, significa simplesmente saber usar o computador?

Analógicos somos você e eu; digital é o menino que hoje tem 10 anos… Numa primeira fase, a distinção tinha a ver com a familiaridade com a informática, ou seja, a capacidade de elaborar e assimilar apenas átomos ou, ao contrário, apenas bits. Mas depois, em torno disso cresceu uma série de atitudes, comportamentos, emoções e sentimentos. É como quando você passa da carroça para o automóvel: não muda só de veículo, mas se apropria do conceito de velocidade, do conceito de mecânico, e assim por diante. Dessa forma, gradualmente, ao redor da familiaridade ou não com a informática, vem se criando uma série de inclinações, atributos, habilidades. Hoje, o analógico e o digital são sujeitos com culturas cada vez mais radicalmente diferentes. Uma passagem desse tipo já tinha ocorrido com o advento da eletricidade, que no entanto levou cerca de 70 anos para se afirmar e se difundir.

Estava me contando de um capítulo significativo da sua história familiar que pode ajudar a entender justamente esse tipo de transição histórica…

Meu avô paterno, Domenico De Masi, como eu, vivia em Sant'Agata dei Goti, na província de Benevento. Era um empreendedor genial, e a ele se deve, entre outras coisas, a construção da linha ferroviária que liga Nápoles a Campobasso, um ramal que tem umas trinta pontes. Creio que ainda hoje uma dessas pontes magníficas, perto de Isérnia, se chama Ponte De Masi.

E ele, em 1902, no dia do batizado de meu pai, inaugurou a rede elétrica de Sant'Agata dei Goti. Ele mesmo, com sua empresa, a projetara: tinha trazido uma parte da água do aqueduto que ia do Monte Taburno para o Palácio Real de Caserta, projetado as turbinas, construído uma central elétrica e organizado a companhia para administrar a distribuição da energia aos usuários locais. Em 2002, cem anos mais tarde, para rememorá-lo, não só me conferiram o título de cidadão honorário, sem outro mérito meu a não ser carregar o nome dele, mas também republicaram o discurso que meu avô fez para convencer o município de Sant'Agata a levar adiante aquele empreendimento colossal. Hoje, diante das ruínas daquela central elétrica, a gente se pergunta: "Como é que um homem conseguiu sozinho, em 1902, conceber e fazer tudo isso?". Em 1902, Frederick Taylor não tinha a força motriz da eletricidade em sua fábrica na Filadélfia, mas os cidadãos de Sant'Agata, um pequeno vilarejo rural do sul da Itália, tinham-na em casa. Na época, para isso, não havia uma distribuidora à qual se conectar: precisava fazê-la você mesmo.

Quais argumentos o Domenico De Masi sênior usou na aurora do século XX para convencer os conterrâneos dele?

É preciso se colocar no lugar de um homem que tem de explicar o que é a luz elétrica para uma população em grande parte rural e analfabeta, que nunca tinha visto essa luz. Tem de explicar a eles e ainda convencer a administração municipal, conduzida pelos notáveis locais, a investir muito dinheiro num empreendimento de vanguarda para aqueles tempos.

O que meu avô disse foi: "Agora temos 28 lampiões a gás, que acendemos somente nas noites sem lua". Portanto, naquela época, quando havia lua, não se acendiam os lampiões, para economizar gás; o claro da lua bastava e sobrava. Imagine, então, como a iluminação elétrica deve ter parecido até ofuscante. Meu avô continuou: "Esses lampiões a gás são apagados à meia-noite, enquanto com esse novo sistema poderemos ter a noite toda e todos os dias do ano uma luz muito superior, como se fossem centenas de velas acesas ao mesmo tempo. Mas ainda tem mais: na América, estão estudando como utilizar essa energia não só para iluminar, mas também para acionar uma máquina especial que permite gelar a água, manter fria a carne, as verduras e tudo o que se precisa conservar por bastante tempo. Como se não bastasse, a mesma energia, com uma outra máquina, pode esquentar e cozinhar os alimentos". Não consigo imaginar qual era o efeito desses argumentos na mentalidade dos conterrâneos dele, mas o fato é que a prefeitura alocou a quantia necessária para financiar o empreendimento.

Ele adiantou o dinheiro do próprio bolso, o empreendimento foi realizado, e Sant'Agata virou uma atração que os habitantes dos vilarejos vizinhos vinham admirar à noite. Mas há só um pequeno detalhe: a prefeitura jamais reembolsou a quantia acordada; meu avô faliu, e meus tios, irmãos mais velhos de meu pai, foram obrigados a migrar justamente para a Filadélfia, a cidade de Taylor.

Vamos ver mais um pouco como se entra em uma nova era. O que terá acontecido com os habitantes de Sant'Agata depois daquele 1902?

Com certeza não mudou tudo de repente. Pelas histórias que ouvi quando era criança, posso concluir que a primeira coisa a mudar foi a noite em si e tudo o que ela representava no imaginário coletivo. Tornou-se menos ameaçadora, menos misteriosa, mais vivenciável. Como se o dia tivesse se alongado, em detrimento das trevas. Também se espalharam preconceitos que, nesse caso mais do nunca, podem ser definidos como "obscurantistas". Diziam que a eletricidade provocava enxaqueca e fazia as mulheres abortarem. Por alguns anos foi utilizada somente para iluminar, e com moderação. Depois, pouco a pouco, foram inventados equipamentos que não tinham como força motriz nenhum animal girando, nenhum humano fazendo esforço ou pedalando, nenhuma máquina a vapor fumegando. De rurais e mecânicos, passamos a elétricos. Assim, até a Sant'Agata chegaram, aos poucos, a geladeira, o ferro de passar, o fogão elétrico, o aquecedor de água, o rádio, a televisão, o computador: todos equipamentos ávidos por energia elétrica.

Falando sobre isso, me vem em mente o que li certa vez no diário de Alma Mahler. A inquieta musa do grande compositor Gustav Mahler mandou fazer uma instalação elétrica na própria casa e, tendo ficado um dia sem eletricidade devido às greves proletárias, registrou irritada: "É uma loucura que a máquina nos permita alcançar a liberdade. Quanto mais dependermos dela, mais o trabalhador se tornará nosso 'rei'. No tempo das velas não aconteciam coisas assim".

A informática está colonizando nosso mundo no mesmo ritmo?

Ainda mais rápido. Basta pensar que a Microsoft nasceu há apenas 43 anos, a Web, há 27, o Google, há 21, o Skype, há 15, o Facebook, há 14, e o Twitter, há apenas 12 anos. Por mais lentamente que se queira avançar a informatização nos nossos ministérios ou nas nossas agências públicas de emprego, por mais tenaz que seja a resistência do mundo impresso, bilhões de pessoas já levam um celular no bolso e bilhões de objetos já funcionam graças a um microprocessador.

Um pouco mais lentamente, mas em ritmo igualmente inexorável, avança a mudança de mentalidade induzida pela digitalização. Para continuar no mesmo exemplo, como vimos, quando chegou a energia elétrica, os conceitos de dia e noite foram modificados: com a nova luz era possível fazer à noite coisas que antes se podia fazer somente durante o dia.

Em que ponto estamos com a nova colonização? O mundo tem áreas ainda virgens, sem nenhuma digitalização?

A eletrificação de todas as localidades da Itália levou um século. A informatização do planeta avança em ritmo acelerado, mesmo que em muitas áreas ainda persista um notável "abismo digital". Negroponte foi o primeiro a evocar esse espectro e a promover a ideia do computador supereconômico, observando que os computadores são muito caros, mas fazem muitas coisas desnecessárias. Por isso, ele propunha fabricar modelos "básicos", colocá-los no mercado por 100 dólares e inundar a África com eles, fazendo-a dar o grande salto do analfabetismo à digitalização sem passar pelas fases intermediárias pelas quais nós passamos: caneta, máquina de escrever mecânica, máquina de escrever elétrica, computador. Quem não sabe escrever, ele dizia, vai aprender diretamente no teclado.

Vamos recapitular as etapas pelas quais avançou essa nossa "digitalização", da qual vastas áreas da África, da Ásia e da América Latina ainda estão à margem.

É uma história que hoje todo estudante de ensino médio já sabe de cor. No início, há a célula elementar da informática, o microprocessador, uma plaquinha de silício na qual são implantados os transístores. O transístor não é nada além de um interruptor que admite duas possibilidades: que a energia passe ou que a energia não passe. Jogando com os transístores abertos ou fechados e fazendo corresponder as aberturas e os fechamentos a números ou letras do alfabeto, em cada microprocessador é possível escrever infinitas informações, conforme os transístores que ele contiver. Já passamos de um bilhão de transístores implantados em um microprocessador, em um chip. E, pela Lei de Moore, a potência de um chip dobra a cada dezoito meses.

Bill Gates compreende no momento certo o imenso negócio por trás da informática e em 1975 funda a Microsoft, uma empresa que cria, vende ou licencia produtos de software, como os sistemas operacionais Windows, o pacote de produtividade pessoal Microsoft Office e os navegadores Internet Explorer e Edge.

Primeira data, então, início dos anos 1970 e nascimento da Microsoft. E a segunda?

1980. Dessa vez, é a Europa que dá um passo adiante, e com um estilo totalmente diferente. O inglês Tim Berners-Lee, vencedor do Prêmio Turing em 2016, cria o Enquire na Organização Europeia para Pesquisa Nuclear, o CERN, de Genebra, onde passa seis meses, de junho a dezembro. É o primeiro software para armazenar informações usando associações casuais e é destinado a uso interno, para a rede de informações entre os diversos centros do CERN. Mas Berners-Lee compreende que ele pode ser utilizado para qualquer coisa, e, a partir de sua colaboração com o belga Robert Cailliau, em 1989 nasce a World Wide Web, a invenção que está para a internet (que já existia) como um motor a jato está para um calhambeque. Em 1991, ele publica, para o CERN, o primeiro site web do mundo.

Agora, é preciso lembrar que todos os pioneiros da informática, filhos da geração *beat* e da contracultura californiana dos anos 1960 e 1970, começaram ostentando um desinteresse pelo dinheiro e uma salvadora intenção de melhorar o mundo sem finalidade de lucro, mas depois acabaram acumulando, sem qualquer cerimônia, fortunas de nababo.

Em 2017, foi a vez de Jonathan Taplin, um acadêmico de prestígio da Universidade do Sul da Califórnia, diretor do Annenberg Innovation Lab, com uma carreira americanamente excêntrica: antes de entrar na universidade, tinha organizado concertos de Bob Dylan e produzido filmes de

Martin Scorsese. Taplin denunciou a degeneração dos gigantes da informática com um livro corajoso já no título: *Move Fast and Break Things: How Facebook, Google, and Amazon Cornered Culture and Undermined Democracy* [Aja rápido e quebre coisas: como Google, Facebook e Amazon encurralaram a cultura e solaparam a democracia], no qual escreve: "No começo, os tecnólogos do Vale eram efetivamente partidários da especificidade cultural da Califórnia libertária. Mas depois [...] o libertário se transformou em liberalista. Aconteceu de modo gradual, mas, se fosse para escolher um marco temporal, eu diria 2004: com a cotação na Bolsa, o Google se torna um gigante e muda de mentalidade".

Também em 2017, o jornalista Franklin Foer, da revista *The Atlantic*, vai mais longe com *O mundo que não pensa: a humanidade diante do perigo real da extinção do* Homo sapiens, no qual, analisando os casos de Facebook, Amazon, Google e Apple, chega à conclusão de que "as Big Tech construíram seu império pulverizando a privacidade e têm um programa perturbador: tornar o mundo menos privado, menos individual, menos criativo, menos humano".

Berners-Lee, por outro lado, mostra uma conduta bem mais limpa e generosa. Tendo compreendido plenamente o efetivo valor de sua invenção para o progresso da humanidade, recusou-se a patenteá-la e luta há anos por uma Carta Magna que estabeleça a transparência e o acesso democrático como princípios fundamentais da Web. Além disso, fundou em 1994, no MIT de Boston, o World Wide Web Consortium (W3C), com três objetivos: atualizar e criar as especificações de uma linguagem de comunicação comum para todos os aparelhos que acessam a internet; tornar o mais ágil possível o acesso à Web para os portadores de deficiências; e evitar qualquer freio à absoluta liberdade de criar documentos e colocá-los on-line, ajudando qualquer pessoa a desenvolver suas potencialidades comunicativas, uma vez que a Web é única porque é livre. "A internet deve permanecer grátis, aberta e neutra", reafirma ele em Roma em 2011, participando da iniciativa Happy Birthday Web.

Mas vamos continuar com a cronologia da digitalização...

Como já mencionei, o Google nasce em 1997, o Skype, em 2003, o Facebook, em 2004, o Twitter, em 2006. Isso significa que, em 2030, quem nasceu com a Microsoft terá 55 anos; quem nasceu com a Web, 39; quem nasceu com o Google, 33; quem nasceu com o Skype, 27; quem nasceu com o Facebook, 26; e quem nasceu com o Twitter, 24. Como se vê, a criação do mundo digital avança numa velocidade crescente, mas também é importante a velocidade com que a própria digitalização se expande. A difusão do automóvel exigiu processos lentos e complicados, com a instalação de postos de gasolina, garagens e oficinas mecânicas. Já a difusão de tudo aquilo que é informático ocorre com grande rapidez porque se vale de computadores cada vez mais miniaturizados, da nuvem, do espaço, de satélites. Se para levar a eletricidade da central até a sua casa eram necessárias centenas de postes e quilômetros de fios, agora basta um satélite que alcança bilhões de pessoas num piscar de olhos. Assim nasce, aliás, o conceito de "tempo real", desconhecido para nossos avós.

É uma nova categoria, de fato. O que significa "tempo real"?
Eu explicaria assim: as margens necessárias para realizar uma operação são reduzidas quase a zero. Se você ouve uma transmissão radiofônica simultaneamente no rádio e no computador, percebe uma diferença de alguns segundos: é o tempo para a passagem pelo satélite, um trajeto enorme percorrido quase à velocidade da luz.

Agora que já discutimos o que significa um mundo "digitalizado", quais são as outras características desse novo universo?
Enquanto em torno da eletricidade se coagulou aos poucos o conceito de modernidade, em torno da informática coagulou-se o conceito de digitalidade. Hoje, quando digo que alguém é digital ou analógico, não quero dizer apenas que usa ou não usa o computador, mas também que se depila ou não se depila, que tende a viver mais à noite ou durante o dia, que respeita ou não a pontualidade: há toda uma conformação antropológico-psicológica que conota uma categoria em relação à outra.

É uma mudança geracional? Envolve também uma transferência de poder? Podemos definir os digitais como jovens e vencedores?
Por enquanto ainda reina este paradoxo: como no mundo inteiro, em alguns lugares mais e em outros menos, existe a gerontocracia – na

Itália bem mais que nos Estados Unidos –, e como todas as instituições – escolas, ministérios, partidos, sindicatos, empresas – têm organizações hierárquicas e piramidais, os analógicos, que são predominantemente mais velhos, ocupam o topo da pirâmide, enquanto os digitais, predominantemente jovens, permanecem esmagados na base.

Em uma empresa, o presidente, que ganha muito mais que o empregado, transfere a gestão de seu correio eletrônico, uma operação simplíssima, para a jovem secretária, enquanto ainda mais embaixo está o rapazinho da portaria que usa o Instagram e o Twitter. Entre os motivos da desorientação de hoje está a convivência dessas duas culturas, sendo a mais atrasada aquela de quem tem mais poder, ao contrário do que ocorria no passado. E este é um calcanhar de Aquiles da elite: quando hoje dizemos que a elite é ignorante, atestamos que lhe falta um *know-how* que as não elites já têm.

E aí está, então, outra característica do novo mundo: a perda do valor da experiência.

De fato, no passado grande parte do *know-how* era atribuído à experiência. A pessoa mais velha tinha mais experiência porque tinha errado mais e, portanto, tinha menos probabilidade de errar de novo no futuro. Ao passo que hoje, pelo contrário, o *know-how* vem diretamente do aprendizado. E se alguém tem 60 anos, significa que aprendeu há muito tempo, quando não havia as tecnologias atuais.

Há uma mudança de papéis geracional, invertida em relação ao que acontecia antigamente. Na sociedade industrial, e mais ainda na comunidade rural, o adulto sabia mais que o jovem, motivo pelo qual se fazia carreira com a idade, e essa progressão podia ser até automática, de tão presumido que era que, aos 60 anos, você saberia mais que aos 50. Nessa idade você era um dirigente, enquanto aos 40 era empregado de primeiro nível e, aos 30, empregado de segundo nível. Hoje a progressão automática de carreira entrou em crise – embora exista ainda em algumas instituições, como na magistratura –, porque é possível saber toda uma série de coisas não por experiência existencial, direta, mas por experiência adquirida por meio dos livros, da mídia, da formação, das viagens: porque estudei na nova escola, porque vi primeiro visitando uma empresa de ponta, porque, viajando, vi como se fazem certas coisas nos Estados Unidos, enquanto você nunca esteve nos Estados Unidos, e assim por diante. Então, hoje o *know-how* está desatrelado da idade. E avança o conceito de meritocracia, que não é mais o mérito devido automaticamente à idade, mas um mérito que deriva do seu empenho, da sua curiosidade intelectual, da sua iniciativa, da sua tenacidade no estudo, além, é claro, das oportunidades. Por isso um país democrático deve assegurar a todos os cidadãos a igualdade de oportunidades e de proteções.

Vamos continuar revelando a fotografia dos digitais. Principalmente jovens, portanto, mas não necessariamente vencedores...

Predominantemente jovens. Muitas vezes, desempregados ou em contratos temporários. Mas isso não significa que sejam ignorantes e pobres, porque hoje o desemprego e os trabalhos temporários são às vezes acompanhados pela cultura e pela prosperidade. Depende da classe social à qual você pertence. Se for filho de pessoas bem de vida, será um temporário bem de vida.

Os digitais de hoje, em relação aos *yuppies* de ontem, tendem a dar menos importância ao dinheiro e à carreira, mesmo que em seu imaginário estejam os rankings da *Forbes*, a riqueza fulminante de Mark Zuckerberg e de toda a economia digital. O consumo também é importante, mas não é obsessivo e compulsivo como era na sociedade industrial e para os campeões da *New Economy*. Bill Gates e Jeff Bezos andam de jeans azul, enquanto Gianni Agnelli, Enrico Cuccia, Adriano Olivetti, ainda que se diferenciando pelo tipo de elegância, vestiam paletó transpassado, marcando assim, também com a linguagem do vestuário, a distância entre eles e o operário de macacão azul.

Em sua opinião, Bill Gates e similares confiam à roupa casual uma representação diferente de si mesmos ou têm uma relação com o dinheiro substancialmente diferente da do magnata do passado, porque o patrimônio deles é infinito?

Gates de certa forma se assemelha mais aos Rockefeller, aos Carnegie, aos Vanderbilt de antigamente que aos Larry Page e aos Sergey Brin de hoje, fundadores da Alphabet e do Google. A empresa dele, que hoje está entre as primeiras em capitalização na bolsa, junto com Apple, Alphabet, Facebook e Amazon, estava na frente já dez anos atrás, junto com velhas e gloriosas empresas como Citigroup, Shell Oil, ExxonMobil e General Electric. Pense que o Facebook, com 21 mil funcionários, vale 520 bilhões de dólares, enquanto General Electric, IBM, Ford e AT&T, para alcançar, todas juntas, o mesmo valor do Facebook, precisam empregar 1,1 milhão de funcionários.

Portanto, Bill Gates não é rico à moda antiga como Rockefeller, mas também não é um novo "novo rico", como Zuckerberg. Ambos usam jeans, mas Gates tem um estilo de vida mais sóbrio, distanciou-se de seu patrimônio e investe uma parte considerável dele em atividades filantrópicas.

Além disso, hoje não é mais o hábito que faz o monge. Quando eram necessárias cifras equivalentes a hectares de terra por uma roupa principesca ou por uma couraça, recorria-se a essas vestimentas para marcar a distância entre um rei e um duque. Hoje conta muito mais a capitalização na bolsa. Lembro-me das páginas e mais páginas usadas pela escritora Maria Bellonci para descrever o enxoval da jovem Lucrécia Bórgia quando se casou com Afonso I d'Este.

Em geral, todos os digitais cuidam do próprio corpo sem paramentá-lo de modo vistoso e caro. E tendem a ser menos pessimistas que os analógicos. Acreditam no futuro e confiam na longevidade. Nasceram num mundo no qual a vida já tem como parâmetro os 90 anos de idade.

Acreditar no futuro e na longevidade significa acreditar no Desenvolvimento e no Progresso, cheios de maiúsculas, como era na sociedade industrial?
Não, os digitais não acreditam no crescimento infinito da economia ocidental; entre eles se espalhou a notícia de que existem limites para o desenvolvimento. Têm uma atitude bastante positiva em relação à vida e ao destino do planeta e da humanidade. Sabem que em algum lugar – talvez em Boston, em Tóquio ou em Cupertino – o progresso da tecnologia, da farmacologia, da cirurgia, da biotecnologia, da nanotecnologia e da inteligência artificial está preparando medicamentos

e próteses prodigiosas com os quais pode-se prolongar e melhorar a própria saúde. Tendem a acreditar, em suma, que, graças ao progresso científico e à criatividade, os instintos vitais, no fim, prevalecerão sobre os autodestrutivos. Até porque, sendo jovens, diferentemente de seus pais e avós, não experimentaram diretamente nem o fascismo nem a guerra. Têm quase a ideia e a ilusão de que não pode surgir outro fascismo ou estourar outra guerra: você pode fechar os portos aos migrantes, pode fazer o que quiser, mas no fim chega-se a um acordo. A guerra e a ditadura, para eles, são algo que está em outro lugar, num Terceiro Mundo ou num Oriente de qualquer modo distante. Talvez, quem sabe, sejam só *fake news*.

Os digitais são todos ocidentais e do Hemisfério Norte?

São predominantemente jovens e já estão em toda parte. A maior concentração é no Ocidente, mas, com o crescimento da população jovem, cresce o número de digitais na Índia, na China, na África do Sul, aonde quer que a internet chegue. A grande massa dos jovens é fascinada pela onipotência daquelas empresas que Scott Galloway, professor de Marketing na Stern School of Business da Universidade de Nova York, chama de *The Four*: Amazon, Apple, Facebook e Google. O valor de mercado das quatro cresce a olhos vistos; a Amazon se alastra com sua frota aérea, carretas e navios; o Google, com seus balões aerostáticos. Enquanto isso, o Facebook conecta dois bilhões de pessoas e, junto com a Microsoft, coloca cabos submarinos no Atlântico.

Esse poder de potências, do qual de algum modo eles também fazem parte, dá aos digitais o orgulho da digitalidade e a impressão de poder contar com uma espécie de divindade planetária onipresente que os exalta e ao mesmo tempo os esmaga. De cada um deles, e de todos eles juntos, o Google manipula as habilidades cognitivas, o Facebook, as possibilidades de socialização, a Apple, o senso estético, a Amazon, as tendências ao consumo.

Vamos prosseguir com o retrato falado.

Os digitais têm uma familiaridade com a informática e com a virtualidade que torna as relações interpessoais cada vez mais abstratas, mas ao mesmo tempo enriquece os sentidos com novas dimensões, ainda que a visão e a audição sejam estimuladas muito mais que o paladar e o olfato.

Apreciam e vivem como algo completamente normal a onipresença permitida pela informática e pelos novos meios de transporte cada vez mais rápidos e menos dispendiosos. Nós dávamos como certo que, se você ligasse de Roma para a operadora Tim, o atendente também estaria em Roma; agora se apressam em informar que estão respondendo da Albânia ou da Índia.

A maioria dos digitais fala mais de um idioma, sendo um deles quase sempre o inglês, usado como se fosse uma metalinguagem para ouvir uma música, para abordar uma pessoa para fins comerciais ou por razões eróticas. Encaram com naturalidade a globalização: nem se perguntam de onde vem uma roupa; que seja *made in China* ou *made in Italy* é totalmente indiferente para eles.

Há um núcleo ainda mais digitalizado e globalizado, constituído por filhos de embaixadores, gestores de multinacionais e militares em missão que mudam o tempo todo de residência, de idioma, de usos e costumes. Mas todos os outros também tendem a ser nômades e não sofrem com o *jet lag*; ou seja, passam por verdadeiras transformações somáticas. Enquanto eu, criança, sentia enjoo andando de carro e, para evitá-lo, tomava uma pílula chamada Xamamina, meus netos viajaram muito desde que nasceram e consideram o avião como um veículo doméstico.

Os digitais são mais propensos a aceitar a diversidade, a multirra-cialidade, a interculturalidade. Não estou dizendo que é assim para todos, mas predominantemente. Além disso, estão acostumados a ir de um país a outro da Europa sem mostrar o passaporte e sem mudar de moeda; muitas vezes se consideram mais cidadãos da Europa do que de Abruzzo, do sul da França ou do País de Gales.

Adotam o controle de natalidade já desembaraçado de qualquer significado ético. Aceitam a igualdade de oportunidades: as mulheres, com entusiasmo, os homens, com resignação. Confiam na engenharia genética e nos novos medicamentos, que permitem vencer as doenças e modificar o corpo humano e seu destino biológico.

Tendem a várias formas de secularização; não são mais tão influenciados pela fé em algo além: têm como pressuposto, em vez disso, que é aqui na Terra que o jogo acontece. Temem mais o aquecimento global que o fogo do inferno, por isso são sensíveis à ecologia e à sustentabilidade. Não fazem muita distinção entre dias úteis e feriados oficiais; se dependesse deles, o debate se as lojas devem abrir ou não aos domingos não existiria.

Enquanto a sociedade industrial fez com que nós, analógicos, nos acostumássemos a distinguir claramente as oito horas de trabalho, as oito de tempo livre e as oito de cuidado pessoal e sono, os digitais não fazem muita distinção entre as atividades de estudo, de trabalho e de lazer. Praticam o que chamo de ócio criativo, isto é, um tipo de atividade no qual é difícil saber se a pessoa está trabalhando, estudando ou se divertindo.

Diferentemente de seus pais e avós, não amam o trabalho incondicionalmente, não o consideram como o fator central da própria existência, não lhe atribuem significados carregados de sacrifício, dever, orgulho; dão a ele mais ou menos a mesma importância que reservam ao tempo livre. Frequentemente acostumados com o trabalho precário, habituaram-se a combinar períodos de trabalho ocasional com fases de estudo, viagem, tempo com a família e com os amigos.

Usam "esperantos" linguísticos e estéticos como o rock, o rap, o informatiquês, as tatuagens, os piercings, os emoticons, etc. Tendem a criar comunidades virtuais muito fluidas por meio da internet e com elas ultrapassam as fronteiras da comunidade real, bem mais estável, composta pelos amigos do dia a dia.

Têm uma atitude desenvolta em relação à sexualidade. Em seus estilos de vida, encontram espaço crescente a fluidez sexual, a pansexualidade, a androginia. Consideram de modo mais incerto e impreciso os conceitos de paternidade, maternidade, filiação e parentesco. Homens e mulheres compartilham os valores tradicionalmente "femininos" da estética, da subjetividade, da emotividade e da flexibilidade. Hoje o homem se perfuma e se depila, enquanto antes a mulher recorria à cera e o homem ostentava o peito cabeludo.

Aqui entramos em uma nova esfera: a decoração do corpo e a moda das tatuagens. É uma filosofia neotribal ou simplesmente uma nova fronteira do marketing?

Na cultura tribal primitiva não se usavam roupas. A nudez dos indígenas surpreendia todos os exploradores, que falavam dela maravilhados em seus diários de viagem. Vamos pegar os índios do Brasil. Por que temos poucas obras de arte dos índios? Porque consideravam que a criatividade estética, a arte, era a parte divina do homem e, portanto, não podia ser desperdiçada num material vil como uma parede, uma tela ou um mármore: devia ser executada somente num suporte precioso e sagrado como o corpo humano. O artista dava o melhor de si na decoração do próprio corpo e do corpo da pessoa amada. Naturalmente, como o corpo humano é morituro, à diferença de uma parede ou de um mármore, perdemos inúmeras obras de arte realizadas na pele humana.

Já as tatuagens de hoje são puramente uma oferta do mercado?

Sim, porém o mercado sempre apela para uma necessidade latente. A necessidade de se sentir um "sujeito" vivo, ativo, capaz de exibir uma mensagem da qual se sente testemunha orgulhosa. Por isso você manda tatuar a frase do poeta preferido ou o nome do seu time do coração. Com a cirurgia plástica, você pode esculpir o próprio corpo; com a tatuagem, pode transformá-lo no suporte para uma mensagem que mostra seus gostos, suas escolhas, seus amores. Em ambos os casos, tem a possibilidade de considerar o próprio corpo não como uma coisa imutável, definida de uma vez por todas, mas como uma escolha, uma expressão pós-moderna.

O paradoxo não é que, em nome da "variabilidade" do próprio corpo, sejam gravados na pele inteiros romances, inteiras histórias em quadrinhos, os quais seria uma empreitada dolorosíssima remover, se necessário?

Respondo com um conto muito sugestivo, selecionado por Borges para a coleção "A biblioteca de Babel", de Franco Maria Ricci. Era de um escritor do início do século XX, Hector Hugh Munro, pseudônimo Saki. A história se passa no século XVIII e fala de um protagonista que se muda de Flandres para Bérgamo. Ali encontra um tatuador de uma genialidade extraordinária e manda fazer em suas costas uma tatuagem que é unanimemente julgada uma obra-prima. O problema começa quando nosso viajante belga precisa voltar, porque em Bérgamo a lei proíbe exportar obras de arte.

Vamos prosseguir com a nossa fotografia dos digitais.

Os digitais não têm amor por ideologias apaixonantes, incandescentes; não cultivam necessidades fortes; não acreditam em distinções precisas entre proletariado e burguesia, direita e esquerda. Quando eu estava começando como professor, no início dos anos 1960, se dissesse aos meus alunos: "Façam uma lista das necessidades que sentem ser mais prementes nesta fase da vida de vocês", eles indicariam duas ou três coisas como se formar com boas notas, encontrar um bom trabalho, ter uma casa, se casar, ter filhos. Se perguntar hoje, listam dezenas de coisas de pouca importância, da motocicleta ao celular de última geração, do PlayStation a um moletom. As poucas necessidades fortes pelas quais valia a pena imolar o descanso e o divertimento foram substituídas por uma miríade de necessidades fracas e em certo sentido intercambiáveis. E em cima dessa intercambiabilidade, terreno fértil para os especialistas em marketing, foram semeadas a mãos-cheias as necessidades induzidas sobre as quais as Big Tech construíram a própria fortuna. As mesmas modas lançadas para induzir milhões de consumidores a concentrar as próprias compras nos poucos produtos mais anunciados foram depois fragmentadas para permitir dar vazão a produtos menos importantes, mais numerosos e mais voláteis. Hoje, por exemplo, a maior parte dos muitos livros publicados fica na vitrine somente por algumas semanas. As receitas bilionárias da Amazon, da Uber, da TripAdvisor e de quase toda a economia do compartilhamento derivam de preços mínimos pagos por inúmeros clientes.

Além disso, são anunciados sem nenhum pudor, pelos meios de comunicação de massa, produtos que antes permaneciam secretos no íntimo da família ou do relacionamento com o próprio médico de confiança, como as fraldas geriátricas, os absorventes, os remédios para diarreia ou para a próstata.

O motivo dessas novas campanhas não é o prolongamento da vida?

Toda empresa farmacêutica espera que os próprios clientes tenham uma vida longa e adoentada.

Tentamos fazer uma anatomia da personalidade digital. Vamos passar aos analógicos?

Quando falo de analógicos e digitais, sempre me remeto mentalmente a uma história muito doce que tem a ver com o sul da Itália. Na época, nossas massas de migrantes não viajavam em botes infláveis, mas em grandes navios velhos, hoje fora de uso, que eram entupidos com 600, 700 pessoas, e os emigrantes eram amontoados nos porões. Já me contaram que, na hora do almoço, quando os passageiros de primeira e segunda classe iam para o restaurante, era permitido aos nossos pobres emigrantes subirem ao convés para tomar um pouco de ar. Saindo das escotilhas, eles se dividiam espontaneamente em dois grupos: os que iam para a popa, tomados pelo desejo nostálgico de ver o horizonte do qual provinham e onde tinham deixado as pessoas e coisas queridas, e os mais arrojados, que iam para a proa, na esperança de serem os primeiros a ver a terra prometida. Para mim, os digitais são os emigrantes da proa, enquanto os analógicos são os emigrantes da popa. O digital espera do futuro a solução de seus problemas; já o analógico pensa que as soluções, tendo existido em uma mítica idade de ouro, foram destruídas para sempre pelos golpes da modernidade.

Os analógicos são predominantemente idosos ou adultos. Ainda não se acostumaram com a longevidade. Geralmente têm empregos estáveis ou são aposentados. Sustentam os filhos e, às vezes, também os filhos dos filhos. Dão mais importância ao dinheiro, à parcimônia, e são prudentes em poupar. Por um lado, têm convicção de que a economia poderia crescer indefinidamente; por outro, são pessimistas porque, em sua opinião, o desenvolvimento é atravancado pelos sindicatos, pelas restrições da União Europeia, pela maldade difusa e pela desonestidade imperante.

Aderem a um mix de otimismo e pessimismo oposto ao dos digitais?

Sim, mas com a prevalência do pessimismo e do medo. Suas raízes industriais lhes dão a convicção de que as matérias-primas e a criatividade humana podem fazer milagres. Vivem as crises econômicas como infortúnios transitórios e não como fatos estruturais. No entanto, são desiludidos com a vida e temem pelo destino do planeta e da humanidade. Tendem a acreditar que os instintos autodestrutivos prevalecerão sobre os vitais. Nutrem um medo surdo de tudo: dos imigrantes, dos gays, das novas tecnologias, das epidemias.

Têm pouca familiaridade com a internet, a informática, a virtualidade e as comunidades on-line, das quais vislumbram consequências predominantemente negativas. Não falam outros idiomas e criticam a tendência a usar termos em inglês. Temem os efeitos da globalização. Rejeitam a diversidade, a multirracialidade, a interculturalidade. Dão ao trabalho uma importância crucial. Têm uma atitude desconfiada em relação à liberdade sexual, rejeitam a androginia e a igualdade de gênero. Homens e mulheres são igualmente machistas.

A desconfiança para com a liberdade sexual não foi arquivada há cinquenta anos, em 1968?

Os jovens de 20 anos daquela época agora têm 70, e nem todos participaram da revolução de 1968. E depois houve o refluxo, que fez recuarem os ponteiros da história.

Os analógicos cultivam ideologias e necessidades fortes e – como católicos, se não crentes, pelo menos praticantes – rejeitam o controle de natalidade. Se não creem na vida após a morte, pelo menos têm esperança nela. Desconfiam da engenharia genética e dos novos medicamentos; são contra as células-tronco. Temem os efeitos do progresso. Distinguem claramente os feriados dos dias úteis, o trabalho do estudo e do tempo livre.

Entre esses dois grupos, pode vir a ocorrer uma síntese?

Não é necessário: basta esperar que se complete a mudança geracional entre digitais e analógicos, uma vez que, como vimos, os analógicos estão em extinção gradual por motivos demográficos. Quando a sociedade inteira for digital, desaparecerão todos os defeitos e os inconvenientes congênitos da época industrial. Provavelmente, haverá outros novos e diferentes, consubstanciais ao mundo virtual, mas aqueles aos quais estávamos habituados desde o século passado terão desaparecido.

Aqui e agora, uma síntese corrigiria muitas distorções e talvez contribuísse para atenuar os rompantes pré-fascistas a que estamos assistindo e aos quais pretendo retornar em seguida. Mas para isso, assim como por muitos outros bons motivos, seria necessário estabelecer, em âmbito global, um grande, inédito pacto social não só entre analógicos e digitais, mas entre homens e mulheres, locais e imigrantes, ricos e pobres, empregados e desempregados, para redistribuir igualitariamente a riqueza, o trabalho, o poder, o conhecimento, as oportunidades e as proteções.

Trabalho, ócio

Em 1958, Hannah Arendt, em A condição humana, *já se perguntava o que poderia acontecer com uma sociedade assentada sobre o trabalho quando o trabalho viesse a faltar...*

O trabalho, de hoje até 2030: você começa recorrendo à previdente reflexão proposta há sessenta anos pela filósofa alemã. E prossegue com o que parece quase um trava-língua:

Como o trabalho é penoso, desde sempre o homem fez o máximo esforço para encontrar um jeito de trabalhar o mínimo possível. Em outras palavras, a história do trabalho humano é a história de uma redução gradual do trabalho humano por obra do trabalho humano. Aos poucos, o trabalhador substituiu o próprio trabalho pelo dos animais, domesticando-os; substituiu-o pelo dos escravos, escravizando-os; substituiu-o por máquinas mecânicas e eletromecânicas, automatizando; agora o substitui pelas máquinas digitais e pela inteligência artificial. E se vê produzindo uma grande quantidade de bens e serviços sem ter trabalhado.

Esses objetos e esses serviços são riqueza. E até hoje a riqueza tem sido distribuída com base na contribuição que cada trabalhador deu para produzi-los. Se trabalho em um fábrica de automóveis, recebo um salário proporcional ao trabalho que coloquei na produção dos automóveis vendidos. A partir do momento em que os automóveis são fabricados em grande parte por robôs e eu não coloco nenhum trabalho nisso, ou coloco muito pouco, como se faz para dividir o dinheiro ganho vendendo-os? Esse, hoje em dia, é um dos aspectos cruciais da economia do trabalho.

Esse é um cenário inédito no qual já nos encontramos. A história tem alguma solução a nos sugerir?

O comunismo soviético, assim como o cubano, experimentou sistemas de distribuição de uma riqueza que, no entanto, não sabia produzir. Efetuou um grande experimento no plano da distribuição: como distribuir selos, remédios, pão, televisores, geladeiras para milhões de pessoas. Infelizmente, porém, nesses países havia uma produtividade baixíssima e muitas vezes não havia nada a distribuir.

Quer dizer nos países do chamado "socialismo real"?

Exatamente. O capitalismo fez o exato oposto: melhorou drasticamente os modos de produzir cada vez mais riqueza, que no entanto não sabe como distribuir. Portanto, historicamente, lidamos com dois experimentos diferentes, ambos fracassados: de um lado, um comunismo que tinha aprendido a distribuir a riqueza, mas não sabia produzi-la; do outro, o capitalismo ocidental, que sabe produzi-la, mas não sabe distribuí-la.

Historicamente, como mudou – se é que mudou – o conceito de "trabalho"?

Até os anos em que Locke, Smith e Marx escreveram suas obras, o trabalho sempre foi considerado um castigo repulsivo. Aristóteles diz: "É perfeito somente o cidadão que está livre das tarefas necessárias, que são realizadas por servos, artesãos e trabalhadores braçais".

O que Aristóteles quer dizer com "perfeito"?

Perfeito, na Atenas de Péricles, é quem tem o direito de se sentar no parlamento, tomar a palavra, propor leis e votá-las. Não se é perfeito se não se é cidadão. E não se é plenamente cidadão se não se tem liberdade e dignidade. Como mulheres, as atenienses – esposas, mães ou filhas dos cidadãos – são livres, mas não têm direito de voto e, portanto, não são perfeitas, não são cidadãs. São cidadãos os 40 mil atenienses do sexo masculino.

O mesmo Aristóteles diz: "A guerra deve ter em vista a paz, a atividade, em vista o ócio, as coisas necessárias e úteis, em vista as belas". Aqui ele cria uma hierarquia: a paz, o ócio e as coisas belas são o fim;

todo o resto – a guerra, o trabalho e as coisas úteis – é instrumento para alcançá-lo. Na época de Aristóteles não existiam robôs, não existiam máquinas eletromecânicas nem digitais. É isso, segundo o filósofo, que justifica a escravidão. A parte inicial da *Política* é justamente dedicada a esse tema, porque ele se dá conta de que a escravidão é um fato antinatural, grosseiro, bárbaro, e quer explicar como um povo tão refinado como o grego o admite e adota.

Na Atenas de Aristóteles, a escravidão era apenas uma consequência da guerra? Você era escravo na qualidade de prisioneiro, ou podia nascer escravo?

As duas coisas. O filho do escravo era escravo porque o pai, não tendo alma, liberdade e dignidade, não podia transmiti-las a ele.

Quando se realizava uma guerra, os combatentes sabiam que quem a perdesse automaticamente se tornaria escravo dos vencedores. Homero e outros escritores gregos descrevem como terrivelmente trágico o "dia da escravidão", isto é, o primeiro dia em que os derrotados que não eram mortos, caindo na condição de escravos, instantaneamente retrocediam do status de ser humano para o status de coisa, de animal.

O cidadão vencedor tinha necessidade absoluta de escravos aos quais delegar todo o trabalho, de modo a ficar completamente livre para exercer as atividades próprias de um cidadão: a atlética, para manter o próprio corpo são e combater corajosamente na guerra; o estudo, para ampliar os próprios conhecimentos; o teatro e a poesia, para nutrir a própria dimensão humana com a história, a tradição, os mitos e as emoções; a política, com a qual administrar a pólis e fazer seus habitantes felizes.

Os gregos, segundo Aristóteles, viveriam de bom grado sem os escravos se possuíssem robôs. Eis o que diz a esse respeito: "Se cada instrumento pudesse executar sua função mediante um comando, ou percebendo-o antecipadamente, se as lançadeiras tecessem sozinhas e as palhetas tocassem a cítara, os mestres artesãos não teriam necessidade de operários e os senhores não teriam necessidade de escravos". É como se Aristóteles dissesse: "Se um dia os instrumentos trabalhassem sozinhos, acabaria todo direito de ter escravos e de infligir trabalhos aos operários".

Platão reforça o conceito estendendo-o, além dos escravos, também aos trabalhadores que consideraríamos, para todos os efeitos, dignos:

"Não vais querer dar tua filha como esposa a um mecânico ou engenheiro!".

Cícero, referindo-se à sociedade romana, estende sua repulsa pelo trabalho escravo também aos trabalhadores livres, que recebem um salário, e aos estrangeiros, a quem são delegadas todas as atividades artesanais e comerciais. "A condição de assalariado", ele escreve, "é sempre sórdida e indigna de um homem livre. Todo trabalho artesanal é sórdido e também o é o comércio enquanto fonte de lucro."

A única exceção a essa concepção negativa milenar do trabalho vem de São Bento, que, com a regra *"ora et labora"*, coloca o trabalho no mesmo nível da oração. "Os monges são verdadeiramente monges quando vivem do trabalho das próprias mãos, como fizeram os nossos pais e os Apóstolos." Legitima, portanto, até o mais desprezado dos trabalhos – o manual –, o mais sórdido de todos segundo Cícero.

E, no entanto, no Éden bíblico, tinha ressoado como um anátema divino aquele "Comerás o pão com o suor do teu rosto". Como se coloca, então, a regra beneditina dentro do cristianismo?

O cristianismo permanece fiel à narrativa bíblica segundo a qual Adão, expulso do Éden, é condenado por Deus a ganhar o pão com o suor do rosto. Para todo cristão, portanto, o trabalho representa o meio pelo qual deve se redimir da condenação bíblica resultante do pecado original. Na encíclica *Rerum novarum*, de 1891, Leão XIII diz: "Pelo que diz respeito ao trabalho em particular, o homem, mesmo no estado de inocência, não era destinado a viver na ociosidade, mas, ao que a vontade teria abraçado livremente como exercício agradável, a necessidade lhe acrescentou, depois do pecado, o sentimento da dor e o impôs como uma expiação: 'A terra será maldita por tua causa; é pelo trabalho que tirarás com que alimentar-te todos os dias da vida'". Portanto, a visão clássica e a católica, uma de natureza prática e a outra teológica, têm em comum a concepção do trabalho como penoso e expiatório.

Após três milênios de sociedade rural, durante os quais os cidadãos plenos e os aristocratas cuidaram de ficar bem longe do trabalho e, sempre desprezando-o, viveram nas costas dos escravos, dos servos da gleba e dos assalariados, chega-se assim à sociedade industrial, na qual a concepção muda radicalmente.

Que valor o trabalho adquire naquele momento?

Uma análise muito aguda dessa mudança é feita em *A condição humana*, o conhecido ensaio de Hannah Arendt, que analisa o papel determinante de três personagens-chave nessa transformação radical: Locke, do ponto de vista filosófico, Smith, do econômico, e Marx, do sociopolítico.

No *Segundo tratado sobre o governo civil*, Locke fala expressamente do "trabalho do nosso corpo" e da "obra de nossas mãos", aludindo por um lado ao artesão que se dedica a atividades inteligentes e criativas e por outro ao escravo que Aristóteles já tinha igualado ao animal domesticado porque ambos – escravo e animal – "com seus corpos atendem às necessidades da vida". Uma vez que as obras produzidas pelo homem são fruto de seu corpo e de suas mãos, isto é, de sua pessoa, e uma vez que a pessoa, o corpo, as mãos não pertencem ao gênero humano como um todo, mas são dados a cada indivíduo para seu uso particular e, portanto, são as coisas mais particulares que existem, então é no trabalho e nas obras que se assenta a propriedade privada.

A natureza distribui a todos os seus filhos as boas coisas, os materiais de que dispõe e que pertencem a todos. Esses materiais em estado bruto são quase sempre sem valor em si mesmos. Adquirem valor no momento em que o homem os toma com as próprias mãos e se mistura com eles duas vezes: quando os trabalha, transformando-os em obras, e depois, quando consome essas obras. Nesse arrancar as coisas das mãos da natureza, modificá-las e consumi-las, nesse aumentar o valor delas e preservá-las da deterioração natural com todo o trabalho da manutenção, nesse produzir objetos adequados ao uso, nesse explorar a natureza e contrapor-se a ela consiste o aspecto humano da vida: a *vita activa* do homem.

Qual é o objetivo último do trabalho segundo Locke?

Locke observa que todas as coisas imediatamente úteis à sobrevivência do homem, como as verduras por ele cultivadas ou as galinhas por ele criadas com o próprio trabalho, são geralmente de curta duração, já que, "se não forem consumidas pelo uso, estragar-se-ão e perecerão por si mesmas". Em sua opinião, nem todos os trabalhos acrescentam valor às coisas, porque o trabalho pode ter duas funções: uma de destruição e a outra de salvação. Toda obra humana é realizada destruindo matérias-primas, modificando-as graças ao próprio trabalho, que se mistura com elas e as trabalha para metabolizá-las da mesma forma que o corpo faz com a comida. Já a outra função do trabalho é defender as coisas da natureza, que sempre tende a destruí-las. Sob esse aspecto, o homem está em constante luta contra os processos naturais – o mofo, a ferrugem, as pragas, os ciclones, os terremotos, as doenças – com os quais a natureza ameaça as coisas em seu poder e tenta impedir que ele as use.

Qual será, em seguida, a contribuição de Smith nesse processo de valorização do trabalho?

Smith diz que o trabalho é o verdadeiro parâmetro com base no qual se pode calcular o valor das coisas: o valor deste computador é dado pela quantidade e pela qualidade do trabalho que é incorporado nele. Em A riqueza das nações, ele escreve que o trabalho "constitui a medida última e real com a qual se pode estimar e comparar o valor de todas as mercadorias a qualquer tempo e em qualquer lugar". Para avaliar a diferença econômica entre o meu computador e o de outra pessoa, é necessário entender a quantidade e a qualidade do trabalho que foi empregado para concebê-los, produzi-los e vendê-los.

Smith diz também, ainda em *A riqueza das nações*: "O trabalho realizado em um ano constitui o fundo do qual cada nação extrai, em última análise, todos os bens necessários e os confortos materiais que consome em um ano, e que na prática consistem no produto imediato desse trabalho ou naquilo que, em troca dele, é comprado de outras nações". Portanto, o trabalho representa o parâmetro para avaliar não só quanto vale um objeto produzido ou um serviço prestado, mas também o conjunto desses bens e serviços, que são a riqueza de uma nação. É graças ao "parâmetro trabalho" que posso comparar tanto dois objetos quanto o produto interno bruto (PIB) de uma nação com o de outra.

E assim chegamos a Marx.

Que vai além e diz que o trabalho é a essência do homem, a essência que se realiza no homem. O trabalho é o pai da riqueza material assim como a terra é a mãe. Qual é o passo adiante em relação a Smith? É que, enquanto para Smith o trabalho é o parâmetro para entender quanto vale economicamente uma coisa, para Marx o trabalho é o parâmetro do qual se deduz quanto vale integralmente um ser humano, porque o trabalho é a essência do homem. Sendo assim, o homem não pode vendê-lo porque, vendendo-o, estaria se privando da própria essência, estaria se alienando.

Sobre essas bases avançou toda a sociedade industrial, ou seja, a sociedade que dominou entre a metade do século XVIII e a metade do século XX, centrada na produção em grande escala de bens materiais.

Quais são os outros traços essenciais da sociedade industrial?

É uma sociedade na qual prevalece o trabalho operário: na metade do século XIX, em Manchester, então a cidade mais industrializada do mundo, 94% dos trabalhadores são operários. As tecnologias são mecânicas, e depois, no século XX, se somarão a elas também as eletromecânicas. Dois grandes engenheiros, Taylor na Filadélfia e Ford em Detroit, teorizam, experimentam e difundem a divisão do trabalho e a linha de montagem, que acabam representando o símbolo, a base, a filosofia das manufaturas. Todos lembramos as cenas de Charlie Chaplin às voltas com a automação no filme *Tempos modernos*, de 1936.

A sociedade industrial pressupunha que as matérias-primas, o ar, a água, os bens comuns fossem infinitos e, portanto, também o crescimento econômico pudesse ser levado ao infinito.

A industrialização comportou um boom demográfico nunca antes visto. Falaremos disso mais tarde, de modo específico, com mais detalhes. Agora, basta notar que, por milênios, a humanidade nunca havia superado a casa do bilhão: em 1750, a população mundial era de 791 milhões. Depois, nos 200 anos da sociedade industrial – que significa higiene, educação, medicina, biologia, cirurgia –, alcança os 2,5 bilhões. Esse crescimento, é óbvio, não para na sociedade pós-industrial: no ano 2000, chega a 6 bilhões, e em 2050 deve tocar os 9 bilhões.

Uma parte crescente da população se transfere do campo para as cidades, atraída pela disponibilidade de trabalho, pelos serviços e pelo comunismo. No ano 100 d.C., somente Roma tinha 1 milhão de habitantes; no ano 1000, a maior cidade do mundo era provavelmente Córdoba, na Espanha, com 450 mil habitantes; em 1500, Pequim estava no topo da lista, com 700 mil. "Os números", escreveu Le Corbusier, "demonstram que a cidade grande é um fenômeno recente. De 1780 a 1910, em 100 anos, Paris passou de 600 mil para 3 milhões de habitantes; Londres, de 800 mil para 7 milhões; Berlim, de 180 mil para 3,5 milhões; Nova York, de 60 mil para 5,5 milhões". Em 1950, ao final da era industrial, a maior cidade do mundo era Nova York, com 12 milhões de habitantes; hoje, a "Grande Maçã" representa 10% do PIB dos Estados Unidos e, sozinha, supera o PIB do Brasil inteiro.

O trabalho industrial, com a criação do automóvel, do trem, da ferrovia, das rodovias, ofereceu as condições para se deslocar a baixo custo, fazendo florescer o turismo, que estende o privilégio do *grand tour* dos jovens aristocráticos para as pessoas comuns.

Em outras palavras, o trabalho organizado industrialmente condicionou toda a vida do homem, primeiro na Europa, depois nos Estados Unidos e, mais tarde, em diferentes ritmos e medidas, no restante do mundo.

Uma revolução total. Mas como se chega, no decorrer de dois séculos, ao nascimento do que você, De Masi, chama de sociedade pós-industrial?

Enquanto a sociedade rural levou cerca de 5 mil anos para se tornar industrial, a sociedade industrial levou apenas cerca de 200 para se tornar pós-industrial. Dentro dela mesma, desenvolveu alguns fatores que potencializaram e revolucionaram sua essência, transformando a sociedade centrada na produção de bens materiais em grande escala em uma sociedade centrada principalmente na produção maciça de bens imateriais, isto é, de serviços, informações, símbolos, valores e estética.

Quais foram esses fatores que modificaram a sociedade industrial por dentro, transformando-a em pós-industrial?

O progresso científico e tecnológico, que nunca foi tão rápido; o desenvolvimento organizacional, graças ao qual as indústrias e os escritórios aprenderam a produzir mais bens e mais serviços com menos trabalho humano; a difusão da escolaridade; os meios de comunicação; a globalização. Essa mistura explosiva teve depois, como grande detonador, a Segunda Guerra Mundial.

Na nova sociedade, não se prescinde dos produtos agrícolas e artesanais, que aliás são fornecidos e consumidos em medida muito maior; prescinde-se dos trabalhadores rurais, substituindo-os por tratores automáticos e fertilizantes químicos: os trabalhadores agrícolas, que em 1951 ainda representavam 40% da população ativa na Itália, hoje não passam de 4%. Muito menos se prescinde, na nova sociedade, dos produtos industriais, também fabricados e consumidos em medida muito maior que na sociedade industrial; prescinde-se dos operários, substituídos pelas máquinas eletromecânicas e pelos robôs: os trabalhadores da indústria caíram de 30% em 1951 para 26% em 2018 e, dentro desses 26%, somente um trabalhador em cada três é operário; os outros dois são funcionários administrativos e gerentes.

Na nova sociedade pós-industrial, a economia suplanta a política, a finança suplanta a economia, as agências de classificação de risco suplantam a finança. Isso significa que os governantes, ao tomar suas decisões, não podem olhar para as próximas gerações, não são livres para elaborar estratégias para o bem comum, mas são obrigados a fazer uma navegação costeira, sob a espada de Dâmocles do índice Nasdaq e do Dow Jones.

O predomínio da economia sobre a política já não tinha sido estudado por Marx? Não é a famosa alternância "estrutura/superestrutura"?

Sim, e é a tese principal dele: a economia é a estrutura e a política é a superestrutura. No entanto, nos tempos de Marx, a economia era sobretudo produção real de bens materiais. Nunca, até hoje, a finança tinha mandado e desmandado na economia. A finança vive de informações, e pela primeira vez, com a internet, as informações viajam em tempo real.

O abade Galiani, o grande iluminista napolitano, publica já em 1751 o tratado *Da moeda*. O problema financeiro existe desde que existe a moeda, ou seja, desde a civilização da Mesopotâmia. Mas nunca tinha tido esse predomínio, impondo uma economia paralela feita de moeda sem lastro, sem reservas de ouro ou de outros bens. A grande mudança foi determinada pelo fim do *gold exchange standard,* a relação direta entre a quantidade de moeda que um Estado emite e a quantidade de ouro que tem em seus cofres.

"Estrutura" econômica à parte, o que implica o nosso novo mundo?

Às tecnologias mecânicas e eletromecânicas vêm se somar as digitais e, agora, a inteligência artificial. Por tudo isso, as categorias do tempo e do espaço se modificam profundamente, tanto no significado quanto na consistência. Não existe mais "perto" e "longe": a partir do momento em que posso ver minha filha na tela mesmo ela estando a milhares de quilômetros, do outro lado do mundo, a distância perde significado, assim como o tempo. E difunde-se cada vez mais aquela tipologia antropológica da qual já tratamos, que eu chamo de "digitais".

Voltemos mais especificamente à palavra-chave da qual partimos: "trabalho". Nesse âmbito, o que está acontecendo?

Como costumo explicar aos meus alunos, a dinâmica do mercado de trabalho é tão racional quanto implacável. Podemos recorrer à metáfora de um lago para o qual há vários afluentes trazendo água e do qual vários defluentes a escoam. Alguns fatores fazem aumentar ou diminuir o número de pessoas que procuram trabalho: a chamada oferta. Outros fatores fazem aumentar ou diminuir os postos de trabalho disponíveis: a chamada demanda ou procura. Infelizmente, esses fatores não estão em equilíbrio e, de alguns anos para cá, a oferta está aumentando muito mais do que a demanda real.

Por que a oferta aumenta em tal medida que dificulta uma resposta adequada em termos de emprego?

O aumento de pessoas que oferecem o próprio trabalho e procuram um emprego resulta de muitos fatores concomitantes. Antes de tudo, a população mundial está aumentando, e com ela aumenta a disponibilidade de mão de obra. Uma mudança que é sempre muito pouco enfatizada é que um bilhão de indivíduos a mais nos próximos dez anos significa um bilhão a mais não só de bocas a alimentar, mas também de cérebros capazes de pensar. Teremos mais problemas, mas também mais instrumentos mentais e tecnológicos para resolvê-los. Haverá uma "mente de obra" mais numerosa, escolarizada e interconectada do que jamais houve na face da Terra. E essa é uma absoluta novidade. Viverá na cidade 63% da população mundial, com muito mais serviços à disposição.

Outro motivo pelo qual a oferta aumenta é que a vida média está se alongando, como pudemos explicar. Uma sociedade mais longeva é também mais culta, mas, como envelhecerá muito mais tarde, a maior bagagem cultural será acompanhada também de uma persistência da força física.

Outro fator que influi no aumento da oferta de trabalho em medida muito maior que há cinquenta anos é a feminilização da população ativa. Nos próximos dez anos, as mulheres não precisarão enfrentar muitas gestações para garantir um herdeiro. O percentual de mulheres escolarizadas será muito mais alto que hoje, e, por isso, elas buscarão cada vez mais as ocupações do tipo intelectual. Françoise Giroud dizia: "A igualdade entre os sexos será alcançada quando mesmo uma mulher medíocre puder se tornar presidente de um banco". É esse o desafio neste momento.

Juntam-se a estes muitos outros fatores que estão desequilibrando a oferta de trabalho em relação à demanda, seja no mercado de trabalho, seja dentro das empresas: chegam imigrantes de outros países; foi eliminado o serviço militar obrigatório, então muitos jovens antecipam a busca por emprego; algumas organizações reduzem seus quadros, despejando no mercado pessoas desempregadas em busca de recolocação; ainda hoje muitos jovens abandonam o campo e as cidades pequenas para procurar trabalho nos grandes centros; muitos jovens escolarizados recusam trabalhos braçais para procurar empregos administrativos; a saúde dos cidadãos está melhorando e, portanto, há menos pessoas impedidas de trabalhar por motivo de doença; os idosos e as pessoas com deficiências também reivindicam, com razão, um emprego, principalmente porque as novas tecnologias vêm em seu auxílio; aumenta o consumismo, induzido pela publicidade, e com isso a necessidade de maior renda familiar; as mulheres, como dizíamos, têm poucos filhos e se ausentam menos do trabalho por licença-maternidade.

O efeito conjunto de todos esses fatores, somados a outros, faz com que há 100 anos, na Itália, 15 milhões de pessoas trabalhassem e menos de 1 milhão procurasse emprego sem encontrar, enquanto hoje, 23 milhões trabalham, mas 6 milhões estão desempregadas.

Você descreve uma situação na qual a necessidade de mão de obra (a chamada demanda) tende a crescer mais devagar que a oferta. Por quê?

Por pelo menos quatro fatores. Três deles eu já mencionei: o desenvolvimento organizacional, com o qual aprendemos a planejar melhor o trabalho, produzindo mais e economizando mão de obra; a globalização, com a qual muitas vezes convém comprar no exterior (cada vez mais no Terceiro Mundo) aquilo que antes se produzia internamente; o progresso tecnológico, que substitui a atividade humana por máquinas cada vez mais inteligentes.

Pensemos no microprocessador, uma invenção humana que transforma profundamente o silício, uma matéria inerte e aparentemente inútil, em um elemento capaz de substituir uma grande quantidade de trabalho intelectual, do caixa de banco ao guia turístico, do arquiteto ao funcionário de cartório. Pois bem, aquele pequeno chip que temos em cada telefone celular e que já realiza infinitas operações em milésimos de segundo dobra a própria potência a cada dezoito meses graças aos contínuos avanços inventados também pelo ser humano.

Isso é a informática. Mas há ainda a engenharia genética, com a qual podemos vencer muitas doenças; há a inteligência artificial, com a qual podemos substituir muito mais trabalho intelectual; há a nanotecnologia, com a qual os objetos se relacionam entre si e conosco; há as impressoras 3D, com as quais produzimos objetos *in loco*, sem ter mais a necessidade de transportá-los; há a computação "afetiva", com a qual se confere aos robôs uma dimensão emotiva. Tudo isso tem um efeito claro sobre o trabalho.

E há ainda outro fator: o excessivo acúmulo de riqueza em poucas mãos. Segundo a revista *Forbes*, um punhadinho minguado de pessoas conseguiu sozinho abocanhar uma riqueza igual àquela de metade da humanidade, ou seja, de 3,6 bilhões de pobres. Esse grupinho de nababos era composto por 388 super-ricos em 2010; em 2014, eles caíram para 85; dois anos depois, em 2016, bastavam 62. Hoje são apenas 8. Ou seja, 8 Tios Patinhas detêm uma riqueza igual à de meia humanidade.

Atualmente, os 8 em questão são Bill Gates, Amancio Ortega, Warren Buffett, Carlos Slim, Jeff Bezos, Mark Zuckerberg, Larry Ellison e Michael Bloomberg, segundo o relatório que a Oxfam publicou em 2017, às vésperas do Fórum Econômico Mundial de Davos. Aliás, todos homens...

Todos homens. Quanto à Itália, em 2007, às vésperas da crise, 10 famílias detinham a mesma riqueza que 3,5 milhões de pobres; hoje, com a crise atenuada, as mesmas 10 famílias detêm a riqueza de 6 milhões de pobres. No mesmo arco temporal, o patrimônio dos 10% mais ricos da Itália aumentou 72%, enquanto o dos 10% mais pobres caiu ainda mais, 62%. E esse aumento descarado da desigualdade, é preciso destacar, ocorreu enquanto se alternavam no governo inclusive partidos de esquerda.

Por que a concentração de riqueza reduz a demanda por trabalho?

Se 6 milhões de pessoas na Itália são obrigadas a consumir pouco ou nada, esse menor consumo reduz a oportunidade de produzir, e produzir menos significa ocupar menos trabalhadores. Por mais luxuosa que possa ser a vida das 10 famílias mais ricas, elas jamais poderão consumir o que consumiriam 3,5 milhões de pobres se seu poder de compra aumentasse. Esse efeito se torna exponencial se passarmos do nível nacional para o mundial: os 8 super-ricos de que falávamos poderão até comprar um punhado de casas de campo e de Ferraris cada um, mas jamais poderão comprar 3,6 bilhões de calças ou de sapatos.

Esse jogo cada vez mais desequilibrado entre demanda e oferta faz com que, enquanto cinquenta anos atrás se considerava desastroso um desemprego de 3%, hoje, aos poucos, estejamos habituados a um desemprego de dois dígitos. Mas isso é ruim, porque condena milhões de pessoas, sobretudo jovens, à insegurança e à infelicidade.

Já tratamos, ao falar da nova "espécie" – os digitais –, da mutação antropológica. Mas qual é o impacto da digitalidade no tempo livre?

A digitalidade tem um impacto inclusive nos gostos, na propensão à atividade intelectual em vez da física, e assim por diante. Nos próximos dez anos, vamos cada vez mais teleaprender, teleamar, nos teledivertir, teletrabalhar. Ou seja, faremos cada vez mais coisas que independem do tempo e, graças à nuvem, também do espaço.

Mas também nos acostumaremos cada vez mais à ausência de privacidade. Hoje, graças aos celulares, às câmeras instaladas em todos os lugares e à volatilidade dos dados, das imagens e das informações que damos de presente ao Facebook, ao Google, à Amazon, pode-se saber tudo ou quase tudo sobre nós. Além disso, estamos delegando às máquinas uma série de funções que exercemos e refinamos ao longo de toda a história humana: hoje é quase impossível esquecer algo, perder-se geograficamente, entediar-se, isolar-se. Tornou-se quase impossível até o adultério. O aumento dos digitais e o progressivo desaparecimento dos analógicos faz com que tudo isso se torne uma sociedade concreta.

No mundo do trabalho, a penetração da informática segue o ritmo dado pela relação entre o progresso tecnológico e a idade das pessoas. Volto a propor os cálculos de que já falamos: em 2030, quem nasceu no mesmo ano que a Microsoft terá 55 anos; quem nasceu com a Web terá 39; quem nasceu com o Google terá 33; quem nasceu com o Skype, 27; quem nasceu com o Facebook, 26; quem nasceu com o Twitter, 24. Conforme essas levas de digitais chegam ao mercado, o trabalho se digitaliza. Prevê-se que a inteligência artificial substituirá o trabalho intelectual com uma velocidade muito maior do que aquela com que a máquina mecânica e depois a eletromecânica substituíram o trabalho operário. Entre 2016 e 2025, o faturamento ligado à inteligência artificial passará de 1 bilhão para 38 bilhões de dólares.

E ainda há, é claro, a economia: daqui até 2030, o PIB mundial terá crescido cerca de 160 vezes em relação ao atual.

Como podemos dar concretude a essa sigla – PIB – que, misteriosa, governa nossas vidas?

Imagine que sua casa seja o mundo: você terá 160 vezes mais coisas ou dinheiro do que tem hoje. Mas, uma vez mais, não basta saber quanto o PIB vai crescer: é preciso entender quem se apropriará dele. Em 2017, por exemplo, ele cresceu 3,5% em relação ao ano anterior, mas quatro quintos dessa imensa riqueza produzida por bilhões de trabalhadores foram parar no bolso de apenas 1.200 super-ricos.

Quais são as consequências dessa aceleração do progresso e da riqueza mundial sobre o trabalho?

Como vimos, o progresso tecnológico e a produtividade crescem em velocidade exponencial. Mas o efeito conjunto da Lei de Moore, do reconhecimento de voz, das plataformas de software, da nanotecnologia, da robótica, da inteligência artificial comporta o que alguns chamam de *jobless growth*, ou seja, o "crescimento sem emprego". É certo que, se com a introdução de um robô se destroem dez postos de trabalho de torneiro, poderão, sim, nascer outros postos de trabalho, mas serão menos de dez e não serão de torneiro: exigirão uma preparação diferente que, por sua vez, requer tempo e dinheiro. Se você demite um torneiro e precisa de um astronauta, não vai conseguir fazer a troca de um dia para o outro.

A China está se tornando a maior fábrica do mundo, enquanto a Índia se torna o maior escritório do mundo. E, apesar de sua abundância de mão de obra, os dois países estão acelerando a robotização das fábricas e a automação dos escritórios porque, por menor que possa ser o custo do trabalho, um robô sempre custa menos que um trabalhador, não precisa de pausas para as necessidades físicas, não faz reivindicações salariais, não precisa descansar ou dormir, tem um rendimento uniforme, não tem direito a férias nem a décimo terceiro.

Qual é o sentimento com que o indiano vive seu trabalho no call center? Realização ou, como para os nossos jovens graduados que até agora realizaram o mesmo trabalho, frustração?

Na Índia, o PIB per capita é de 1.593 dólares; na Itália é de 30.532 dólares. Não tenho dúvidas: se para um jovem do sul da Itália trabalhar em um *call center* é considerado uma sorte, com mais razão um colega da mesma idade em Bangalore considera uma promoção social.

Isso nos leva a outro tema do qual se ouve muito falar, o da deslocalização. Com base em que critério ela ocorre?

Os critérios são diversos: diferença de custo do trabalho, disponibilidade de matérias-primas, proteção sindical, facilitações burocráticas, paz social e produtividade. Por produtividade, conforme a velha fórmula do engenheiro Taylor, entende-se a relação entre a quantidade de produto e a quantidade de tempo necessário para produzi-lo. Uma fábrica que produz cem automóveis em uma hora é mais produtiva que uma fábrica que produz cem automóveis em duas horas.

Enquanto na sociedade industrial a grande distinção era entre países produtores de matérias-primas e países transformadores de matérias-primas por meio das fábricas, na sociedade pós-industrial criou-se uma tripartição. O Primeiro Mundo compreendeu que lhe convém priorizar a concepção em vez da produção. Por isso, privilegia a criação de informações, histórias, imagens, estéticas. Uma vez concebidos os produtos, patenteia as ideias, que depois serão executadas nos países emergentes ou no Terceiro Mundo. As fábricas nas quais se criam ideias são as universidades e os laboratórios. É esse o campo no qual os Estados Unidos, com seu Vale do Silício e sua área de Boston, são a verdadeira vanguarda do mundo, seguidos por alguns distritos da Suécia e da Alemanha, da China, da Índia e do Japão, bem como pelo CERN, de Genebra.

O primeiro mundo tem interesse em produzir ideias em seus *campi* assépticos, deslocando a produção para as fábricas dos países emergentes, porque as fábricas rendem menos e poluem mais. Atrás de cada produto da Apple está escrito em caracteres minúsculos: "*Designed in California by Apple. Assembled in China*".

Depois vem o Terceiro Mundo, que fornece matérias-primas e braços a baixo custo, dependência política e bases militares em troca da própria sobrevivência econômica.

Que outras grandes transformações o mercado de trabalho sofreu?

Uma mudança importante refere-se ao maior deslocamento do trabalho do setor agrícola para o industrial e do industrial para o de serviços, que agora já responde pela maior fatia em quase todos os países do mundo. Daniel Bell identificou justamente a prevalência dos serviços como o traço distintivo da sociedade industrial, constatando que, em 1955, os trabalhadores do setor terciário nos Estados Unidos superavam pela primeira vez os da agricultura e da indústria juntos. Na Itália, isso ocorreu em 1973. Os trabalhadores do setor de serviços eram 25% em 1951 e hoje são 70%.

Em menor medida, dentro das empresas, o que aconteceu?

Simplificando, as máquinas substituíram os operários e os computadores substituíram os funcionários do escritório. Hoje, na Itália, há cerca de 23 milhões de pessoas trabalhando, das quais 18 milhões são contratadas. Somente um terço é composto por operários; outro terço é composto por funcionários administrativos e mais um terço por gestores, dirigentes, profissionais liberais e empresários.

Se visitarmos qualquer local de trabalho, seja uma fazenda, uma fábrica ou um shopping center, perceberemos que, onde antes fervilhava uma massa de trabalhadores braçais e os intelectuais eram uma exígua minoria, agora há poucas pessoas, e estas trabalham com a cabeça, não com as mãos, auxiliadas por computadores e robôs.

As transformações tecnológicas e organizacionais que estão por vir corroerão ainda mais o trabalho operacional? Exigirão, porém, mais criatividade?

O trabalho dos operários e dos funcionários administrativos, que podemos considerar operacional, será aquele no qual a substituição de pessoas por máquinas avançará mais rápido. As tarefas criativas serão atacadas pela inteligência artificial, mas ainda diminuirão bem menos que as operacionais. Portanto, tudo leva a pensar que, daqui a uns vinte anos, metade de toda a força de trabalho será composta por trabalhadores criativos, 25% por funcionários administrativos e a quarta parte restante por operários e trabalhadores braçais.

Essa transformação implica uma completa revolução mental: quase toda a organização herdada da época industrial era centrada na força de trabalho operária, no aperfeiçoamento das técnicas de programação e de controle, enquanto as atividades criativas, das quais se espera a produção de ideias, são mais sujeitas a imprevistos, menos programáveis e tão mais produtivas quanto mais motivados estiverem os trabalhadores.

Em que se diferencia a organização das equipes criativas da organização da fábrica?

Excluindo-se alguns setores como o têxtil, na maioria das fábricas havia uma prevalência clara da mão de obra masculina. Já nas atividades criativas de hoje, as mulheres são cada vez mais numerosas, e em alguns setores, como design e moda, já predominam.

Enquanto as tarefas operacionais podem ser circunscritas em um horário preciso, as atividades criativas tendem a espalhar-se pelas 24 horas do dia: se precisa escrever um artigo, você pensa nele mesmo quando está tomando banho ou no cinema; até enquanto dorme, uma parte do seu cérebro continua pensando, e as ideias mais brilhantes podem vir durante um cochilo. Nas atividades criativas, a quantidade e a qualidade do produto não dependem da severidade do controle exercido pelo chefe, mas da motivação interior do profissional criativo. A porta da criatividade, como a da aprendizagem, é fechada por dentro.

Muitos trabalhos criativos podem ser realizados em qualquer lugar, tanto no escritório como em casa ou no bar, e se assemelham de modo surpreendente ao que chamo de "ócio criativo". Com esse termo não quero dizer preguiça, *dolce far niente*, matar o tempo; quero dizer um híbrido no qual convivem trabalho, brincadeira, curiosidade e aprendizado. Quando, trabalhando, aprendo e me divirto, estou fazendo ócio criativo. Isso é possível nas atividades artesanais e intelectuais; não é possível nas tarefas maçantes, repetitivas, sujeitas a um controle fastidioso.

Até hoje as máquinas mecânicas, eletromecânicas e digitais tiraram empregos dos operários e dos funcionários de escritório; a partir de agora, a inteligência artificial tirará o emprego dos trabalhadores criativos, substituindo-os por completo ou em parte na pesquisa de documentação de base, na análise dos problemas, na identificação de patologias e de soluções alternativas. Chegará até a tomar decisões em seu lugar e a resolver problemas com demonstrações incompreensíveis para o ser humano.

Esperemos que o tempo assim liberado seja usado, por quem escreve um livro ou um artigo, para aprofundar o tema e encontrar um ponto de vista original... Então, em sua opinião, estamos caminhando para um mundo – alguns o definirão como utópico, outros como distópico – que banirá o trabalho humano?

Quando as primeiras fábricas economizaram mão de obra introduzindo teares mecânicos, esses teares imediatamente pareceram ameaçadores para os níveis de emprego, e os "luddistas"[6] destruíram centenas deles

---

[6] Partidários do luddismo, movimento que se alastrou pela Inglaterra desde o início do século XIX. Visava à destruição da máquina, responsabilizando-a pelo desemprego

para evitar o desemprego tecnológico. Já o automóvel e a locomotiva substituíram sobretudo os cavalos, e quase não se percebeu seu efeito no desemprego de cocheiros e ferradores, porque estes foram logo substituídos, sem reciclagens particularmente longas e complexas, por motoristas, mecânicos, manobristas e, nas ferrovias, por maquinistas, chefes de estação, ferroviários e técnicos de manutenção. Ao final desses processos, depois de uma fase de doloroso desemprego, os novos postos criados foram muito mais numerosos que os velhos postos de trabalho destruídos. O advento das máquinas mecânicas e eletromecânicas, que num primeiro momento tinha levado a temer o fim do trabalho, revelou-se, em vez disso, um grande multiplicador deste.

A mesma coisa, segundo muitos economistas, ocorrerá daqui em diante com a introdução das máquinas digitais e da inteligência artificial. Depois da onda atual de desemprego tecnológico, as novas tecnologias provocarão o nascimento de atividades hoje imprevisíveis, que empregarão muito mais pessoas do que as que agora foram expulsas do mercado.

Esses economistas elaboraram uma estratégia neoliberal para fazer frente ao desemprego tecnológico durante todo o período transitório em que preveem ter de enfrentá-lo. A estratégia consiste na flexibilidade: os empresários devem ser deixados livres para contratar e demitir com base em suas necessidades; os trabalhadores devem renunciar para sempre à ideia de posto fixo e preparar-se para a frequente alternância entre emprego e desemprego, estabilidade e trabalho precário. A sociedade, por sua vez, deve acolher como completamente normal a precarização das massas, as quais se convencerão a aceitar essa nova ordem sem se rebelar, manipuladas pelos meios de comunicação, que as colocarão diante de um estado de coisas descrito como irrefreável e o único possível.

Quem pertence a essa linha de pensamento econômico considera que os indivíduos, assim como as comunidades, devem saber criar o trabalho, inovando com a participação de empresas, universidades, autoridades locais, e criando políticas ativas, isto é, bolsas para o sustento dos jovens que estudam determinadas matérias em vez de outras, fazem

---

e pela miséria social nos meios de produção. O nome do movimento deriva de Ned Ludd, um jovem que, em 1779, teria destruído um tear em protesto. (N.E.)

especializações, etc. Naturalmente, sustentam esses economistas, será produzida uma polarização: de um lado, as pessoas não instruídas e não digitalizadas, que poderão apenas trabalhar lavando pratos; do outro, uma elite cada vez mais culta, capaz de desempenhar aquelas funções.

Os economistas, juristas e cientistas políticos fiéis a essas teses tiveram a possibilidade de traduzi-las em leis e normas, condicionando todo o mercado de trabalho e iludindo antes de tudo a si mesmos acerca da validade de suas teorias e de suas práticas. Ainda hoje, a maioria dos economistas tende a essa hipótese que agrada os governantes, ainda que, ano após ano, seu percentual diminua devido aos resultados desastrosos que provam sua falta de fundamento.

Quem discorda dessa tese?

A maioria dos sociólogos – eu inclusive – sustenta que existe uma clara, profunda, inequívoca diferença entre aquelas máquinas barulhentas, estrondosas, mastodônticas que dominam a fábrica industrial e esses aparelhinhos miniaturizados, silenciosos, rápidos como a luz e precisos como o laser, que já facilitam ou substituem todo tipo de trabalho, onde quer que ele seja realizado: nas empresas, nas casas, nos trens, nos aeroportos.

Pensadas por poucas centenas de engenheiros no Apple Park de Cupertino e produzidas por poucos milhares de operários na Foxconn de Shenzhen, essas máquinas não substituem apenas trabalhadores em Cupertino e na China, mas em todo o mundo, e não desempenham uma única função, mas centenas de funções para as quais foram programadas "de nascença", além de infinitas outras, possibilitadas por infinitos apps. Um app, por sua vez, pode ser criado por uma equipe de técnicos ou por um único inventor, talvez um estudante geniozinho, fanático por informática; pode ser adquirido gratuitamente por qualquer um e pode substituir inúmeros trabalhadores. Eu, por exemplo, acabei de instalar um aplicativo que transforma meu smartphone em um scanner, jogando na sarjeta as empresas que produzem scanners, aquelas que os transportam e aquelas que os vendem.

A realidade é que as novas tecnologias geram trabalho, mas não postos: o rapaz que inventa um aplicativo muitas vezes não ganha dinheiro com ele, mas sua criação quase sempre contribui para erodir o trabalho. Com o Spotify no smartphone, você escuta qualquer música que desejar, contornando assim a produção, o transporte e a venda de discos: inventado em 2008 por garotos de uma *startup* sueca, eliminou mais postos de trabalho que os caixas eletrônicos, os quais, produzidos por uma empresinha com poucas dezenas de funcionários, só na Itália, na época, pôs na rua 3 mil caixas bancários.

Então a diferença entre as máquinas tradicionais e as digitais é de ordem quantitativa?

E qualitativa. Hoje, quem trabalha desempenha atividades diferentes daquelas de antes: consertar um computador é algo bem diferente de consertar um automóvel. Em muitos casos, por exemplo, requer o conhecimento de algoritmos. Em minha opinião, estamos diante de dois cenários possíveis...

Vamos tentar descrevê-los em sua evolução.

Hipótese 1: no curto prazo essas máquinas reduzem, sim, os postos de trabalho, mas no médio-longo prazo criam muitos mais e, portanto, não ocorre o temido desemprego tecnológico.

Aqui vale lembrar uma vez mais que, nesse meio-tempo, seremos um bilhão a mais na Terra, então, de qualquer forma teremos que criar, em relação a hoje, um bilhão de postos de trabalho a mais.

Mas vamos considerar válida essa primeira hipótese. E vamos prever que, dentro de dez anos, os postos de trabalho atingirão o número necessário. Nesse ínterim, porém, um grande número de pessoas ficará sem trabalho e terá de se reciclar, admitindo-se que tenha a atitude e a idade na qual valha a pena investir tempo e dinheiro com esse objetivo. Para evitar que, enquanto isso, nosso desempregado morra de fome junto com seus familiares, é necessário um sério programa de renda básica de cidadania. Por uma década, pelo menos, as leis orçamentárias terão de alocar a soma necessária para garantir a sobrevivência dos desempregados e o funcionamento de uma mastodôntica máquina organizacional de centrais de emprego para administrar toda a operação. Na Alemanha, onde essa máquina funciona, são 111 mil funcionários, e a soma gasta anualmente é de 12 bilhões. Já na Itália são 9 mil funcionários, a soma gasta para o funcionamento das centrais não passa dos 700 milhões e o resultado geral é desastroso.

E a segunda hipótese?

Hipótese 2: pouco a pouco, as máquinas devorarão, mais do que criarão, cada vez mais postos de trabalho. Longe de ser pessimista, essa é uma visão salvadora e vital. Supõe-se, com ela, que produziremos cada vez mais bens e serviços com cada vez menos trabalho humano. É esse o fenômeno que chamamos de *jobless growth*.

Mas é uma hipótese ou uma realidade confirmada pelos números? Vejamos o que aconteceu na Itália desde o advento da era industrial até hoje. Graças aos cálculos do economista Nicola Cacace, sabemos que em 1891 – data importante por ser o ano da encíclica *Rerum novarum,* oito anos após a morte de Marx – os italianos eram 40 milhões, e como na época se trabalhava 10 horas por dia e 6 dias por semana, eles trabalharam 70 bilhões de horas em um ano. Passa um século, estamos em 1991, e os italianos se tornaram 57 milhões, ou seja, 17 milhões a mais. Porém, agora se trabalha 40 horas semanais, de modo que eles trabalharam 60 bilhões de horas: 10 bilhões a menos em relação a 100 anos antes. Porém – eis a novidade –, graças às novas tecnologias e às novas formas de organização, produziram 13 vezes mais. Aos dados fornecidos pelo economista podemos acrescentar os mais recentes: hoje, passados outros 27 anos, somos 61 milhões, e em 2017 trabalhamos 40 bilhões de horas, produzindo 600 bilhões a mais que em 1991. Isso é "crescimento sem trabalho", não há o que fazer.

Uma vez que não paramos de inventar novas tecnologias e novos desenvolvimentos organizacionais, é muito provável, quase certo, que a tendência continuará, talvez até acelerando, também nos próximos anos. Se isso é concebível, então é preciso reprojetar nossa sociedade: antes de tudo, reduzindo a jornada de trabalho proporcionalmente ao aumento da produtividade; depois, redistribuindo a riqueza produzida, de modo que não se apropriem dela apenas os donos das máquinas; em seguida, educando as pessoas para o tempo livre, visto que este será cada vez maior e mais central em relação ao tempo de trabalho.

O plano A é aquele compartilhado e praticado pela Itália; o plano B é o preferido pela Alemanha. Portanto, temos dois exemplos comparáveis tanto em termos de como foram realizados quanto em termos dos efeitos que surtiram.

Vamos vê-los em detalhes.

Comecemos pelo modelo italiano, iniciado pelos governos de direita e continuado pelos governos de esquerda. Voltando aos dados já citados: hoje a Itália tem pouco mais de 23 milhões de pessoas trabalhando, das quais 18 milhões estão empregadas – em bancos, empresas, ministérios, órgãos administrativos, etc. – e 5 milhões são trabalhadoras autônomas. Entre aquelas que estão empregadas, 15 milhões são por tempo indeterminado e 3 milhões, isto é, 16% do total, por tempo determinado. Portanto, a precarização afeta 3 milhões de trabalhadores de um total de 23, e o desemprego atinge cerca de 11% da população ativa. Porém, na faixa etária entre 15 e 29 anos, se em 2001 a taxa era de 23%, agora está 10 pontos mais alta no norte e 20 no sul do país.

Sabemos que o desemprego é resultado do progresso tecnológico, do crescimento lento ou mesmo da recessão, do custo muito elevado do trabalho, da possibilidade de deslocalização, da falta de flexibilidade contratual, da escassez de políticas ativas, do horário de trabalho excessivamente longo e das horas extras. A Itália sofre de mais de um desses fatores. Vamos pegar a hora extra: é uma mania dos países católicos, da Itália à Espanha, ao Brasil, ao México; finalmente, foi banida no Japão.

O Japão é o único país que prevê o karoshi *– a morte por excesso de trabalho – nas estatísticas de mortalidade. Mas nas últimas décadas do século XX tem se falado com frequência da síndrome de* workaholic *também nos Estados Unidos e na Europa.*

Nesse aspecto, a situação se inverteu em comparação com os tempos de Marx. Naquela época, os operários trabalhavam duro 10 horas por dia, 6 dias por semana, 52 semanas por ano, enquanto os empregadores tinham seu tempo livre, seus passatempos e suas férias. O Chanceler de Ferro, Otto von Bismarck, dominador absoluto da política europeia por meio século, ficava em sua casa de campo três meses por ano.

Já os grandes executivos de hoje são assolados por uma irresistível obsessão alienante pelo próprio trabalho, pelo qual sacrificam vida pessoal, liberdade, crescimento cultural, diversão e descanso. Sergio Marchionne, CEO da Fiat Chrysler, morto aos 66 anos depois de acumular um patrimônio de 700 milhões de francos suíços ganhando por ano o equivalente a 1.012 operários da sua empresa, dormia 4 horas por noite, passava 40 horas por semana no avião e trabalhava outras 40 horas. Mesmo 76 dias antes de morrer, já plenamente consciente de seu destino, investiu 180 mil dólares na bolsa para adquirir um lote de ações da Philip Morris.

Elon Musk, CEO e presidente da Tesla e da empresa espacial SpaceX, com um patrimônio pessoal de 21 bilhões de dólares, em entrevista ao *New York Times* definiu como massacrante seu último ano, durante o qual trabalhou 120 horas por semana, transcorreu todas as 24 horas de seu aniversário de 47 anos trabalhando, passou 3 ou 4 dias consecutivos, dia e noite, nos escritórios da Tesla, e nunca tirou mais de uma semana de folga desde 2001, quando ficou em casa alguns dias porque estava com malária. As consequências desastrosas dessa vida insana obrigaram-no a abandonar o comando da empresa criada por ele mesmo.

Contagiados pelos patrões e pela alta administração, os gerentes e executivos, sobretudo na Itália e nos outros países de cultura católica, também tendem a ficar no escritório, sem ganhar nenhum adicional, por algumas horas a mais por dia, dando-as de presente a acionistas que nem conhecem e subtraindo-as da família, do tempo livre, da comunidade. O que é pior: fazendo isso, roubam postos de trabalho de milhares de desempregados.

Na Itália há 260 mil dirigentes que fazem em média 2 horas extras por dia, totalizando 114,4 milhões de horas anuais de trabalho. Como na Itália se trabalha 1.725 horas por ano, esses *workaholics*, que se consideram e se apresentam como heróis, na realidade roubam o trabalho de 66.319 desempregados.

Enquanto isso, os operários e os funcionários dos escritórios da Fiat Chrysler, assim como os da Tesla, são obrigados pelo cartão de ponto a entrar na empresa no horário exato – mas, graças ao mesmo cartão de ponto, saem 8 horas depois, trabalham só 5 dias por semana, emendam seus feriados e têm suas semanas de férias.

O que significou para a Itália, em termos concretos, optar pela hipótese de que a longo prazo a revolução tecnológica produzirá mais postos de trabalho do que desempregados?

No ano 2000, 57,1% dos italianos estavam trabalhando. Diante de um percentual tão exíguo e alarmante, a nata neoliberal, agora em uníssono com a elite da esquerda, implementou uma política ativa para combater a rigidez do mercado de trabalho e modernizá-lo a seu modo, anulando uma a uma as conquistas do Estatuto dos Trabalhadores de 1970, conseguidas pelo proletariado italiano em 40 anos de lutas. Com esse ímpeto restaurador impulsionado por um bloco de empresários, tecnocratas, sindicalistas, jornalistas, pensadores de esquerda e de direita, ex-socialistas, comunistas arrependidos, todos unidos pelo mito do crescimento, da concorrência, da globalização, do interclassismo, o ministro Bersani iniciou triunfalmente uma alegre temporada de privatizações. Em seguida foi promulgada a Lei Biagi,[7] desonerada a folha de pagamento, zerado o imposto regional sobre as atividades produtivas, instituídos, extintos e em parte restaurados os *vouchers* – vales usados para remuneração de trabalhos ocasionais –, introduzida a reforma trabalhista conhecida como Jobs Act – ou seja, uma série complexa de leis com as quais um governo de esquerda deu bilhões de presente às empresas, reduziu as garantias dos trabalhadores e dos sindicatos, aumentou o poder dos empresários e abalou profundamente a dignidade dos trabalhadores, abolindo o Artigo 18 do Estatuto de 1970, que os protegia contra a demissão ilegítima, injusta e discriminatória, e que a esquerda antes exibia orgulhosamente como seu carro-chefe simbólico.

Estamos falando de "governos de esquerda", mas na realidade vale especificar que os governos da última legislatura, Letta, Renzi e Gentiloni, eram governos de coalisão nos quais conviveram esquerda e centro-direita.
A taxa de emprego aumentou?

A Itália, que já teve o maior partido comunista do Ocidente e, sobretudo graças a ele, as conquistas sindicais mais avançadas, tornou-se o país europeu com a maior flexibilidade contratual no setor privado – agora

---

[7] Lei italiana de 24 de junho de 1997 que visava a combater o desemprego. (N.T.)

pode-se demitir qualquer um a qualquer momento –, com uma crescente flexibilidade também no setor público e com um custo do trabalho, incluindo os impostos, que, ao contrário do que continuam a afirmar os empresários, mal fica na média dos países europeus. Com custo mais alto que a Itália há Dinamarca, Bélgica, Luxemburgo, Suécia, França, Holanda, Alemanha, Áustria, Finlândia e Irlanda. Com custo menor, veja só, há Grécia, Portugal, Estônia, República Tcheca, Eslováquia, Croácia, Polônia, Hungria, Letônia, Lituânia, Romênia e Bulgária.

E o que produziram essas "políticas ativas" que entregaram bilhões ao consumismo, despedaçaram o poder sindical, sucatearam a esquerda, envenenaram o clima social, provocaram conflitos e greves sem trégua, deixaram patologicamente baixa a produtividade? Em 2001, como eu disse, tínhamos 57,1% de empregados; hoje mal subimos para 58,4%. E esses 58,4% incluem muito mais precários que antes. Os trabalhadores com contratos temporários, que em 2016 eram 3,5 milhões, um ano depois eram 4,4 milhões, enquanto os contratados por tempo indeterminado caíram 5%.

E o que fez a Alemanha, em vez disso, seguindo o que estamos chamando de "plano B"?

O plano B compreende a participação dos trabalhadores na gestão da empresa, uma ótima relação com os sindicatos, a redução gradual da jornada de trabalho, com preservação da remuneração, proporcionalmente à introdução de novas tecnologias e ao aumento da produtividade.

Cresce a produtividade e, por consequência, diminui a jornada de trabalho?

É um pouco mais complicado que isso. Dou um exemplo que vale a pena relatar em detalhes. Há muitos anos a jornada oficial de trabalho na Alemanha é de 35 horas, mas em 2004 a Volkswagen, para não demitir uma parte dos operários tornados dispensáveis pelas novas tecnologias, chegou a um acordo pelo qual alterou provisoriamente a jornada semanal para 28,4 horas e, como redução do salário, limitou-se a não pagar o décimo terceiro. Agora, a 14 anos de distância, o sindicato IG Metall firmou (sem uma hora sequer de greve) um acordo-piloto com as empresas metalúrgicas de Baden-Württemberg, envolvendo um total de 900 mil trabalhadores. A região, que tem Stuttgart como capital, abriga as maiores fábricas metalúrgicas alemãs, incluindo a Porsche e a Mercedes-Benz. Geralmente, os acordos firmados em um estado alemão acabam se estendendo para todo o setor – no nosso caso, bem uns 3,9 milhões de metalúrgicos.

O acordo implica uma extraordinária inteligência sociológica: na verdade, não envolve todos os trabalhadores, mas só aqueles que têm uma necessidade maior de tempo livre para cuidar dos filhos ou para resolver outros problemas familiares. Como os metalúrgicos são predominantemente homens, a coisa adquire também um outro significado: o de estimulá-los a dividir os afazeres domésticos e sentir-se pessoalmente interessados, como as mulheres, na conciliação do tempo de trabalho com o tempo de vida pessoal.

As 7 horas semanais a menos serão compensadas com uma redução salarial ainda a definir, mas, enquanto isso, o acordo prevê que todos os trabalhadores, reduzindo ou não o horário, terão um aumento salarial de 4,3% e dois bônus anuais: um de 100 euros e um de 400 euros.

Que reflexões a comparação entre o plano A adotado na Itália e o plano B adotado na Alemanha sugere?

A comparação deixa algumas perguntas em aberto: a que se deve essa diferença tão marcante entre a produtividade de um trabalhador italiano e a de um trabalhador alemão? Somos mentalmente mais estúpidos ou ignorantes ou preguiçosos? Somos fisicamente mais fracos ou enfermos? Somos socialmente mais conflituosos? Nosso parque tecnológico é obsoleto? A organização das nossas empresas é inadequada? É tudo culpa do "sistema-Itália"?

Vamos tentar responder. De Masi, o que acha?

Com certeza, a Itália deveria a jornada de trabalho, como a Alemanha fez. Poderíamos começar transformando algumas horas de trabalho em horas de formação. Não é possível que um trabalhador italiano trabalhe 20% a mais que seu colega alemão, produza 20% a menos e, por consequência, ganhe 20% a menos. Definitivamente, as empresas italianas precisam melhorar sua produtividade e, ao mesmo tempo, os salários dos operários e funcionários. A produtividade depende da riqueza intrínseca dos produtos fabricados, das tecnologias utilizadas, da organização adotada, da motivação que se consegue obter dos empregados e das condições contextuais. Na Alemanha, os trabalhadores, participando da gestão da empresa, são corresponsáveis pela produtividade; na Itália, onde a gestão é prerrogativa absoluta da direção da empresa, é sobretudo a ela que deve ser imputada a baixa produtividade.

Então, quando se reduz a jornada de trabalho, é necessário reduzir também o salário?

O salário não depende de quantas horas se trabalha, mas de quanto se produz. Se, reduzindo o horário, se produz a mesma quantidade de bens ou serviços, o salário também deve permanecer inalterado. Se, adotando máquinas mais potentes ou sistemas organizacionais mais eficientes, consegue-se produzir mais bens e mais serviços em menos tempo, então o salário deve aumentar.

Quando o trabalho não consiste na produção de parafusos, mas na produção de ideias, é muito provável que, quanto menos horas se gaste entre as quatro paredes de um escritório, mais ideias se tenha.

Antes de concluir, vamos comparar, em números, os resultados da Itália e da Alemanha.

É para já. Na Itália, como vimos, trabalha-se em média 1.725 horas por ano; o PIB per capita é de 30.532 euros; a taxa de emprego é de 58,4%; o desemprego está em 10%; e nos primeiros três anos após a graduação, apenas 52% dos formados conseguem emprego.

Na Alemanha trabalha-se 1.371 horas por ano; o PIB per capita é de 41.700 euros; a taxa de emprego é de 79%; o desemprego está em 3,8%; e 93% dos graduados consegue trabalho nos primeiros três anos.

Se dividíssemos o nosso montante de horas anuais de trabalho, que é de cerca de 40 bilhões, por 1.371, como na Alemanha, teríamos a maravilha de 6 milhões de postos de trabalho a mais. Isso no plano dos números. No entanto, permanecem em aberto dois problemas.

E quais são?

Ouve-se repetir o tempo todo que o emprego só crescerá quando se retomar o crescimento econômico. Porém, ainda que o crescimento fosse rápido e robusto, nada garantiria que os empresários, dispondo de mais capital, investiriam na contratação de novos trabalhadores. É, aliás, muito mais provável que comprassem novos robôs e novíssimos dispositivos de inteligência artificial, de modo que o crescimento, longe de se traduzir em mais empregos, acabaria lançando um número crescente de desempregados na sarjeta.

O segundo problema foi apontado por Keynes já no seu famoso ensaio de 1930 intitulado "Possibilidades econômicas para nossos netos". Keynes previa que, dado o crescente progresso tecnológico, para evitar que seus netos – ou seja, justamente os jovens que entrarão no mercado de trabalho em 2030 – fiquem desempregados, será necessário reduzir drasticamente a jornada de trabalho, fazendo com que o pouco trabalho que ainda resta seja distribuído entre o maior número possível de pessoas. "Turnos de 3 horas ou 15 horas semanais de trabalho podem afastar o problema por um bom tempo."

Vamos fazer alguns cálculos rápidos. Em 2030, a vida média será de 90 anos, o equivalente a 788.400 horas; então, um jovem de 20 anos terá diante de si 70 anos de vida, o equivalente a 613 mil horas. Se se adotasse a jornada de 15 horas semanais proposta por Keynes, equivalente a 660 horas anuais, e se nosso jovem trabalhasse por 45 anos, ele teria que dedicar ao trabalho apenas 29.700 horas. Se dedicasse 255.500 horas ao que os ingleses chamam de *care*, ou seja, ao sono e aos cuidados com o corpo, restariam bem 328 mil horas (o equivalente a 37 anos) de tempo totalmente livre.

Nesse ponto surgem, porém, questões do tipo: como evitar o tédio e a depressão? Como crescer intelectualmente? Vai aumentar a violência ou a paz social? O que fará a diferença será o nosso nível de cultura e de curiosidade intelectual. Será preciso nos formarmos para o tempo livre, já desde hoje, mais do que estamos acostumados a nos formar para o tempo de trabalho.

E assim, fechando o círculo, cumpre-se a profecia de Keynes: "Pela primeira vez desde sua criação, o homem ficará diante de seu verdadeiro e constante problema: como usar [...] o tempo livre, que a ciência e os juros compostos lhe terão proporcionado, para viver com sabedoria, agradavelmente e bem".

Medo
e coragem

Uma palavra entrou no nosso vocabulário nas últimas temporadas e nos acompanhará no futuro próximo: "percepção". Agora é de praxe que até nas previsões meteorológicas seja mencionada, além dos dados reais, a sensação térmica, que é a temperatura "percebida". Nos últimos turnos eleitorais, porém, a "percepção" também passou a ter, pela primeira vez, o peso de um fator imprescindível para a política: à "insegurança percebida" pelos cidadãos foi conferido o mesmo status – papel e dignidade – dos números do ISTAT sobre o desemprego. À "percepção" – essa esfera fantasmática do viver – está vinculado um dos grandes sentimentos sociais: o medo. Ou melhor, com letra maiúscula: o Medo. "O medo passou a ser uma pedra angular do discurso público italiano, um pilar da nova política" observou Ezio Mauro. Assim é hoje, e é difícil que deixe totalmente de ser assim no nosso futuro próximo...

Tentemos analisá-lo: onde nasce o Medo? E sob que formas se apresenta?

O medo é efeito e causa da desorientação. Como é óbvio, além do medo que vem da desorientação, há outros que derivam de fatores mais concretos. A pessoa que tem câncer não está desorientada: está terrivelmente amedrontada por uma doença mortífera que muitas vezes leva a óbito.

Mas aqui estamos falando de um sentimento de medo diante do mundo: como "percepção" do nosso habitat.

Hoje pensamos que a novidade consiste na "percepção", mas é o contrário: entre realidade real e realidade percebida, nova e recente é a primeira, porque, no passado, sem dados estatísticos e sistemas de informação tendentes à precisão, a realidade de que se falava era toda percebida, toda imaginada. Durante milênios, as aproximações prevaleceram sobre a precisão, e as convicções se formaram não com base em dados seguros e gerais, mas na limitadíssima experiência direta e imediata, amplificada pelo "ouvir dizer", pelos estereótipos, pela fragilidade humana.

Quando ocorreu a virada?

O discurso seria longo, vou tentar sintetizá-lo. A sociedade industrial, que começou a se concretizar no final do século XVIII, foi preparada pelo Iluminismo e, ainda antes, por aquela grande revolução mental que se deveu a Bacon, na Inglaterra, Descartes, na França, e Galileu, na Itália. Mais tarde, Alexandre Koyré, historiador da ciência e filósofo francês falecido em 1964, identificaria nessa revolução mental a nossa passagem do mundo da aproximação para o universo da precisão.

Como se sabe, algo inexplicável impediu que o mundo clássico grego e romano realizasse progressos científicos e técnicos iguais aos que soube fazer em literatura, filosofia e arte. Segundo Platão e Aristóteles, tudo o que deveria ser descoberto para melhorar as condições práticas e a vida material dos homens livres já havia sido descoberto. Para os trabalhos desagradáveis, tediosos e degradantes, não havia necessidade de máquinas: bastavam os escravos. Todos os demais tinham um único dever: dedicar-se ao progresso do espírito e à felicidade da pólis.

Isso é impressionante. Como um povo tão culto e refinado deu tão pouca importância ao avanço tecnológico?

Não sabemos ao certo. No entanto, valeria a pena descobrir, pois essa questão, invertida, também diz respeito aos homens do segundo milênio. Por que – devemos nos perguntar hoje – damos tanta atenção ao progresso material e ao universo da precisão e negligenciamos tanto tudo o que diz respeito ao progresso do espírito e ao mundo das aproximações? Como e por que o atual desenvolvimento técnico não é acompanhado de um desenvolvimento paralelo da convivência civil e da felicidade humana? Como e por que milhões de trabalhadores, por fim libertos do embrutecimento físico, dotados de máquinas extraordinárias encarregados de tarefas intelectuais, muitas vezes até agradáveis e bem remuneradas, ainda vivem sua condição como estressante e insuportável? Como e por que a conquista da precisão se transformou em obsessão com pontualidade, produtividade a todo custo, competitividade, prazos, controles, avaliações, comparações? Como e por que o progresso material não se traduziu em uma qualidade de vida muito melhor do que a atual?

No entanto, durante milênios a humanidade viveu sob a égide das aproximações, do misterioso, do mágico, impotente perante pestes, raios, invasões, considerados inevitáveis de modo fatalista. A esfera emocional e a fantasia ajudaram a sobreviver em meio a tanta desgraça, preencheram como possível as lacunas deixadas pela esfera racional e explicaram acontecimentos naturais e históricos por meio de conjecturas de natureza fantasiosa, teológica, mítica e poética. Quase sempre, aquela entidade misteriosa que era o destino gerava mais medo do que esperança.

O medo que, por exemplo, acompanhou a virada do século no ano 1000?

A referência a esse acontecimento e a comparação com ele é particularmente útil para nos contextualizar historicamente e redimensionar os medos de nossos dias. Todos os seres vivos atuais de certa idade, inclusive eu, tiveram a sorte de passar, na véspera do Ano Novo entre 2000 e 2001, não só de um século a outro, como aconteceu, por exemplo, do século XVIII para o XIX com Napoleão e Beethoven, mas também de um milênio a outro, como César Augusto, que governava Roma quando Jesus Cristo nasceu, ou Otto III, que no ano 1000 regia o Sacro Império Romano-Germânico.

À medida que se aproximava o fim do século XX, por hábito, por brincadeira ou por ritual supersticioso, muitos expressaram algum receio de hipotéticos desastres que poderiam marcar a noite de 31 de dezembro de 1999, mas, na verdade, nada de inquietante aconteceu e não houve comportamentos desvairados ou desesperados como os que costumam ser atribuídos aos nossos antepassados do ano 1000. Ao contrário, as televisões do mundo inteiro mostraram praças transbordantes de multidões desenfreadas, que encontravam em uma data tão excepcional a desculpa para entregar-se, ébrias de champanhe e prazeres sensuais, a festejos igualmente excepcionais. Isso não significa que, daqui a alguns séculos, nossos descendentes não possam inventar e contar com abundância de provas fantasiosas, mas que passarão por verdadeiras, que nós, aterrorizados pelas premonições, nos entregamos a êxtases místicos e penitências masoquistas.

Foi exatamente o que aconteceu com o ano 1000, que, afinal de contas, foi um ano como outro qualquer. Oito séculos mais tarde, contudo, no período romântico, inventaram que nossos antepassados distantes temiam tanto o fim do mundo que se flagelavam até sangrar para salvar suas almas. Então, a ideia de que o ano 1000 foi recebido com terror é uma *fake news* criada *a posteriori*. Um dos maiores historiadores da Idade Média, Georges Duby, encarregou-se de desmascarar esse rumor e descobriu que só um ou outro macilento padre parisiense delirava sobre o fim do mundo. O monge da abadia de Saint-Benoît-sur-Loire, que relata essa notícia, acrescenta, de forma lapidar: "Esses padres são loucos".

O medo do ano 1000, conforme se verificou historicamente, amplificava a efetiva dificuldade da vida naquela época?

É provável: todo medo tem um ponto de apoio, mesmo se fraco e remoto, na realidade. Enquanto hoje vivemos com medo de ser aniquilados por um conflito nuclear, que, contudo, depende do homem, no final do primeiro milênio os seres humanos viviam com medo de ser destruídos pela natureza, que não depende de nós. Inundações, raios, epidemias, fome causada por granizo, chuva e gafanhotos são calamidades que, muito mais do que hoje, independiam da intervenção humana.

Quatro séculos antes do ano 1000, Gregório Magno já descrevia assim a situação que tinha diante dos olhos: "Eis aqui cidades despovoadas, castelos destruídos, igrejas incendiadas, mosteiros de homens e de mulheres devastados, campos arrasados, agora sem ter quem os cultive, lugares antes habitados pelo homem hoje reduzidos a desertos sem dono, a refúgio de feras. O que acontece nas outras partes do mundo, não sei. Mas aqui onde vivemos, o mundo, mais que anunciar seu próprio fim, já nos faz vê-lo". Nenhuma pessoa em sã consciência teria ousado sair de casa desacompanhada. Uma mulher sozinha na rua teria sido considerada uma instigação ao estupro, que, aliás, era bastante frequente. O marido podia matar a esposa a pauladas e ficar impune; um senhor podia ferir seu servo sem sofrer qualquer consequência legal.

Na Idade Média, a imensa maioria da população vivia no campo, absolutamente privada de serviços, devastada por secas e saqueadores, mas até nas cidades a sobrevivência era sempre ameaçada por epidemias, cercos, falta de higiene e tumultos. Escreve o historiador Sergio Ricossa: "Às cidades sujas, com ruas frequentemente não pavimentadas e ladeadas de esgotos a céu aberto, correspondiam casas em ruínas e superlotadas". E Georges Duby reforça: "As pessoas então viviam em um estado de privação material comparável à que hoje experimentam as populações mais pobres da África negra". O desdobramento sanitário de tudo isso é que, durante a Idade Média, mas também nos séculos subsequentes e até em nossos dias, alastravam-se as epidemias: basta pensar na inaudita virulência da peste negra que, no verão de 1348, exterminou um terço de todos os habitantes da Europa. É como se hoje, em apenas quatro meses, morressem 20 milhões de pessoas na Itália ou 200 milhões na Europa. Contudo, até mais recentemente, entre 1918 e 1919, duas pandemias sucessivas, chamadas de "gripe espanhola", infectaram mais de 500 milhões de pessoas no mundo, matando entre 50 e 100 milhões.

Portanto, na Idade Média o medo tinha uma base muito tangível: dependia de forma imediata da realidade. Mas a mente humana não se contentava com a dose de medo legitimada por acontecimentos objetivos: acrescentava-lhe o medo do inferno e a convicção de que os flagelos terrenos eram punição divina pelos pecados do homem. Em suma, os seres humanos sentiam, e ainda hoje sentem, necessidade de mistério, de acreditar no desconhecido para daí extrair motivos e pressentimentos de um medo mais incontrolável do que o provocado por causas concretas. Precisam de medo e, quanto mais ignorantes, mais são sujeitos a ele.

No ano 1000, a população do planeta era composta predominantemente de analfabetos. Como disse o Prêmio Nobel Amartya Sen, "o analfabetismo e a falta de noções básicas de cálculo são a causa direta de uma situação de vulnerabilidade. A incapacidade de ler e escrever, de fazer contas ou de se comunicar constitui, por si só, uma privação gravíssima. Se um indivíduo se encontra nesse estado por causa do analfabetismo e da falta de noções básicas de cálculo, não é considerado por nós apenas uma pessoa 'em risco', a quem algo terrível poderia acontecer, mas, instintivamente, uma pessoa a quem algo terrível já aconteceu".

Com base em todas essas condições objetivas, os românticos se consideravam autorizados a atribuir aos nossos ancestrais do ano 1000 comportamentos histéricos – estes, sim, totalmente inventados.

Que papel desempenhavam, na época, os preconceitos religiosos, políticos e raciais?

Decisivo: no início do século XIII, os judeus eram tratados como leprosos e obrigados a usar um distintivo, como na Europa nazista. Até mesmo São Luís respondia, a quem lhe perguntava se seria possível debater com os muçulmanos, com os judeus: "Com essa gente só um argumento funciona: a espada. Tem de enfiá-la nas tripas deles!".

Como e quando se percebeu a necessidade de passar ao uso da razão para analisar o presente e prever o futuro?

Como indiquei, foram o Iluminismo e a industrialização que colocaram a razão instalada em um trono, no qual reinou primeiro com otimismo e sabedoria, depois, pouco a pouco, com pessimismo e até tirania: a tirania da precisão, do "tudo programado", do "tudo sob controle".

Mas vamos proceder com ordem, pois sua pergunta a exige. Como já recordei, os gregos foram bloqueados por uma recusa mental que os impediu de conquistar as vantagens da precisão através da tecnologia. Segundo Koyré, os engenheiros gregos e romanos, assim como os sublimes como Ictino, Fídias e Vitrúvio, não entenderam como é importante potencializar e enobrecer a experiência e a destreza (*techne*) por meio da ciência (*epistéme*) para traduzi-las em tecnologia. Por isso, sua ação permanecerá pré-científica.

Para os atenienses, o maior obstáculo ao progresso técnico foi determinado pelo fato de adotarem uma abordagem diferente dos fenômenos físicos, conforme fossem celestes ou terrestres. Enquanto as esferas e o movimento das estrelas, absolutamente regulares, podiam ser descritos e calculados geometricamente no papel, o mundo sublunar – este mundo caprichoso e imperfeito no qual vivemos diariamente – furtava-se, segundo os gregos, qualquer lei e qualquer possibilidade de medição precisa. Era possível uma astronomia matemática, mas não uma física matemática. Aventurar-se no mundo da precisão significava invadir o espaço privilegiado dos deuses, entrando em uma competição blasfema com eles, passível de punição exemplar como as de Ícaro ou Prometeu. Renunciar ao metro e ao relógio, à rigorosa mensuração do movimento, do tempo, do espaço, ou seja, das dimensões em que se baseia a física moderna, significou renunciar ao próprio progresso tecnológico.

A quem se deveu o salto das aproximações, da conjectura, da superstição para a precisão, para a racionalidade, para a ciência?

Em um livro anterior, *Alfabeto da sociedade desorientada*, dedico todo um capítulo ao conceito de precisão: antes de Galileu, o fabricante de óculos não usava noções de física, por isso não era oculista, mas artesão; o aplicador de sanguessugas não usava noções médicas, por isso não era cirurgião, mas curandeiro; o ourives não usava nem balança nem termômetro, por isso não era químico, mas alquimista. Galileu, ao contrário, usa a física óptica para calcular teoricamente a espessura das lentes e a distância necessária entre elas; para ele, a luneta, antes de ser uma extensão dos sentidos, é uma construção do intelecto.

A existência de instrumentos precisos permitiu que os cientistas atingissem graus mais elevados de perfeição, transformando a técnica em tecnologia, que nada mais é do que ciência incorporada à técnica. O conjunto desses instrumentos, e a ciência a eles subjacente, trouxe pela primeira vez para a Terra a precisão que os antigos atribuíam apenas aos astros do céu. Além disso, ajudou a transformar profundamente a atmosfera global da sociedade, imprimindo aceleração e confiança à sua evolução. Nessas bases está alicerçado o progresso que, pouco depois, manifestará toda a potência da sociedade industrial, feita – escreve ainda um historiador da ciência como Koyré – de "instrumentos que têm a dimensão de oficinas e de oficinas que têm a precisão de instrumentos".

Como chegar à vitória, pelo menos teórica, da realidade verdadeira e real sobre a realidade suposta e percebida?

Foi o Iluminismo que desfechou um sério golpe no mundo das aproximações, que confiava totalmente em explicações fantasiosas e informações imprecisas. A era das Luzes representou a grande revolta do matematicamente assegurado contra o vagamente percebido. O principal instrumento dessa operação revolucionária foi a *Encyclopédie*, à qual Denis Diderot, coadjuvado por Jean-Baptiste d'Alembert e numerosos colaboradores excelentes, dedicou quinze anos de sua existência.

Esse empreendimento sobre-humano – 149.818 verbetes rigorosamente explicados em 20 milhões de palavras contidas em 18 mil páginas – visa a certificar, laica e cientificamente, o verdadeiro, o racional e o objetivo, para distingui-lo de uma vez por todas do falso, do vago, do religioso. Não é por acaso que os 21 volumes do *corpus* são acompanhados por 2 de pranchas gerais e 12 contendo 2.500 ilustrações "sobre as ciências, as artes liberais e as artes mecânicas, com as respectivas explicações". Jacques Proust, um dos mais argutos conhecedores dessa obra monumental, escreve que as *planches,* "vistas e lidas juntas, mostram o universo natural e o mundo dos artefatos criados e utilizados pelo homem em sua realidade, sem acrescentar nem subtrair nada". Na verdade, essas pranchas, longe de terem um propósito ornamental, pretendem apresentar as funções, formas e medidas precisas de todos os objetos representados – quer se tratasse de um tear ou de um coleóptero, de um instrumento cirúrgico ou de uma embarcação, de um laminador ou de uma tinturaria, de uma pedreira de ardósia ou de uma bomba hidráulica –, de modo a servir a um uso prático.

Toda essa operação cultural é efetuada para libertar o homem dos medos da ignorância, os mesmos que o impedem de crescer intelectualmente. "O Iluminismo", diz Kant em 1783, "é a saída do homem de um estado de menoridade pelo qual ele mesmo é responsável. Menoridade é a incapacidade de utilizar a própria inteligência sem ser guiado por outro."

No duelo entre ciência e percepção, a estatística cumpriu, em seguida, um papel importante. Alinhemos algumas datas: em 1834, por proposta de Lambert Adolphe Jacques Quételet, nasce a Statistical Society of London; no ano seguinte, o próprio Quételet publica dados sobre a estatura dos recrutas franceses e a medida do tórax dos soldados escoceses e reflete sobre as causas por trás daqueles números; em 1854, John Snow, médico britânico, combate a cólera graças a um primeiro estudo epidemiológico; em 1879, um italiano, Luigi Perozzo, desenha em forma de estereograma os dados dos censos da população sueca entre 1750 e 1875; por fim, em 1885, nasce o Instituto Internacional de Estatística. Antes de tudo isso, o que havia?

Os censos. Não houve povo – do sumério ao egípcio, do chinês ao judeu – que não tenha sentido a necessidade de recensear-se. Depois do mais famoso de todos, o do ano em que Jesus nasceu, os censos continuaram, de modo irregular e com o interesse cada vez mais voltado para os dados cadastrais coletados em função da tributação. Para ter verdadeiros censos conduzidos com todos os traços da cientificidade, será preciso esperar os realizados na Suécia e nos Estados Unidos a partir de meados do século XVIII.

Somando tudo, porém, percebe-se que há pouquíssimos dados estatísticos sobre o passado. O livro de Thomas Piketty, *O capital no século XXI* – fruto de numerosos anos de trabalho do autor e sua equipe –, é importante precisamente porque, entre outras coisas, reconstrói com paciência muitas estatísticas relativas à acumulação capitalista dos últimos séculos, como a que se refere às sucessões familiares.

Antes, então, só as histórias individuais eram conhecidas e podiam ser reconstituídas.

Quando se trata de personagens ilustres, não faltam biografias, mas estas muitas vezes são elogiosas, porque encomendadas pelas próprias pessoas descritas, sendo, portanto, pouco confiáveis. Para o comum dos mortais, uma preciosa fonte de informação são os registros paroquiais, onde estão escrupulosamente anotados os endereços, nascimentos, mortes, crismas, casamentos, etc. Isso nos permite reconstruir as árvores genealógicas, as tendências demográficas, as relações de parentesco entre pessoas de diferentes classes e assim por diante. Além disso, há os registros cadastrais, que fornecem preciosas informações econômicas e sociológicas.

Infelizmente, contudo, bastava um incêndio na casa paroquial ou na prefeitura para perder tudo. Aliás, o recente incêndio no Museu Nacional do Rio de Janeiro, que conservava documentos e relíquias de toda a história do Brasil, cortou com um só golpe as raízes antropológicas, políticas e sociológicas do país, deixando-o à mercê de fabulosas reconstruções históricas.

Em suma, a humanidade avançou durante milênios sem dados precisos e garantidos, obrigada a preencher as lacunas do conhecimento de base científica com conjecturas e estereótipos.

O fascínio do presumido e do "percebido" parece inelutável. A dois séculos e meio do Iluminismo, estamos na época dos chamados big data. *E no entanto aqui estamos, enfrentando o fenômeno das* fake news. *O que nos leva – nós, humanos – a preferir as mentiras à realidade?*

O ser humano continua a precisar do medo e, mesmo quando não há razões concretas para temer, constrói as fictícias, às quais se agarra como se fossem verdadeiras. O medo, repito, sempre tem uma causa, talvez insignificante e remota, porém precisa e demonstrada, à qual, no entanto, somam-se outras camadas de notícias inventadas de ponta a ponta, mas envoltas em alguma credibilidade e que, portanto, podem ser percebidas como verdadeiras. Mesmo se aquela causa remota fosse desmentida no nível racional por meio de provas irrefutáveis, o medo permaneceria, alimentado pelas causas fictícias que, sendo de natureza emocional, são refratárias a qualquer demonstração, por argumentos lógicos, de que houve falsificação. Por exemplo: era verdade que alguns judeus praticavam a usura, mas, com base nesse dado, foi construída a imagem do judeu congênita e universalmente usurário. Era verdade que Borromini era desequilibrado, e Caravaggio, brigão, mas, a partir de poucos dados desse tipo, o romantismo construiu o estereótipo de que o gênio só pode ser louco.

Hoje, então, a criação de "nuvens" inventadas, que partem de qualquer pretexto mínimo para a realidade e constroem um castelo de cartas, é estimulada ao infinito por multiplicadores como Facebook ou Twitter – simples, ágeis e onipresentes, abertos a todas as rápidas incursões e desvinculados de qualquer escrúpulo ético. Uma vez viralizada, qualquer notícia falsa se torna inexpugnável, e, quanto mais se tenta combatê-la com provas e demonstrações racionais, mais ela se fortalece. Assim se realiza o vaticínio dessacralizante de Nietzsche: "Não há fatos, apenas versões". O mundo se torna uma fábula, e as fábulas passam a ser a única coisa em que se acredita cegamente.

Daí o conceito de "pensamento fraco" que se difundiu há cerca de quarenta anos. O que aconteceu com essa linha de pensamento?

Os teóricos que elaboraram esse conceito – Jean-François Lyotard e Jean Baudrillard, na França; Robert Venturi, Denise Scott-Brown, Francis Fukuyama e Richard Rorty, nos Estados Unidos; Gianni Vattimo e Pier Aldo Rovatti, na Itália – argumentaram que o Iluminismo, o idealismo e o marxismo são grandes discursos já esgotados, que não existem mais ideologias capazes de legitimar o saber, que a mídia matou a realidade, que não existe mais diferença alguma entre conteúdo e embalagem, entre essência e aparência, entre significado e significante; que a história acabou, que a objetividade é um mito filosófico, que os fatos não são demonstráveis porque ninguém mais tem a autoridade necessária para certificá-los. Portanto, só restam interpretações ou, para dizê-lo de forma mais sutil, com Rovatti, "não há fatos nus e crus que nada tenham a ver com alguma interpretação". Essa é, de modo sintético ao extremo, a essência do pensamento pós-moderno, segundo o qual toda realidade é socialmente construída e infinitamente manipulável, motivo pelo qual a verdade não existe e sua noção é de todo inútil.

Você me pergunta que fim levou essa linha de pensamento. Há 3 mil anos que os filósofos continuam a lutar com a relação entre realidade e percepção. O triunfo do cientificismo e do racionalismo, a contribuição preciosa do Iluminismo e o progresso magnífico da tecnologia, por um lado, conferiram fundamento científico a algumas ideias e, por outro, demonstraram cientificamente que outras eram infundadas, mas nem por isso conseguiram reduzir nossas incertezas, crescentes à medida que se ampliava o horizonte de nossos conhecimentos.

Entre as elites intelectuais, essa inquietude gerou o pensamento pós-moderno; no nível da massa, está se traduzindo em populismo e regurgitações neofascistas, que conseguem fazer a ironia desdenhosa passar por raciocínio articulado, os desejos impossíveis, por objetivos alcançáveis, e as tentativas desesperadas, por ações heroicas.

O triunfo da interpretação sobre os fatos tem seu espaço privilegiado nos *talk shows* televisivos, nos quais todos são autorizados a falar sobre tudo com a mesma credibilidade, independentemente de suas competências, e ainda mais nas redes sociais, nas quais a incompetência pode ser conjugada com anonimato. Com a regra "uma pessoa, um voto", que prescinde de competência e experiência, a realidade se degrada, tornando-se *reality*, enquanto uma corja de vigaristas, armada de mídia e plataformas, pode manipular a maioria dos cidadãos ao subjugar suas consciências.

No turbilhão de interpretações sem fatos, os teóricos do pensamento fraco tinham a ilusão de que uma espécie de mão invisível faria, quase por encanto, com que as melhores interpretações vencessem, promovendo-as à dignidade de fatos.

Nos últimos anos, a dissociação entre opiniões e fatos parece estar sendo usada teoricamente para espalhar medo e obter consenso político. É inevitável nos perguntarmos a quantas anda o fenômeno na Itália.

Nós, italianos, somos campeões dessa dissociação. Mês passado, o Instituto Ipsos entrevistou 11 mil pessoas em vários países do mundo para entender até que ponto, em cada um deles, a percepção da criminalidade, do abuso de drogas, da corrupção e da saúde é distorcida em relação à realidade quantitativamente verificada pelos principais institutos nacionais de estatística. O resultado é que os italianos são os mais dissociados da Europa e ficam em décimo segundo lugar no mundo, precedidos apenas por países latino-americanos como Brasil, Peru, Colômbia, Argentina e México, ou por países orientais como a Índia e o Vietnã.

Hoje, na Itália, é lugar-comum dizer que estamos cheios de imigrantes. E se você perguntar "quantos são?", a pessoa que afirma isso vai responder "30% da população". Assim, o fato de 30% da população consistir em imigrantes torna-se tão "real" quanto o fato de que "todos os" italianos pensam assim. A realidade real é a atestada pelo ISTAT: os imigrantes são apenas 8%. Pergunte se os assassinatos aumentaram ou diminuíram nos últimos 15 anos, e lhe dirão que dispararam, ao passo que, na realidade, caíram 39%. Pergunte quantos detidos em nossas prisões são estrangeiros e responderão que mais de 48%, enquanto, na realidade, são 34%.

Uma pesquisa realizada no verão de 2018 por três professores de Harvard – Alberto Alesina, Armando Miano e Stefanie Stantcheva – para o National Bureau of Economic Research, com uma amostra de 23 mil cidadãos "nativos" da França, Alemanha, Itália, Reino Unido, Estados Unidos e Suécia, apurou que, em todos esses países, é comum a percepção de que o número de estrangeiros em seu território é o triplo do real e de que os imigrantes são muito menos instruídos do que na verdade são.

A operação conduzida pela presidência Trump no âmbito ecológico também se desenrola na dimensão fantasmática da percepção, ao atribuir a um plano maquiavélico dos chineses contra a indústria americana os dados sobre o aquecimento global que foram chancelados por quase todos os cientistas.

Qual é, se é que existe alguma, a diferença entre uma crença medieval e uma dessas "falsas verdades" atuais?

Como eu disse no início desta conversa, a novidade em relação aos séculos passados não está na distorção das percepções, mas no fato de que nós, modernos, ao contrário dos antigos, dispomos de fontes como o Eurostat e o ISTAT, que fornecem pontualmente informações coletadas e processadas com rigor metodológico.

Hoje, como nunca antes, essas informações estatísticas estão ao alcance de todos, e todos podem saber a real situação das coisas. No entanto, de fato hoje, como nunca antes, proliferam as *fake news*, que, graças à internet, tornaram-se instrumentos letais de desorientação de massa usados com toda a perícia necessária para que os destinatários indefesos mordam a isca. Se, no passado, a falta de informações corretas induzia a preencher o vazio com conjecturas e fazê-las passar por verdade, hoje não há desculpas nem atenuantes para os que constroem e espalham *fake news*: não se trata de brincalhões inconsequentes, mas de criminosos.

Como se constrói uma realidade percebida?

As *fake news* favoráveis a uma pessoa ou a um fenômeno se calam sobre seus aspectos negativos e inventam ou enfatizam seus aspectos positivos; as desfavoráveis calam sobre seus aspectos positivos e inventam ou enfatizam seus aspectos negativos. Um modo de enfatizar os julgamentos positivos é estendê-los arbitrariamente de um único caso a toda uma comunidade: já que dois gênios como Einstein e Freud eram judeus, eu digo que "os" judeus, ou seja, todos os judeus, são geniais. Ao contrário, como recordamos, São Luís colocava todos os muçulmanos em um único grupo a ser passado a fio de espada.

O ideal seria que a realidade e o percebido coincidissem perfeitamente, o que quase nunca acontece. O grau de discordância depende consideravelmente do nível cultural do indivíduo, do grupo e do país que nutre o estereótipo. Quanto maior a ignorância, mais se vive de estereótipos. Nem sequer uma sólida cultura, entretanto, garante plena liberdade em relação aos preconceitos: até mesmo um cientista como Niels Bohr, Prêmio Nobel de Física, era supersticioso.

A substituição da realidade verificada pelo cérebro por uma percepção sugerida pelas tripas leva os ponteiros da história de volta aos séculos que precederam Galileu e o Iluminismo: anula as vantagens asseguradas pelo progresso científico e tecnológico, torna os cidadãos vulneráveis a todos os autoritarismos, infantiliza-os e os embrutece.

Penso em uma reflexão recente de Renzo Piano: "Quero dizer com clareza que às vezes me parece que a tocha da ciência se extinguiu no nosso país, sua luminosa e reconfortante reivindicação de saber o que sabe e admitir não saber o que não sabe, sem fingir que sempre sabe tudo. Devemos restabelecer o valor da precisão científica, a reivindicação da ciência de ir ao fundo das coisas sem enveredar pelo terreno da opinião".

Agora que, nas previsões meteorológicas, a temperatura "percebida", ou sensação térmica, suplanta a real, agora que o termômetro da política registra em primeiro lugar medos e inseguranças dos eleitores, não importando se derivados de perigos reais ou imaginários, estamos voltando a uma fase pré-iluminista? Após dois séculos e meio de Luzes, outra vez nos refugiamos na escuridão?

Então a alfabetização em massa acabou não sendo uma barreira suficiente?

Sim, estamos em plena regressão decorrente tanto da astúcia dos que manipulam quanto da ignorância dos que não sabem, da preguiça mental dos que teriam o dever de saber, de apurar, de se informar corretamente e preferem, em vez disso, tomar os cômodos atalhos dos preconceitos. A cultura em sentido nobre tem como objetivo principal precisamente combater, de forma paciente, pontual e implacável, os preconceitos, as mentiras, as imprecisões, tudo o que chamamos de opinião pública, para reduzir os espaços do percebido e substituí-los pelo primado do indubitável, do demonstrado cientificamente.

As inimigas da racionalidade não são mais, como na Idade Média, a ausência de fontes autorizadas, a falta de meios de comunicação objetivos e, por sua vez, bem informados, a superstição e a centralização absoluta do poder monárquico no Estado e do poder papal na Igreja. Hoje os inimigos se assemelham aos que Tocqueville descreveu com grande perspicácia em sua análise quase anatômica da *Democracia na América,* mas, comparados com estes, os de hoje dispõem de novos instrumentos, muito mais capilares e eficazes, impossíveis de prever na época em que o grande sociólogo francês visitou o Novo Mundo.

O que Tocqueville escreveu?

Nunca me cansarei de citar – creio que o fiz na maioria dos meus livros – a passagem que Tocqueville escreveu em 1840, em uma França que recaíra na monarquia absoluta, refletindo retrospectivamente sobre os meses transcorridos uma década antes nos Estados Unidos e sobre as possíveis saídas para a democracia americana. Tenha em mente que aquela democracia era regulada por uma constituição iluminista e garantida por um presidente da república eleito pelos cidadãos.

A passagem em questão diz textualmente: "Se procuro imaginar o novo aspecto que o despotismo poderia ter no mundo, vejo uma multidão incalculável de homens iguais, voltados apenas para a busca de pequenos e vulgares prazeres com os quais satisfazer seus desejos. Cada um deles, mantendo-se à parte, é quase alheio ao destino de todos os demais [...]. Acima deles se eleva um poder imenso e tutelar, que se encarrega sozinho de garantir seu bem e velar por sua sorte. É absoluto, minucioso, regular, previdente e indulgente. Seria semelhante à autoridade paterna se, como esta, tivesse o propósito de preparar os homens para a idade viril; no entanto, procura, ao contrário, fixá-los irrevogavelmente na infância [...]. Assim, a cada dia torna menos necessário e mais raro o uso do livre arbítrio, restringe a ação da vontade a um espaço cada vez menor e tira pouco a pouco de cada cidadão até o uso de si mesmo [...]. Não quebra as vontades, mas as enfraquece, dobra e dirige; raramente obriga a agir, mas esforça-se continuamente para impedir a ação; não destrói, mas dificulta a criação; não tiraniza diretamente, mas obstaculiza, comprime, extenua, extingue, reduzindo, por fim, a nação a não ser mais do que um rebanho de animais tímidos e industriosos [...]. Nesse sistema, o cidadão sai um momento da dependência para eleger seu senhor e logo depois volta a ela".

Uma verdadeira profecia. Mas, se é que existe, qual é a diferença entre a situação atual e a da época de Tocqueville?

Em primeiro lugar, quando Tocqueville visitou os Estados Unidos, o presidente era Andrew Jackson, fundador do Partido Democrata, inimigo jurado das oligarquias financeiras e fundiárias, defensor convicto de uma democracia consumada em todas as suas estruturas. Hoje, no entanto, os Estados Unidos são presididos por um magnata astuto e tosco como Trump, envolvido em mil escândalos sexuais, financeiros e eleitorais.

Em segundo lugar, o poder de fabulação e manipulação democratizou-se ao seu modo: se antes a possibilidade de criar e difundir *fake news* estava concentrada nos vértices do sistema – líderes partidários, grandes industriais, diretores de jornais –, hoje, através das redes sociais, todos têm sua pequena oportunidade de enganar e ser enganados. A servidão regulada e tranquila descrita por Tocqueville tornou-se uma selva cheia de armadilhas que cada um arma para todos os outros e nas quais cada um, mais cedo ou mais tarde, acaba caindo.

No passado, você tinha que rebater o que seu príncipe, seu pai, seu confessor, seu professor ou seu chefe lhe incutiam, ao passo que agora tem que aparar os golpes baixos da astúcia dos *talk shows*, das tentações das compras personalizadas que a Amazon lhe serve em domicílio, dos perfis caluniosos do Facebook, das fotomontagens enganosas do Instagram. Quem quiser conquistar o poder em um país ou no mundo deve saber se virar nessa selva e dobrar a mediosfera em proveito próprio.

Portanto, por um lado, somos mais instruídos, e, por outro, a ação da mídia e das redes sociais é tão avassaladora que as ameaças à democracia nos Estados Unidos de Trump, na Rússia de Putin, no Brasil de Bolsonaro e na Itália de Salvini são maiores do que as que Tocqueville vislumbrava na América de Jackson.

Podemos ter certeza de que os meios de comunicação – a mídia de massa clássica e as novas mídias sociais – favorecem o triunfo da realidade fictícia?

Em tese, também poderia ocorrer o oposto: se usados adequadamente, esses mesmos meios poderiam servir de apoio para o triunfo da realidade real, monitorando-a e verificando-a sempre e em toda parte. Isso já acontece quando um criminoso é rastreado graças a uma câmera instalada por motivos alheios ao delito cometido, ou quando um transeunte grava por acaso um incidente de trânsito e permite que se esclareça a dinâmica do acontecimento.

Mas a criação e difusão de *fake news* tornou-se uma arte letal, cheia de truques capciosos. Por exemplo: quando um dado real e tranquilizador é comunicado verbalmente junto com um dado percebido e aterrorizante, ilustrado com imagens, o real perde a contundência e custa a ser memorizado.

E assim voltamos ao nosso ponto de partida, o medo. Tema clássico na sociologia?

Decididamente. Muitas pesquisas em ciências sociais – sociologia, mas também economia, antropologia e, naturalmente, psicologia – já sondaram as origens dos medos para descrever seus efeitos e procurar meios de aplacá-los. Sempre cito o ensaio "Democracy and Social Structure in Pre-Nazi Germany" [Democracia e estrutura social na Alemanha pré-nazista], de Talcott Parsons, o livro *The Twilight of the Nation State* [O crepúsculo do Estado-Nação], de Prem Shankar Jha, o livro *Psicologia das multidões,* de Gustave Le Bon, e o ponto de vista de Smelser sobre o pânico tal como é tratado em *Theory of Collective Behavior* [Teoria do comportamento coletivo].

E mais próximo de nós?

Em 1990, Sergio Ricossa editou uma coletânea de ensaios intitulada *Le paure del mondo industriale* [Os medos do mundo industrial]. Os vários capítulos, cada um confiado a um especialista competente, dedicam-se ao medo do progresso, das conquistas científicas e das máquinas; ao medo tanto do declínio da população quanto da explosão demográfica; ao medo das crises econômicas e financeiras; ao medo da crise do bem-estar social; ao medo do poder e das revoluções; ao medo da perda dos valores.

Hoje convivem em nós todos esses medos e outros mais; como eu disse, porém, seu denominador comum é a desorientação. Obviamente, os medos, com a cumplicidade da mídia, não são os mesmos em todas as classes sociais nem em todos os dias da vida, mas há alguns que conseguem cobrir quase todo o planeta por determinado período sem muitas distinções.

Quais, por exemplo?

A partir do relatório *Os limites do desenvolvimento* publicado pelo Clube de Roma em 1972, o medo relativo ao estado do planeta e sua atmosfera só tem aumentado, mesmo não tendo sido tomada nenhuma providência séria. Basta percorrer os títulos de alguns ensaios recentes para entender com quanta ênfase os especialistas estão lançando seu alarme. O jornalista americano Roy Scranton intitulou seu livro de 2015 *Learning to Die in the Anthropocene: Reflections on the End of a Civilization* [Aprendendo a morrer no Antropoceno: reflexões sobre o fim de uma civilização], e outro,

de 2018, *We're Doomed. Now What?* [Estamos condenados. E agora?].
As propagandas desses livros insistem: "Aproxima-se o fim da civilização
tal como a conhecemos. Nenhum de nós é inocente e nenhum de nós
se salvará. O recurso mais eficaz para combater o aquecimento global é
suicidar-se". O filósofo e ambientalista britânico Timothy Morton, por sua
vez, escolheu como título para seu livro de 2013 *Hyperobjects: Philosophy
and Ecology after the End of the World* [Hiperobjetos: filosofia e ecologia
depois do fim do mundo], ao qual vale a pena retornar em breve.

*É claro que mexer com o medo das pessoas ajuda a vender exemplares: é uma
ferramenta na fábrica de best-sellers. Alarmismos à parte, o que é sensato e
correto temer no plano ecológico?*

A partir de meados do século XX, a concentração atmosférica de gases
de resultado estufa – sobretudo dióxido de carbono – tem aumentado
perigosamente pelo efeito combinado do desmatamento, da produção
de energia por meio de combustíveis fósseis, do aumento dos aerossóis
e da pecuária intensiva. Até agora, a temperatura elevou-se dois graus, e,
segundo o sociólogo e estatístico irlandês Adrian Raftery, a chance de que
permaneça nesse nível nos próximos anos é de apenas 5%. Só com esses
dois graus a mais, os efeitos da concentração já estão diante dos nossos
olhos: liquefação das geleiras do Ártico, elevação do nível e da temperatura
do mar, maior acidez dos oceanos, mudança nos regimes pluviais, seca,
deslocamento e alargamento de áreas desérticas. As inundações no Japão
e a alternância de secas e inundações na Guatemala obrigaram centenas
de milhares de pessoas a se deslocar; no Ártico, 1 milhão de quilômetros
quadrados de geleiras desapareceu; no Sahel, o aquecimento global en-
goliu 2.500 quilômetros quadrados do Lago Chade, forçando 7 milhões
de pessoas a emigrarem; as migrações em massa repetem-se a cada ano
também em Bangladesh, onde as frágeis defesas de vilarejos densamente
povoados nada podem contra ciclones e inundações.

Hoje as imagens dessas catástrofes dão a volta ao mundo em tempo
real, espalhando o medo de que, mais cedo ou mais tarde, os habitantes
de todas as áreas costeiras sejam forçados a retornar às colinas de onde seus
ancestrais desceram, assim como os habitantes de uns sessenta vilarejos
das ilhas Fiji já estão fazendo.

Nós vemos o cataclisma na TV ou relatado ao vivo nas redes sociais. Mas o que acontece se, e quando, a natureza nos atingir diretamente?

A maioria dessas catástrofes, provocadas pelo consumismo desmedido dos países ricos, atingiu os países pobres, que, sem culpa alguma, continuam a considerar esses fenômenos como decorrentes dos inevitáveis caprichos da natureza ou da implacável punição divina, diante dos quais só resta amaldiçoar o destino ou oferecer-se como vítimas sacrificiais.

Mas mesmo quando os ciclones, mais frequentes e letais devido à poluição, atingem nações modernas como os Estados Unidos, país que é o principal culpado pelo desequilíbrio ecológico, a reação é de negação demente. Basta pensar em como Trump, junto com a Síria e a Nicarágua, se recusa a respeitar o acordo climático, que é universal e juridicamente vinculante, firmado em Paris por 195 países, inclusive os Estados Unidos, em dezembro de 2015.

Qual é o dispositivo que aciona o negacionismo?

O sociólogo Timothy Morton, que já mencionei, dedica todo o seu *Hyperobjects* – texto ao mesmo tempo auspicioso, interessante e perturbador – a explicar as reações psicológicas das massas diante de fenômenos como o aquecimento global. Morton é um intelectual único que passeia de Heidegger a *My Bloody Valentine*, de Kant a *Wolves In The Throne Room*, de Alphonso Lingis a John Cage. Professor da Rice University, tornou-se um guru do movimento filosófico-ecologista graças a livros como *Ecology Without Nature* [Ecologia sem natureza] e *Humankind: Solidarity with Non-Human People* [Humanidade: solidariedade com pessoas não humanas].

O texto *Hiperobjetos* representa um ponto de referência da "*object-oriented ontology*", que explora com "realismo poético" a relação do homem com o planeta em plena catástrofe ecológica. Com o termo "hiperobjetos", Morton designa entidades com tamanha dimensão espacial e temporal que submetem a dura prova a nossa ideia de "objeto" tal como a elaboramos em séculos passados: "Um hiperobjeto", escreve, "pode ser um buraco negro. Um hiperobjeto pode ser o centro petrolífero na área do Lago Agrio, no Equador, ou a reserva dos Everglades na Flórida. Um hiperobjeto pode ser a biosfera ou o sistema solar. Um hiperobjeto pode ser a soma de todo o material nuclear presente na Terra."

Adotando os critérios de Morton, podemos dizer que hiperobjeto é o plástico cuja invasão tememos, são os imigrantes cujo desembarque prevemos, a energia nuclear cujo uso bélico nos apavora, a máfia que suspeitamos ser onipresente, o *Made in Italy* cuja excelência admiramos. Hiperobjetos foram as raças ariana e judaica para os nazistas; hiperobjeto foi a bruxaria para a Inquisição. "As bruxas", constatava Voltaire, "deixaram de existir quando paramos de matá-las."

Uma das características dos hiperobjetos é a de serem *viscosos*: grudam em nossas vidas e estamos imersos neles "como no ventre de uma baleia". Além disso, também são *não localizáveis* na medida em que não podemos ver seus limites, e nos arrastam para uma dimensão ao mesmo tempo estranha e inquietante. Por exemplo: devido às complexas razões que fazem do clima um sistema grande como a Terra, uma onda de calor nas Filipinas pode resultar em um verão particularmente frio na França. Ou só hoje podemos perceber as consequências da introdução, na atmosfera, de quantidades sem precedentes de carbono durante a Revolução Industrial, e serão nossos bisnetos, daqui a alguns séculos, que julgarão se os esforços em reduzir os gases de efeito estufa realizados durante a Revolução Pós-industrial surtiram algum efeito.

Podemos classificar como "hiperobjetos" alguns fenômenos que atualmente são objeto de nossos medos? E é o fato de serem "hiper" (segundo essa categoria inventada por Timothy Morton) que nos leva ao negacionismo, ao deslocamento?

Sim, não se pode negar que a nossa atitude de medo e, ao mesmo tempo, de deslocamento em direção a fenômenos opostos – como a explosão demográfica, por um lado, e o declínio demográfico, por outro, o progresso tecnológico, a perda dos valores ou a crise econômica – pode estar ligada à sensação de invasão, iminência, intangibilidade, incontrolabilidade, gravidade que esses fenômenos transmitem e que coincidem com as características de viscosidade e de impossibilidade de serem localizados atribuídas por Morton aos hiperobjetos.

Morton se concentra na mudança climática. O que ele diz sobre isso?

O aquecimento global é o exemplo de hiperobjeto preferido de Morton. Só o notamos através da objetividade neutra dos gráficos, que mostram a constante elevação das temperaturas médias, ou através de súbitos efeitos catastróficos como um incêndio florestal, um tornado, uma inundação, os megaincêndios de Atenas e da Califórnia ou as ondas de calor intenso da Europa.

Quando esses efeitos do hiperobjeto aquecimento global se manifestam, as populações atingidas recebem, por algum tempo, solidariedade e apoio das populações imunes, que ostentam sua intenção de apressar-se a remediar, organizam reuniões e conferências, firmam documentos. Mas esses remédios só poderão ser apreciados pelas gerações futuras, para as quais vale a tirada espirituosa de Oscar Wilde: "Por que eu deveria me importar com a minha posteridade? Quando ela se importou comigo?". Além disso, a verdadeira solução exigiria um redesenho global da vida individual e social, só possível na presença de uma inteligência planetária, coletiva e coordenada, capaz de gerenciar a natureza fugaz e invasiva do hiperobjeto. "Vasto programa!", diria o general De Gaulle.

No plano da construção da "inteligência planetária", em que ponto estamos?
Recentemente, dois sociólogos americanos – Geoff Mann e Joel Wainwright – tentaram responder a essa pergunta com um livro chamado *Climate Leviathan: A Political Theory of Our Planetary Future* [Leviatã climático: uma teoria política do nosso futuro planetário]. Infelizmente, a conclusão a que chegaram não é favorável a pessoas comuns como eu, você e a imensa maioria da humanidade.

Segundo esses sociólogos, a tendência atual – a de um número cada vez menor de privilegiados monopolizar uma fatia cada vez maior de riqueza, poder, saber, oportunidades e proteção – se acentuará no futuro próximo até o ponto em que um poderosíssimo governo central, um Leviatã climático, com a desculpa de agir do único modo possível para salvaguardar a vida de todos, manterá e aumentará os atuais privilégios das elites, forçando a massa indefesa e crédula a viver em condições cada vez piores.

É preciso admitir que uma suspeita desse tipo se insinua cada vez mais no imaginário coletivo, aumentando o número dos motivos de medo.

Felizmente, há experimentos sendo conduzidos e propostas alentadoras, preparadas em várias partes do mundo, que visam a buscar uma solução urgente e a exorcizar o medo do inimigo desconhecido, transformando-o em vitória sobre inimigos conhecidos. No livro *Alfabeto da sociedade desorientada*, não só recordo o que iniciaram, no passado recente, Gandhi, na Índia, Mandela, na África do Sul, Peccei, na Itália, Paulo Freire e Darcy Ribeiro, no Brasil, José Antonio Abreu, na Venezuela, Muhammad Yunus, em Bangladesh, como também descrevo o grande movimento de ideias que Serge Latouche lançou da França para promover um decrescimento equilibrado, e o triplo milagre dos projetos Slow Food, Terra Madre e Universidade do Sabor em Pollenzo, os três concebidos e realizados por Carlo Petrini.

Latouche defende o "decrescimento sereno". Poucos leram de verdade seus livros, e ainda assim esse seu mote – inclusive ridicularizado – virou alvo de polêmicas em nosso debate político recente. Vamos recordar o que Serge Latouche na verdade defende?

Para isso é preciso começar de longe. Em 1973, eclodiu um conflito armado entre Israel e uma coalizão árabe composta principalmente por Egito e Síria. Hoje é lembrado como Guerra do Yom Kippur ou Guerra do Ramadã, porque nos dias em que as forças árabes invadiram Israel, os israelenses estavam celebrando a festividade religiosa do Yom Kippur, e os árabes, o seu Ramadã. Ambos eram obrigados a permanecer em jejum e em oração, mas Israel tinha uma obrigação a mais: a nação inteira devia permanecer com o rádio e a televisão desligados por pelo menos 25 horas, de modo que, na falta de informação, foi pega de surpresa pelos inimigos invasores.

Mas não é a dinâmica daquela guerra – que durou apenas vinte dias – que nos interessa aqui. Estamos interessados no fato de os países árabes pertencentes à Organização dos Países Exportadores de Petróleo, mais conhecida como OPEP, controlarem cerca de 78% das reservas mundiais de petróleo e 50% das de gás natural. Para apoiar a ação militar do Egito e da Síria, esses países dobraram o preço do petróleo e bloquearam suas exportações para os Estados Unidos e a Holanda. Todo o Ocidente foi forçado a tomar medidas drásticas para reduzir o consumo de petróleo e energia elétrica. Na Itália, foi proibida a circulação de carros aos domingos, o fim dos programas de televisão foi antecipado, e a iluminação comercial e pública, reduzida. Pela primeira vez falou-se de austeridade, plano energético e fontes alternativas. Assim terminaram os vinte anos de desenvolvimento econômico impetuoso que enriquecera o Ocidente nas décadas de 1950 e 1960, ao passo que a questão energética se transformou, de problema comercial que era, no *hiperobjeto* viscoso, onipresente e temível que ainda hoje agita nosso sono, porque afeta profundamente nosso consumo.

Enquanto os cultores do neoliberalismo perseguem obstinadamente um crescimento que nunca mais retomará o ritmo de antes da Guerra do Yom Kippur, o sociólogo francês Serge Latouche aponta a solução no decrescimento programado do desperdício. Latouche concorda com as palavras de Kenneth Boulding, segundo o qual "quem acredita na possibilidade de crescimento infinito em um mundo finito ou é louco ou é economista", e acrescenta uma glosa: "O drama é que hoje somos todos mais ou menos economistas". Depois, à pergunta "para onde estamos indo?", responde: "Direto contra um muro. Estamos a bordo de um bólido sem piloto, sem marcha a ré e sem freios que vai espatifar-se contra os limites do planeta".

O que fazer, então?

A esta altura, não se trata mais de desacelerar o crescimento, de torná-lo sustentável, como se o limite já não tivesse sido amplamente ultrapassado. Trata-se de fazer uma rápida marcha a ré para reduzir os danos decorrentes de uma catástrofe que já é inevitável, causada pelo consumismo e pela ilusão de crescimento infinito, motivo pelo qual um sexto da população mundial conseguiu crescer fazendo com que "o peso e o preço [de seu crescimento] fossem suportados pela natureza, pelas gerações futuras, pela saúde dos consumidores, pelas condições de trabalho dos operários e, sobretudo, pelos países do sul".

Então, só resta pôr mãos à obra com vistas a um decrescimento sereno e convivial para construir uma sociedade na qual "viveremos melhor trabalhando e consumindo menos". Isso, entre outras coisas, deixará o planeta Terra ao abrigo do aquecimento climático.

Essas metas só podem ser alcançadas renunciando-se a muitos mitos industriais como velocidade, concorrência implacável e dedicação incondicional ao trabalho, que são a base de patologias sociais como alienação, afrouxamento dos laços interpessoais, mercantilização de bens, serviços, relacionamentos e cultura. É o impulso de recuperar algumas dimensões perdidas de nossa vida, começando com o amor pela Terra.

As dimensões perdidas e a serem recuperadas, segundo Latouche, são "o tempo para cumprir o próprio dever de cidadão, o prazer da produção livre, artística ou artesanal, a sensação de tempo reencontrado, o jogo, a contemplação, a meditação, a conversa, ou simplesmente a alegria de viver". Cornelius Castoriadis – filósofo, sociólogo, economista, psicanalista e ensaísta grego naturalizado francês – acrescenta ainda o amor à verdade, o senso de justiça, a responsabilidade, o respeito pela democracia, o elogio da diferença, o dever da solidariedade, o uso da inteligência. Em poucas palavras, o encanto da vida.

A "Slow Food" de Carlo Petrini é uma expressão de ordem bem mais conhecida entre nós, em parte por influência da mania midiática da comida… Mas, também aqui, slogan à parte, o que Petrini diz, na verdade?

Comparados com o movimento de decrescimento, Petrini e o movimento Slow Food são menos alarmistas, menos avessos à economia de mercado, não rejeitam o conceito de desenvolvimento sustentável, estão mais centrados em aspectos pontuais, como o alimento ou o turismo, defendem mais resolutamente o direito ao prazer e à diversidade. Eles também se opõem ao consumismo, à padronização e à aceleração. Rejeitam o liberalismo, mas estão convencidos de que é possível chegar a um novo modelo de sociedade aperfeiçoando o atual, revalorizando a frugalidade, adaptando nosso estilo de vida aos ritmos naturais, permanecendo sensíveis às estações, readquirindo a consciência das distâncias, desenvolvendo um conhecimento dos produtos e do ambiente em que vivemos, como frisam também Sylvain Menétrey e Stéphane Szerman no livro *Desacelere: ouse diminuir o ritmo e viva melhor.*

O próprio Petrini explica o que entende por desacelerar, expondo seu conceito de Terra Mãe como uma democracia participativa e uma economia real, local e da natureza que coloca pessoas, e não multinacionais, nos campos e nos mares; faz alimentos em primeiro lugar para comer, não para vender. Celebra a alegria da vida em todos os seus aspectos e por isso sabe que está construindo um mundo melhor, sabe que essa é a resposta às crises e à incerteza, sabe para onde está indo a humanidade e tem as respostas para esta era pós-moderna, na qual o homem tende a se perder e a se sentir só.

Terra Mãe, diz ainda Petrini, é um conjunto de passos lentos, porém decididos, rumo a um novo humanismo, a um renascimento que, assim como o antigo, parte do belo. Um belo que está no alimento bom, limpo e adequado, nos nossos vilarejos, nas nossas paisagens, na relação com a natureza que gera o alimento, nos modos de apropriar-se dele, de desfrutá-lo.

Vamos voltar aos nossos medos. Você identificou dois em evidente contradição: no plano global, o medo da superpopulação, da "bomba demográfica"; no plano local, pelo contrário, o medo do declínio, o fantasma da extinção.

O medo da bomba demográfica está ligado ao da invasão migratória, que gostaria de discutir depois em mais detalhes. Quanto ao declínio demográfico, antes da guerra mundial de 1914-1918, mas também depois, entre as duas guerras, difundiu-se a convicção de que, nos conflitos armados, a vitória cabe ao povo mais numeroso. Contagiada por esse preconceito, a França, para aumentar o número de nascimentos, criou subsídios de vários tipos e até fez publicidade em seus selos postais.

Na Itália, o fascismo impôs a ideia de que a força de um povo estava em seu número. Leia o que Mussolini disse em um discurso que proferiu em Potenza em 27 de agosto de 1936: "A Lucânia tem uma supremacia que a coloca à frente de todas as regiões italianas: a supremacia da fecundidade [...]. Os povos com berços vazios não podem conquistar um Império [...]. Os que têm direito ao Império são os povos fecundos, os que têm orgulho e vontade de propagar sua raça sobre a face da Terra, os povos viris no sentido mais estritamente literal da palavra".

O medo do declínio demográfico ressurge ciclicamente e se alastra com base no pressuposto equivocado de que é legítimo extrapolar, a partir do ritmo de alguns anos, uma tendência que se prolongará até determinar a completa extinção de um povo. Nos últimos anos, como vimos, a taxa de natalidade na Itália é inferior à necessária para assegurar a estabilidade numérica da população. Mas nada nos garante que continuará assim no futuro próximo, e que o declínio persistirá até o infinito, como se os italianos não fossem seres racionais, capazes de inverter a rota no momento oportuno.

Felizmente, o comportamento humano não é linear e segue lógicas complexas, baseadas em *feedbacks* muito parecidos com os que orientam um jogador de xadrez. Quando um perigo se torna efetivo, temos condições de acionar servomecanismos e contramovimentos para neutralizar seus efeitos e inverter o curso. De formas mais elementares, o mesmo também ocorre no mundo natural: se o número de gafanhotos aumenta, eles logo esgotam a relva dos prados e um bom número de indivíduos morre de fome; então a relva torna a crescer e, junto com ela, o número de gafanhotos. E assim por diante.

Nessas temporadas em que os óbitos são mais numerosos do que os nascimentos, na Itália, como conciliar o medo da extinção demográfica com o fantasma da "colonização étnica" pelos imigrantes?

Parece-me que está bastante claro que os imigrantes, na realidade, poderiam compensar o declínio dos nascimentos italianos e reequilibrar, com seus jovens, o nosso excesso de idosos. A aversão aos imigrantes, inflada por uma campanha específica de propaganda de tipo pré-fascista promovida insistentemente pelos partidos políticos de direita, nasce do medo de ser invadido por pessoas diferentes na cor e, portanto, *inferiores* em raça e cultura. Não esqueçamos que são milhares as pessoas da minha idade que, no ensino fundamental, ainda estudaram o catecismo fascista. Lembro-me muito bem de que, à pergunta "quem é o mestiço?", tínhamos de responder em coro: "O mestiço é um ser física e psiquicamente inferior".

Depois, os italianos temem a concorrência no mercado de trabalho por parte dos imigrantes, dispostos, por necessidade, a aceitar salários baixíssimos, condições de trabalho penosas e informais. Quem os contrata como mão de obra no campo, operários nas fábricas e domésticos nas famílias os prefere aos trabalhadores nacionais porque estes, dadas suas condições muito menos desesperadas, têm maiores pretensões salariais e contratuais.

Obviamente, o medo dos imigrantes poderia ser vencido graças a uma boa programação dos fluxos e uma boa organização da acolhida; graças à integração das crianças estrangeiras nas escolas; graças à consideração das vantagens que a imigração oferece – da renovação das energias humanas à contribuição econômica em termos de força de trabalho, gastos de consumo, pagamento de impostos e aumento dos fundos de pensão.

Entretanto, é preciso acrescentar que, junto com o medo dos imigrantes, existe, em nossas áreas menos desenvolvidas, o temor, sobretudo entre os jovens, de serem forçados a emigrar por falta de trabalho. Nos últimos anos, 1,8 milhão de pessoas do sul do país emigraram, e milhares de jovens com diploma universitário fugiram de toda a Itália para o exterior em busca da realização profissional que aqui seria impossível.

Chegamos a um medo que tem uma base objetiva: o de perder o emprego.

Nesse caso, não se trata de um hiperobjeto, de um medo percebido, mas de um fato tangível, real, concreto, porque podemos dizer que em cada família há pelo menos um desempregado, que está procurando trabalho ou parou de procurá-lo porque, resignado, não acredita mais que encontrará.

Esse é um medo concreto e crescente, causado pelas oscilações do mercado de trabalho geradas por fatores como o avanço tecnológico, a crise, as fusões de empresas, a reestruturação, a globalização, as deslocalizações, as falências, além de todas as distorções na relação entre procura e oferta, que já examinamos em uma conversa anterior. Invocam-se vários remédios contra o desemprego, que vão do crescimento a políticas ativas, da renda básica de cidadania à redução da jornada de trabalho. A Alemanha, que usou todos esses tratamentos juntos e no momento oportuno, representa, como vimos, um bom exemplo a ser imitado.

Junto com o medo do desemprego, e parcialmente ligado a ele, existe o medo das tecnologias em si. Essas, sim, tornaram-se um hiperobjeto. O avanço tecnológico de fato se mostra cada vez mais avassalador, inelutável, incompreensível, invasivo em áreas delicadíssimas, como privacidade, genética, ética, controle que o homem deve exercer sobre a máquina.

Enquanto tagarelamos em Roma, cientistas que não conhecemos nem sabemos quem são e onde estão fazem experimentos na Califórnia ou na China com novas biotecnologias, nanotecnologias e máquinas dotadas de inteligência artificial que, quando chegarem até nós, nos imporão uma mudança radical de vida. Não podemos intervir de forma alguma nesses processos demiúrgicos subtraídos ao nosso controle: só podemos expressar uma sensação de impotência diante de um poder ameaçador que pode nos expropriar de nossa identidade humana.

Contra esse medo, podemos fazer o máximo esforço para nos mantermos informados sobre o progresso das ciências e das tecnologias, mas suas intenções e etapas dependem de programas onipotentes que transcendem toda a nossa vontade e controle.

Prossigamos com a lista dos medos.

Existe o medo generalizado e paralisante da violência, embora nosso país seja bastante pacífico e os crimes ocorram em proporção e modalidade menos alarmantes do que no resto da Europa. O imaginário coletivo, cinicamente manipulado por alguns partidos políticos que, para fins eleitorais, bombardearam o público com *fake news*, está aterrorizado por duas convicções astutamente induzidas, ambas falsas: de que a criminalidade é uma onda crescente e de que os delinquentes são sobretudo pessoas de fora da União Europeia indevidamente acolhidas na Itália.

Na verdade, os assassinatos diminuíram 25,3%, os furtos, 20,4%, e os assaltos, 23,4% entre 2014 e 2017. Quanto ao número de crimes cometidos por pessoas de fora da UE, é verdade que um terço dos 59.275 presos hoje existentes na Itália é composto de estrangeiros, mas também é verdade que a pobreza absoluta, causa mais frequente da criminalidade, afeta 33% dos estrangeiros e apenas 6% dos italianos. Nos últimos 10 anos, o número de estrangeiros, legais e ilegais, subiu de 3 para 6 milhões na Itália; o número de presos, por sua vez, caiu de 21.562 para 20.098. Destes, apenas 3 mil são de fora da UE. Um de cada três delitos está ligado à droga; os demais consistem predominantemente em crimes punidos com penas inferiores a um ano.

Obviamente, os remédios contra o medo da violência consistem na redução do número de atos violentos através do fortalecimento dos sistemas educacionais, na punição rápida e exemplar do culpado e na informação correta e precisa da mídia a respeito desse assunto delicado, porém tantas vezes deturpado para aumentar a audiência de forma doentia.

Ainda ontem, o medo mais ameaçador era o do terrorismo. Em sentido técnico, o medo do terrorismo é o que tem motivações mais concretas?

A força disruptiva do terrorismo provém desde sempre de sua atuação imprevisível. Não se sabe se, onde e quando golpeará. Mata um e aterroriza todos. O medo que gera é muito semelhante ao da roleta russa.

Além disso, o terrorismo é a arma dos pobres e fracos contra seus inimigos mais ricos e poderosos. O que de mais aterrorizante poderiam os fanáticos da Al-Qaeda fazer contra a força imensa e global dos Estados Unidos, senão o ataque de 11 de setembro? O terrorismo é uma guerra baseada no medo, que utiliza recursos humanos mínimos para suscitar medo máximo nos adversários odiados e orgulho máximo no povo pelo qual se combate.

Mata um e aterroriza todos? Mas as vítimas do 11 de setembro de 2001 foram 2.974.

Infelizmente, correndo o risco de parecer cínico, é preciso reconhecer que 2.974 mortos são pouca coisa diante das centenas de milhares de soldados e civis imolados no altar da loucura dos Bush, pai e filho, de Tony Blair e até do nosso Berlusconi, aliados na invenção de armas de destruição em massa fantasmáticas nas mãos de Saddam, que acabou por desestabilizar todo o Oriente Médio. Um único ataque noturno dos americanos, em uma das muitas frentes de guerra, causa 30, 40 mil mortes.

À sua maneira, o ISIS, ou Estado Islâmico, atingiu o auge da eficiência terrorista: com uma astuta combinação de crueldade e sabedoria midiática, conseguiu aterrorizar três continentes matando poucas pessoas e transformando a execução em espetáculo por meio de vídeos enviados à Al Jazeera. A obra-prima absoluta da estética do mal e da morte foi certamente o ataque às Torres Gêmeas, no qual, utilizando todos os instrumentos do inimigo – aviões, logística e estações de televisão –, infligiu a ele a maior derrota de todos os tempos.

Os Estados Unidos e a Rússia, ao contrário, usam ataques e bombardeios de saturação, causando incontáveis vítimas, mesmo entre civis. Para não falar do maior de todos os massacres: os 250 mil japoneses, quase todos civis, assassinados com duas bombas atômicas lançadas em agosto de 1945, a três dias uma da outra, em Hiroshima e Nagasaki.

Li em algum lugar que o presidente Harry Truman havia proposto três cenários alternativos possíveis: detonar a bomba em um deserto, para fins de demonstração, exibindo o evento espetacular a um grupo de jornalistas; lançá-la sobre uma cidade pequena em um horário de aglomeração mínima; lançá-la em dias diferentes sobre duas cidades pequenas. A escolha recaiu sobre essa última proposta, posteriormente levada ao extremo: duas bombas, com três dias de intervalo, em duas cidades médias/grandes e no horário de pico. É muito provável que, usando a lógica que até agora adotou contra o Ocidente, o ISIS tivesse escolhido a primeira dessas três opções.

Diferente, no entanto, é o discurso sobre o terror que o ISIS pratica nos territórios que controla.

Para o ISIS, fomos um alvo de segundo nível. Nossa percepção foi amplificada pela proximidade entre os ataques na Inglaterra, na França e na Bélgica, e nosso medo foi intensificado pela probabilidade real, embora remota, de nos vermos pessoalmente envolvidos em um atentado. A verdadeira guerra, com suas dezenas de mortos em poucos minutos em uma praça, um mercado, um hospital, permaneceu inteiramente concentrada no mundo muçulmano e continua em cenários como o Afeganistão, a Síria ou o Iraque, muito distantes de nós.

Voltando ao Ocidente, a que remédios recorremos contra o medo do terrorismo?

Muita inteligência, idêntica repressão e algumas tímidas tentativas de integração.

E também há o medo das guerras locais...

Guerras locais? Limitamo-nos a espiar os horrores através dos serviços televisivos deitados confortavelmente em nossos sofás. Além disso, somos produtores e exportadores de armas, assim contribuindo para provocar aqueles horrores que a telinha nos transmite – e lucrar com isso. É o que demonstram os dados.

O mundo investe 2,3% de seu produto interno bruto em armas, e em 2017 a participação da Itália nessa porcentagem foi um volume de negócios legalmente autorizados de mais de 10 bilhões. Duas leis – uma de

1990 e outra de 2000 – nos obrigam a não vender armas aos países pouco respeitosos dos direitos humanos, mas as limitações podem ser facilmente contornadas por meio da triangulação das vendas. Estamos autorizados a fornecer armas a mais de oitenta países, e nosso maior comprador é o Catar. Mais de 57% das vendas são direcionadas a países que não fazem parte da União Europeia nem da OTAN, inclusive Quênia e Paquistão, bem como à Arábia Saudita, ao Kuwait e aos Emirados Árabes Unidos, todos envolvidos na sangrenta guerra no Iêmen.

Nos últimos sessenta anos, a união política e econômica dos países europeus nos proporcionou paz ininterrupta, motivo pelo qual os jovens não têm conhecimento direto do que significa uma guerra e, portanto, não sofrem esse medo. Contudo, a Europa foi, durante séculos, palco de contínuos conflitos armados entre os vários estados que a compunham, e a persistente belicosidade de nosso continente nada deixou a desejar em relação à atual matança do Oriente Médio. Quem hoje brinca com a União Europeia se esquece perigosamente dessa nossa terrível experiência milenar e do medo a que condenou os povos armados. Não considera, acima de tudo, a eventualidade de que, destruída a União, volte-se àquela matança.

Temos medo das doenças. Mas, com o prolongamento da vida média, não deveríamos ter menos medo de envelhecer e morrer?

A partir de certa idade, todos têm medo da velhice, com seu consequente enfraquecimento e com a morte. Agora que nossa vida se alongou sensivelmente, mas ainda não nos acostumamos com a longevidade, começamos a temer a velhice desde a idade em que nossos bisavós a temiam. Gradualmente, contudo, introjetaremos a consciência de que é normal viver até os 90 anos, e o medo da velhice e da morte também virá mais tarde.

Só há três remédios para diminuir o medo da velhice: a farmacologia, a convivência e a sábia resignação. Os intelectuais têm um remédio a mais: escrever livros sobre a velhice, esperando que alguém os publique e iludindo-se de que alguém os lerá. Assim fizeram Catão, Sêneca, Cícero e, mais perto de nós, James Hillman, Marc Augé, Roberto Vacca, Enzo Bianchi, Edoardo Boncinelli e Vittorino Andreoli.

Para diminuir o medo da morte, você conta com a fé, se for crente, e, se não for, com uma atitude laica saudável em relação ao destino humano. Mas até as pessoas de profunda fé religiosa, no fundo convencidas de que merecem o Paraíso, fazem de tudo para chegar lá o mais tarde possível.

Medos, estes últimos, que cultivamos no nível individual. Quais são os que vêm da nossa condição de animais sociais?

O medo do autoritarismo. Contra esse medo há dois remédios: quando vê que a ditadura se aproxima, você deve participar ativamente da vida democrática, que é o oposto do homem sozinho no comando; quando o ditador já está no poder, só resta a resistência, inclusive armada. Até a encíclica *Populorum progressio*, de um papa santo como Paulo VI, diz: "A insurreição revolucionária – salvo casos de tirania evidente e prolongada que ofenda gravemente os direitos fundamentais da pessoa humana e prejudique o bem comum do país – gera novas injustiças".

Mas também há temores causados pela instabilidade político-econômica e pelo perigo de ser marginalizado, de descer a um nível social mais baixo, perdendo status e dignidade. Há medos de derivas anarcoides, de desprezo generalizado pelas regras, de escassa alternância das elites, de inadequação das instituições, de manipulação de nossas necessidades e uniformização de nossas culturas, de declínio dos valores, de prevalência do egoísmo sobre a solidariedade, de ignorância culpada, de desinformação, de corrupção.

Para aplacar e frustrar esses medos, é necessário melhorar a informação e a formação, exercer o voluntariado, defender a própria identidade, cuidar na justa medida da autoestima sem que esta se torne soberba, exigir transparência e estender o bem-estar social.

Que outro medo social você, De Masi, pensa que devemos combater?

Depois de uma lista tão densa de medos a combater, gostaria de indicar um a ser alimentado. Trata-se do medo que devemos cultivar em relação ao consumismo compulsivo: a tenacidade com que o neoliberalismo perseguiu o crescimento econômico como um fim em si, fazendo todos infelizes. A produção infinita e o consumo infinito tornaram-se os dois fetiches que obrigam as massas alienadas a correr incessantemente da empresa onde produzem ao shopping onde compram. Para romper esse ciclo infernal com o qual o capitalismo neoliberal nos tritura, é preciso exercer um controle seletivo contínuo sobre as mensagens com as quais ele tenta manipular nossos desejos.

Quando ando pelas ruas do centro de Roma, olho as vitrines das lojas e me divirto contando o número de objetos expostos sem os quais posso facilmente passar.

Rejeitar e combater o consumismo compulsivo significa empenhar-se em uma revolução sistemática contra os engodos do sistema atual. Acima de tudo, significa desconstruir nosso conceito de luxo, como nos ensinou o sociólogo alemão Hans Magnus Enzensberger.

O que diz Enzensberger a esse respeito?

"Tirem-me o necessário, mas me deixem o supérfluo", diziam provocativamente Voltaire e Oscar Wilde. Montesquieu e Sombart, por sua vez, consideraram intencionalmente o luxo como motor da economia. Em seu livro *Zig Zag*, Enzensberger, um dos mais renomados intelectuais alemães, enumera os filósofos, legisladores, pregadores – de Licurgo a Savonarola – que, no transcurso da história, investiram contra o luxo.

O conceito de luxo inclui o de desperdício, e os amantes do luxo desperdiçam para satisfazer sua própria vaidade, para espantar, para intimidar ostentando sua superioridade econômica, para reafirmar seu poder e a distância intransponível que os separa da massa. Assim tem sido até agora na sociedade rural e na industrial, caracterizada pelo contraste entre as classes. Mas o que o luxo está se tornando nos países pós-industriais, onde a maior parte da população é composta de estratos médios que podem ter uma vida confortável, mas não luxuosa? Se o luxo pressupõe um padrão de vida raro e excepcional, o que determina a raridade e a excepcionalidade em um sistema social como o nosso, onde o bem-estar é bastante difundido? Vive no luxo quem possui coisas escassas: o que é escasso em nossa sociedade?

Segundo Enzensberger, seis coisas escasseiam: *tempo*, especialmente para os empresários e profissionais mais ocupados, que, como destacamos, acabam sacrificando pelo sucesso as alegrias da amizade e do amor; *autonomia*, que permite que se tomem decisões sem ser heterodirigido por um chefe ou manipulado pela mídia; *espaço*, cada vez mais corroído pela inundação do tráfego e pela massa de objetos inúteis que se amontoam em nossas casas; *tranquilidade e silêncio*, ameaçados pelo estrépito da vida urbana e pelo excesso de pessoas que tiram a solidão umas das outras sem se darem companhia; *meio ambiente saudável*, feito de ar, água e alimentos não poluídos; *segurança*, não aquela mal garantida por sistemas de alarme e companhias de seguros, mas a que vem de um contexto pacífico no qual a solidariedade prevalece sobre a competitividade.

Eu adicionaria pelo menos mais três a esses seis bens cada vez mais raros (e, portanto, cada vez mais luxuosos) indicados por Enzensberger.

Quais?

Um, já mencionei: a *convivência*, cada vez mais rara. Depois, o *ambiente criativo*, cada vez mais ameaçado; e a *beleza*, cada vez mais assediada. "As coisas belas", disse Keats, "são alegrias criadas para sempre."

Há mais, porém. Segundo as regras do velho luxo, não bastava ter uma grande quantidade de posses, poderes e dinheiro: também era necessário ostentá-la. Os que querem viver no novo luxo devem, ao contrário, garantir para si tempo e espaço, convivência e autonomia, tranquilidade e silêncio: ou seja, todas coisas que se prestam mal a serem ostentadas como joias ou peles. Portanto, no futuro, as vidas mais luxuosas também serão as mais simples e reservadas.

"Todos os homens", disse Nietzsche, "se dividem em escravos e livres, pois aquele que não dispõe de dois terços do dia para si é escravo." Na nossa sociedade pós-industrial, o verdadeiro luxo não é mais feito de iates, peles e colares, mas consiste em privilégios de tipo totalmente diferente: ter tempo para si mesmo e espaço para a privacidade; desfrutar de um silêncio não interrompido pelo toque do telefone; estar seguro sem medo de demissão; usufruir de amizade desinteressada; amar sem reservas e ser amado sem tabus; ter um ócio criativo, sem complexos de culpa.

Toda vez que falamos de medo, acabamos evocando a coragem.

A coragem é, na verdade, um conceito especular ao medo: o medo do inimigo, do diferente, do difícil, do complexo ou do desconhecido remete à coragem necessária para derrotar o inimigo, acolher o diferente, dominar o difícil, simplificar o complexo, decifrar o desconhecido.

Não menos do que o medo, a coragem é um estado de espírito estreitamente ligado ao tempo e ao lugar em que surge. A coragem necessária a Ulisses para ultrapassar as Colunas de Hércules foi certamente diferente da que Parsifal precisou para lutar contra Klingsor e encontrar o Santo Graal. Diferentes são os tipos de coragem necessários para enfrentar a Inquisição, para curar os leprosos, para escalar montanhas, para chegar à Lua. A coragem festiva e temerária ostentada pelo trapezista é muito diferente da coragem cotidiana e paciente necessária à viúva; a coragem prolongada do espião é muito diferente da coragem instantânea do trombadinha.

Graças à assistência tecnológica, muitas iniciativas humanas que exigiam coragem deslizaram da categoria de heroísmo para a de administração ordinária: o sacrifício do "pequeno vigia lombardo", descrito no livro *Coração*, de Edmondo De Amicis, hoje seria inútil devido à existência do radar, e o de Ícaro também o seria, por causa dos supersônicos; um celular simples aplacaria toda a ansiedade de Penélope e alertaria todo o exército na retaguarda de Waterloo.

Para evitar a astúcia, é preciso uma coragem sutil; para contrapor-se à arrogância, uma coragem inflexível; para educar a ignorância, uma coragem missionária; para seguir o líder, uma coragem devotada; para neutralizar a trivialidade, uma coragem refinada; para debelar a burocracia, uma coragem irônica; para administrar a democracia, uma coragem organizada; para ignorar a ofensa, uma coragem magnânima; para sacrificar-se por uma causa, uma coragem neurótica.

E quando é que a coragem se torna indispensável?

Todas as obras e os dias do homem são feitos de coragem: a necessária a Giordano Bruno para enfrentar a fogueira; a necessária ao gladiador para derrubar o contendor; a necessária ao santo para dar testemunho da fé; a necessária ao cientista para refutar os paradigmas consolidados; a necessária ao astronauta para enfrentar a lei da gravidade; a necessária ao dirigente para tomar uma decisão; a necessária ao fã de jogos de azar para fazer uma jogada audaciosa. Também é preciso coragem para enfrentar a coragem.

Em que circunstâncias a coragem se manifesta?

As áreas preferenciais da coragem são defesa, ataque e inovação. Pensemos na coragem de Eneias, que defende seus lares; na coragem de Renzo e Lucia, famosos personagens da literatura italiana, que defendem suas pequenas virtudes; na coragem de Emma Bovary, que defende seu direito de sonhar; na coragem de Madame Butterfly, que defende seu recurso à ilusão; na coragem de Sacco e Vanzetti, que defendem seu direito à verdade; na coragem de Gandhi e Mandela, que defendem o direito de seus povos à identidade.

No caso da coragem no ataque, pensemos na coragem garbosa de Aquiles contra os defensores de Troia; na utópica de Alexandre, o Grande, e Juliano, o Apóstata, contra as misteriosas fronteiras orientais; na falsamente louca de Hamlet contra a traição materna; na cândida de Fabrizio del Dongo contra os inimigos do mito napoleônico; na ingênua de Salvo D'Acquisto contra a brutalidade dos algozes; na audaciosa de Roberto Saviano contra a bestialidade da Camorra[8]; na alucinada dos camicases contra o ultraje dos blasfemos.

Quanto à coragem na inovação, pensemos na de Colombo, que zarpa rumo a novos mundos; na de Copérnico e Galileu, que subvertem o universo bíblico; na de Schönberg, que propõe a dodecafonia; na de Freud, que faz a psicologia tradicional afundar nos mistérios do inconsciente; na de Einstein, que desorienta a física clássica com a curva do tempo; na de Picasso, que subverte a perspectiva com o cubismo; na de Kandinsky, que liberta a pintura da figura; na dos irmãos Wright, que decolam no primeiro voo; na de Pasteur, que transforma o filho em cobaia; na de Taylor, que aplica ao trabalho as regras científicas da eficiência; na de Keynes, que liberta do trabalho o destino de seus netos; na de Adriano Olivetti, que constrói a cidade do homem segundo os cânones da beleza.

Por fim, que reações a coragem suscita?

Há uma coragem que impõe respeito: a nobreza do herói, o talento do artista, a grandeza do gênio, a segurança do cirurgião, o valor do

---

[8] Organização criminosa italiana aliada a Máfia Siciliana. (N.E.)

profissional, o empreendedorismo do empresário, a magnanimidade de quem perdoa.

Há uma coragem que surpreende: a desfaçatez do Don Juan, o atrevimento do espadachim, a temeridade do equilibrista, a segurança do dançarino, o sangue frio do arrombador, a abnegação do socorrista, o olho clínico do conhecedor, a extravagância do dândi, a negociação ousada do comerciante, o blefe calculado do jogador de pôquer.

Há uma coragem que te pega no contrapé: a impudência do ladrão, a ousadia do moleque de rua, o despudor da cortesã, a audácia do apaixonado, a irreverência do blasfemo.

Há uma coragem que exige prudência: a determinação do irresponsável, o engenho do autodidata, a indiscrição do sabichão, o atrevimento do temerário, a irreverência do desmedido, o pavoneamento do erudito, a soberba do primeiro da turma.

Há uma coragem que merece desprezo: a arrogância do chefão da Máfia, a presunção do incompetente, a insolência do mais forte, a leviandade do ignorante, a injúria do pérfido, a cara de pau do adulador, a grosseria do mal-educado, a altivez do gangster, a empáfia do erudito, o orgulho do alpinista social.

Engajamento e egoísmo

Falamos de medo e coragem. A essas duas palavras, De Masi, você acrescenta uma terceira, muito utilizada nos anos 1960 e 1970, mas hoje aparentemente em crise: "engajamento". Tradução e revisitação, naqueles anos longínquos, do francês engagement *dos intelectuais, teorizado ainda antes, nos anos 1940, por Sartre e Merleau-Ponty. Você inscreve no âmbito do "engajamento" o seu "currículo paralelo", ou seja, a imensa quantidade das atividades desenvolvidas gratuitamente para além da sua profissão na empresa e na universidade. Citemos algumas: a participação política, bem como a criação de uma escola de formação pós-universitária para seus estudantes, a S3.Studium, a presidência do Instituto Nacional de Arquitetura (Inarch), a função de assessor de Cultura e diretor da Fundação Ravello... Agora, conta que conheceu no trem um grupo de jovens na faixa dos 20 anos e, fazendo-os relatar suas vidas como "expatriados" – eram estudantes universitários italianos em Londres –, o ouvido do sociólogo captou naquela conversa uma declinação muito particular desse conceito, o "engajamento".*

Hoje o jovem tem mais tempo disponível porque conta com máquinas digitais obedientes que lhe oferecem mil suportes rápidos, flexíveis e precisos. No entanto, mais raramente utiliza esse tempo em algum engajamento de caráter social: é o conceito de social, de coletivo, que está em crise. Há jovens que se engajam fortemente para atingir objetivos pessoais como carreira, casamento, sucesso; outros se engajam em atividades de voluntariado; outros ainda, talvez a maioria, não sabem que o engajamento é algo belo porque dá sentido à vida.

Isso na nossa parte do mundo. Os jovens africanos, por sua vez, percorrem quilômetros no deserto para chegar aos campos de concentração da Líbia e dali tentar a travessia do Mediterrâneo; jovens chineses estudam noite e dia para não perder o subsídio estatal do qual depende a possibilidade de escaparem da vida de camponeses ou operários de fábrica; jovens americanos, alienados pela miragem do sucesso, aceitam empréstimos vultosos para frequentar escolas como a Phillips Academy ou a Harvard Business School, nas quais a meritocracia impõe ritmos estressantes. Para não falar dos 200 mil jovens que prestam serviço militar, muitas vezes arriscando a vida, em uma das 800 bases americanas ativas em 177 países.

Deitados, ociosos, digitais, imperfeitos, preguiçosos, introvertidos, isolados, desleixados, inconclusivos são os filhos dos ex-esquerdistas descritos por Michele Serra, um de seus pais. Matteo Renzi, por sua vez, também vê como deitados em sofás, inúteis e ociosos os jovens desempregados ou pobres que receberão a renda básica de cidadania proposta pelo Movimento 5 Estrelas.[9]

Nós, ao contrário, distinguimos anteriormente os jovens digitais dos adultos analógicos, constatando a dificuldade intrínseca que estes têm de entender aqueles: dificuldade destinada a resolver-se à medida que os analógicos forem se extinguindo por motivo de idade, e os digitais, se levantando dos sofás para, finalmente, assumir a posição vertical, podendo realizar a sociedade que tanto contemplaram durante sua fase horizontal.

Como é a sociedade que contemplam de seus sofás?

Vamos recapitular o que já foi dito: muito provavelmente, bastarão algumas horas de trabalho por semana – Keynes prevê apenas quinze – para produzir todos os bens e serviços necessários. O maior tempo disponível será usado no crescimento cultural, nas atividades

---

[9] O Movimento 5 Estrelas, criado na Itália em 2009, sob a liderança do comediante Beppe Grillo, se autodefine como um "não partido" e tem a finalidade de colocar cidadãos comuns no poder e estabelecer uma democracia direta através do uso da internet (cf. bit.ly/2ZhZK65). (N.E.)

familiares e na gestão da pólis, isto é, na política. As atividades serão menos frenéticas pelo simples fato de que robôs e inteligência artificial realizarão muitas tarefas físicas e intelectuais hoje confiadas a operários, funcionários administrativos e criativos.

Nesse sentido, a atual preguiça dos "deitados" poderia prenunciar uma espécie de mutação psicofísica da nossa espécie, que se prepara para passar de uma sociedade toda baseada no trabalho a uma sociedade em que o trabalho representa apenas uma parte mínima da vida.

No novo mundo haverá atividades sociais para as quais a contribuição humana continuará sendo imprescindível?

Certamente caberá a nós a tarefa de prever e projetar o futuro. Esse é o primeiro e maior engajamento que teremos de honrar. A inteligência artificial nos dará um excelente suporte para fazê-lo, mas continuaremos sendo os projetistas.

O homem pós-industrial é o primeiro, na longa genealogia de sua espécie, a se encontrar na condição real de ter seu futuro – tanto a destruição nuclear da vida na Terra como a derrota total da fome no mundo – dependendo exclusivamente dele, estando em suas mãos; só ele pode e deve programá-lo com antecedência.

Por isso, a socióloga húngara Zsuzsa Hegedus chegou a chamar a sociedade pós-industrial de "sociedade programada", isto é, sociedade cuja natureza e destino estão ligados, mais do que às relações tradicionais de poder, à possibilidade de planejar o progresso ou, de qualquer maneira, de condicioná-lo. Planejar o futuro significa fechar o leque das escolhas possíveis e privilegiar a mais promissora delas no intuito de produzir, entre todos os futuros previsíveis, o com maior capacidade de atender às necessidades dos que programam.

Mas nem todo mundo prefere nem preferirá o mesmo futuro. Eclodirão conflitos? Em caso afirmativo, de que tipo?

Esse problema é de suma importância porque nos diz que, no mesmo sistema social, há quem se engaje para alcançar um objetivo e quem se engaje para uma finalidade diferente e talvez oposta. Existem contradições desse tipo em todas as sociedades. Na sociedade pós-industrial, a contradição maior muito provavelmente eclodirá entre os que lutam pelo progresso e os que lutam por suas vítimas.

Explico melhor. Por um lado, a sociedade pós-industrial requer grande capacidade de prever o curso da história, antecipar sua trajetória, projetar tempestivamente o percurso rumo a uma meta pré-estabelecida e atingi-la. Por outro lado, além de trazer suas vantagens, o progresso sempre faz suas vítimas: assim, por exemplo, à vantagem do progresso tecnológico e à diminuição dos custos de produção quase sempre esteve acoplada a desvantagem do desemprego.

A "contradição tendencial dos responsáveis pelo progresso", estudada pelo sociólogo Alain Touraine e por Hegedus, consiste precisamente no fato de que os projetistas do futuro, os que têm o poder de programá-lo, tendem a subestimar as vítimas do progresso que produzem, ignoram-nas quando elaboram seus próprios planos, não as incluem ao calcular suas previsões orçamentárias.

Os defensores das vítimas, ao contrário, sabem calcular muito melhor os danos causados pelo progresso, mas são menos propensos a projetá-lo e mais críticos em relação às propostas dos projetistas. Daí decorre uma dupla necessidade: quem tem o poder de programar tem que aprender a avaliar e prevenir os danos causados pelo progresso, e os defensores das vítimas potenciais do progresso tem que aprender a elaborar contraplanos alternativos, capazes de produzir progresso sem vítimas.

Como se pode compreender, essa dinâmica social requer dois tipos diferentes de engajamento, correspondentes a duas vocações diferentes.

Voltemos à palavra de hoje: "engajamento". Em uma sociedade como a nossa e como a próxima, que espaço existe para quem não conhece esse termo em nenhuma de suas acepções?

Sem engajamento a vida não tem sentido porque permanece ancorada no presente, sem nenhum impulso para o futuro – quando, como vimos, nossa sociedade pós-industrial está centrada precisamente em prever e projetar o futuro.

Eu colocaria no currículo do primeiro ano do ensino médio, e de novo no primeiro ano da universidade, uma disciplina que ensinasse a sondar cientificamente o futuro, a construir cenários e programas alternativos do futuro da própria família, da cidade que se habita, da sociedade em que se vive para dali a cinco, dez, vinte anos. Dessa maneira, ajudaríamos os jovens a compreenderem qual dos muitos futuros possíveis merece o engajamento necessário à sua realização, o que precisa ser feito hoje para ter amanhã o futuro preferido, a que preço econômico e humano será possível alcançá-lo, a quem cabe levar adiante esse empreendimento, como conduzi-lo, a quem servirá amanhã e como será usado o que hoje se constrói: uma família, uma casa, uma empresa, uma cidade.

Vamos tentar elaborar um programa para esse curso de "análise do futuro" destinado aos que estão começando o ensino médio ou a universidade.

Assim como há livros didáticos de literatura italiana, história, química, física, seria necessário um texto de futurologia que dissesse: "Hoje na Itália somos x milhões, amanhã seremos y milhões; no planeta somos x bilhões, seremos y bilhões; a disponibilidade de água será de tanto, e a de urânio, de tanto". Um texto que fornecesse aos jovens as informações necessárias para que definam possibilidades e limites do próprio futuro, reduzindo sua carga ansiogênica e ameaçadora. Dizer-lhes: "Dentro de dez anos, o microprocessador do seu celular terá um poder de processamento n vezes superior, portanto, vocês poderão fazer isto e aquilo com o smartphone; os preços dos trens diminuirão, e os dos aviões…". Em suma, informações similares às que as empresas têm em abundância para planejar seus negócios deveriam ser postas à disposição do cidadão comum. Antes de implantar uma linha de montagem, uma empresa automotiva procura entender com precisão, por meio de onerosas pesquisas de mercado, quantos carros, e de que tipo, serão consumidos em cinco e dez anos, pois tem de organizar as estruturas produtivas e decidir onde localizá-las. Por que não dar uma possibilidade análoga também ao cidadão? Projetar o futuro é o cerne da sociedade pós-industrial. Por que não dar ao indivíduo ou às famílias as ferramentas para projetá-lo? Afinal de contas, é o que os pais fazem quando se sacrificam para que o filho estude: projetam para o filho um futuro melhor do que o seu. O rico de fato projeta o futuro do filho, assim como o rei projetava o futuro de seu herdeiro educando-o desde pequeno como monarca. Os Bourbon usavam uma série de artifícios até cruéis na educação do menino que se tornaria soberano. Hoje essa necessidade projetual diz respeito a todos. E, se você não projetar seu futuro, alguém o projetará para você.

Na sociedade industrial, não se projetava no plano individual?
Muito menos. Quando você comprava um carro, sabia que duraria vinte anos. Um torno durava uma vida… Hoje, a obsolescência é tal que quem não prevê as coisas em tempo hábil acaba sendo pego no contrapé.

Na época de sua máxima difusão, a palavra "engajamento", no sentido que lhe era comumente dado, referia-se a duas culturas: o marxismo e o catolicismo, justamente, "engajado". Um jovem "engajado" de esquerda fazia o serviço de ordem durante as manifestações; marxista ou católico, no sábado ia ao cinema de arte ou trabalhava no atendimento pós-escolar para crianças da periferia. O "não engajado", por sua vez, ia dançar ou jogar bola.
Poderíamos dizer que o engajamento católico visava à realização do modelo capitalista visto pelas lentes das encíclicas sociais, ao passo que o marxista visava à construção antagônica de um contramodelo inspirado na redução das distâncias entre as classes por meio de uma distribuição mais equitativa da riqueza, do poder, do saber e das oportunidades. Mas ambos – comunistas e católicos – eram modelos atentos à solidariedade e adotados com paixão, às vezes inclusive com fanatismo. Mas até a dança pode ser encarada de forma mais diletante e ocasional ou mais engajada e sistemática. Quanto ao esporte, você pode simplesmente assisti-lo como espectador mais ou menos entusiasmado ou praticá-lo na primeira pessoa, apaixonadamente.

Hoje, o engajamento permanece intenso pelo menos em dois campos: nas faculdades científicas, nas quais o estudante de física, matemática ou informática se aplica mais ou menos com a mesma paixão que nos tempos de Enrico Fermi; e nos conservatórios de música, nos quais os jovens estudam e tocam dez horas por dia, dedicando-se de corpo e alma à sua vocação. Quando nossos ministros da Educação insistem em recomendar: "Estudem em institutos técnicos e faculdades científicas", querem dizer que as humanidades não merecem engajamento igual porque têm menos espaço no mercado de trabalho.

Infelizmente, há também um terceiro setor em que o engajamento exigido do jovem filiado continua sendo total: o crime organizado, a máfia, a 'Ndrangheta,[10] a Camorra, em que o que está em jogo é riqueza ou morte.

Em suma, se for estudar medicina, você deve estar disposto a salvar o máximo de vidas humanas possível; se for da Camorra, tem de ser bom atirador e ter coragem para enfrentar o inimigo.

Existe um traço que os une no engajamento?

Por engajamento entendo a forte tensão em direção a um objetivo, na convicção de que é um propósito que merece ser perseguido com razão e paixão, sistematicamente, tenazmente.

Há duas frases que, lidas como duas faces da mesma moeda, podem nos revelar o significado exato do engajamento. Uma é de Herman Melville, que põe as seguintes palavras na boca de um personagem de *Moby Dick*: "Gosto apenas de fazer trabalhos limpos, virgens, matemáticos, como se deve; algo que comece corretamente do princípio, tenha no meio sua metade, e no final esteja concluído". A outra frase é de Antoine de Saint-Exupéry, e diz: "Se quiser construir um navio, não convoque homens para pegar madeira e distribuir as tarefas, mas ensine-lhes o anseio pelo vasto e infinito mar".

A pessoa engajada está disposta a fazer das tripas coração para chegar ao resultado que se determinou a atingir. Na Grécia de Péricles, os cidadãos de Atenas viviam com a mesma intensidade extrema tanto a ginástica quanto a retórica, tanto a arte quanto a política, porque compartilhavam o propósito de fazer de sua cidade um modelo absoluto de beleza feliz.

Na nova "ágora", as redes sociais, não há "engajamento"? O seguidor do Movimento 5 Estrelas, ativo participante desse mundo, não é "engajado"?

Os líderes são muito engajados, e a base, bastante, mas estamos bem longe do engajamento que Gramsci obtinha de seus companheiros, ou

---

[10] Máfia calabresa. (N.T.)

Dom Milani, de seus escolares. Quanto mais um grupo se assemelha a um movimento, mais engajamento gera; quanto mais se parece com um partido, mais se burocratiza. As Brigadas Vermelhas[11] exigem mais engajamento do que um partido de esquerda, a CasaPound,[12] mais engajamento do que a Liga, um sindicato de base, mais engajamento do que a CISL,[13] a associação Libera,[14] mais engajamento do que um partido como o Democrata.

O sociólogo italiano Robert Michels, falecido em 1936, afirmava que existe uma "lei férrea" segundo a qual, mais cedo ou mais tarde, todos os movimentos tendem a se transformar em partidos, perdendo em entusiasmo o que ganham em organização. Aliás, um ditado popular nos lembra que todos "nascem incendiários e morrem bombeiros".

Graças à sua natureza revolucionária e carismática, os movimentos constituem grupos de referência para a batalha política e para o triunfo das ideias de que são portadores; graças à sua tendência burocrática, os partidos tornam-se grupos de referência para obter proteção e promoção.

O engajamento pode ser individual ou comum. No discurso dos jovens de 20 anos, no trem, faltava – talvez – a palavra "nós"?

Por mais de cinquenta anos, passei muitas horas por dia com meus estudantes universitários e pude observar de perto suas transformações. A palavra "nós" significa social, coletivo. Antes de pensar que os jovens de hoje rejeitam o que os psicólogos italianos chamam de "*noità*" ["nós-dade"], em oposição ao individualismo, precisamos aprofundar a análise. Descobriremos que as formas de "*noità*" estão mudando e que os jovens parecem individualistas, isolados, solitários simplesmente porque frequentam formas de "*noità*" diferentes das que nós frequentávamos.

Para um sociólogo, existem muitas formas de vida coletiva: um movimento ou uma instituição, como já mencionei; um grupo primário,

---

[11] Organização paramilitar de guerrilha comunista italiana. (N.T.)

[12] Partido político italiano de extrema direita, de matriz neofascista e populista. (N.T.)

[13] Confederazione Italiana Sindacati Lavoratori, central sindical italiana. (N.T.)

[14] Associação cujo objetivo é instigar a sociedade civil na luta contra o crime organizado. (N.T.)

um grupo secundário, uma comunidade, uma sociedade. Os "nós" são muitos. E são diversos.

Observa-se uma diferença marcante no comportamento conforme consideramos um grupo pequeno, de no máximo dez pessoas, ou um grupo grande, talvez uma multidão. O grupo pequeno é mais racional e analítico ao enfrentar um problema e tomar uma decisão; o grupo grande – de torcedores em um estádio, digamos – é muito mais emocional e passional; pode até degenerar em formas incontroláveis de violência ou pânico. Em um pequeno grupo, o engajamento particular de um único componente é imediatamente percebido e, se acompanhado de criatividade, acaba se transformando em liderança; em um grupo grande, o engajamento do indivíduo fica disperso, e ele só pode se tornar líder graças a seus dons carismáticos.

Outro sociólogo, desta vez o alemão Ferdinand Tönnies, distinguiu os grandes agregados em *Gemeinschaft* [comunidade] e *Gesellschaft*, [sociedade]. Os significados e termos do engajamento mudam radicalmente quando passamos de uma tipologia a outra.

O que Tönnies entende por "comunidade"?

Um grupo como a família, a parentela, o clã, a aldeia, o bairro, em que todos se conhecem, são unidos por laços de consanguinidade, etnia ou territorialidade. A comunidade é como um organismo vivo, em que a convivência duradoura e genuína privilegia os relacionamentos "quentes", que são confiantes, confidenciais, íntimos, exclusivos e personalizados, nos quais a lealdade, o afeto e o dom são recompensados. Na comunidade, a pessoa está ligada aos seus desde o nascimento, para o bem ou para o mal.

As relações comunitárias têm um espaço limitado no qual o indivíduo se sente nutrido, seguro, protegido, mas também controlado, oprimido, privado de horizontes mais vastos.

Um exemplo clássico é o de Chiaromonte, comuna da Lucânia estudada pelo sociólogo americano Edward Banfield e descrita no livro *The Moral Basis of a Backward Society* [A base moral de uma sociedade atrasada], onde o fator aglutinante era constituído pelo "familismo amoral".

Em um contexto assim, no qual todos contribuem para a organização dando tudo de si e recebem em troca uma proteção igualmente completa, o engajamento consiste em assegurar aos outros membros do grupo seu afeto, sua ternura e sua dedicação. No passado, era frequente na comunidade uma distinção clara entre homens e mulheres; assim, exigia-se deles o engajamento com o sustento econômico da família, e delas, o engajamento com o cuidado. Hoje, todos os membros da comunidade têm direitos e deveres iguais, e, pela primeira vez na história, Eneias apoia Anquise: ou seja, são os velhos aposentados que sustentam os jovens *not engaged in education, employment or training*, os NEETs – ou nem-nem, que nem estudam, nem trabalham.

No caso do sociólogo alemão, o que devemos entender por "sociedade"?
Segundo Tönnies, a sociedade é "um círculo de homens que, como na comunidade, vivem e atuam pacificamente um junto do outro, mas que não estão essencialmente ligados, e sim essencialmente separados, permanecendo separados não obstante todos os laços, ao passo que na comunidade permanecem ligados apesar de todas as separações". A sociedade constitui uma forma mais evoluída de vida coletiva, característica do mundo industrial e pós-industrial, baseada no interesse, na organização empresarial e burocrática, no contrato, nas categorias profissionais. Favorece relações formais, "frias" e despersonalizadas, nas quais competência e mérito são premiados. Se na comunidade as pessoas se tratam por "você", na sociedade se tratam por "senhor(a)".

Nesse âmbito, é cada um por si e em estado de tensão em relação aos demais. Os milhares de operários, funcionários administrativos, executivos, profissionais liberais, gerentes e dirigentes, que entram na empresa todas as manhãs e lá permanecem oito horas trabalhando juntos e perseguindo a mesma meta de produção, são um exemplo clássico de "sociedade". Sua proximidade é mais um agregado quase mecânico de atividades paralelas do que uma confluência de todos os sujeitos em um único tecido orgânico. É o mundo do estranhamento mútuo, das tarefas definidas, da organização urbano-industrial, dos colarinhos brancos, da multidão solitária. É o mundo das associações profissionais, das grandes corporações burocráticas, das multinacionais.

Um membro da "sociedade" é um "número" do grande "colegiado", um ponto de referência para certas funções, um polo de direitos e deveres listados em um regulamento e em um contrato, um "cidadão" ou um "empregado" que tem relações com outros cidadãos e com outros colegas cujo número pode aumentar até o infinito.

Na "sociedade", o engajamento requerido consiste essencialmente no respeito escrupuloso ao regulamento contratado, no cumprimento pontual das tarefas determinadas em sinergia com todos os demais, na escalada honesta das várias etapas previstas no plano de carreira.

Vamos aplicar essa distinção no nosso exemplo: os jovens "deitados" se engajam em um contexto comunitário ou societário?

Pode ser que os jovens que encontrei no trem não tenham um engajamento coletivo do gênero societário porque estão desempregados ou não vão votar, mas isso não significa que não tenham engajamentos de tipo comunitário. Com certeza cada um deles participa, nas redes sociais, de vários grupos com outros jovens, talvez localizados em diversas partes do mundo, com quem se conecta várias vezes ao dia e se encontra fisicamente em circunstâncias específicas como um show, um jogo de futebol ou uma peregrinação. Provavelmente, vários deles mantêm contatos fecundos com grupos de imigrantes, vão prestar sua ajuda desinteressada em caso de incêndios ou terremotos e aventuram-se na *street art,* a exemplo de Os Gêmeos ou Banksy ou de quadrinistas como Zerocalcare.

Depois temos o engajamento individual. Milhares de jovens emigram de um país para outro por razões de estudo ou trabalho. Estudar em Londres é um luxo, mas também um sacrifício, e acarreta desorientação para o jovem que precisa sair de seu contexto e reinserir-se em um ambiente estranho.

Engajamento sempre implica a ideia de promover a si mesmo ou outros, melhorar algo nesta Terra, fazer boas obras para ganhar o Paraíso. Promover-se significa subir de nível: ir para o Paraíso em vez do Purgatório, se o horizonte for o teológico da religião; atingir a função e o status de dirigente, em vez de contentar-se em ser empregado, se o horizonte for o profissional da empresa.

Ao abismo entre analógicos e digitais, sobre o qual falamos em conversa anterior, devemos acrescentar, portanto, a separação entre engajados e desengajados.

Nas empresas e nas burocracias, o uso do "nós" é mais frequente entre os operários, que se sentem solidários entre si e unidos pela solidariedade de classe, mesmo se declinante, ao passo que é raro entre os trabalhadores intelectuais: o gerente sempre foi menos sindicalizado do que o funcionário administrativo, e este, menos do que o operário. Quando o operário diz "nós", refere-se à classe operária ou ao sindicato; quando o funcionário administrativo, e mais ainda o gerente, diz "nós", refere-se à empresa, com a qual se identifica.

Quando você é pouco sindicalizado, tenta resolver seus problemas discutindo-os sozinho com seu chefe direto ou com o gerente de RH. E como os trabalhadores intelectuais – administrativos, gerentes, dirigentes – são a imensa maioria da força de trabalho, seu engajamento, quando existe, tende a ser individual, quer se trate de fazer carreira ou de defender seus próprios direitos.

De fato, foi clamorosa a Marcha dos 40 Mil em 1980, a dos executivos da que desceram às ruas...

Um caso assim continua sendo raro, se não único. E foi uma iniciativa tomada justamente para se autopromover, porque ditada pelo medo de serem totalmente destituídos do poder que detinham nos departamentos de produção e nos escritórios. O grupo dos administrativos, o dos chefes intermediários, era a faixa cujos direitos sofriam mais erosão em decorrência da ascensão dos operários: o operário não tirava poder de Agnelli, tirava poder do capataz, e o capataz se rebelou.

O que poderia ocorrer em uma sociedade na qual ainda exista o engajamento individual, mas falte o coletivo?

Insisto na ideia de que aos jovens de hoje não falta engajamento coletivo de maneira geral, mas apenas determinados tipos de engajamento. No atual governo, 27 parlamentares têm menos de 30 anos, e um jovem de 32 é, ao mesmo tempo, vice-presidente do Conselho de Ministros, Ministro do Trabalho e Ministro do Desenvolvimento Econômico.

É verdade que há desengajamento político, mas quem recebeu mais votos nas últimas eleições foi um movimento composto sobretudo de jovens pessoalmente muito engajados na organização do consenso.

Com isso não pretendo minimizar o perigo inerente ao desengajamento político: a subordinação das massas a uma elite autoritária restrita, prevista pela lucidez de Tocqueville. Só é possível opor-se e evitar essa subordinação por meio da ação coletiva.

Como se articulam ação individual e ação coletiva?

O engajamento pode ser exercido em diferentes níveis progressivos. No primeiro nível estão os totalmente desengajados, inclusive em relação à sua própria pessoa; em seu niilismo, dizem a si mesmos: "Não adianta fazer nada, o jogo acontece muito além do meu alcance, não sou eu que posso influenciar o futuro". O segundo nível é o dos que pensam que o engajamento é desejável, mas apenas o individual, e repetem para si mesmos: "Tenho de me virar sozinho, preciso fazer malabarismos para conseguir chegar a determinados pontos". Depois há um terceiro nível, que pode ser alcançado pelos que entendem que não vai adiantar abrir caminho às cotoveladas e que, se continuarem a jogar sozinhos, dentro de dez anos estarão no mesmo nível que hoje.

Os rapazes do trem estavam parados no segundo nível?

Falando com esse grupo específico, que encontrei por acaso, tive a impressão de que aqueles jovens, durante a nossa conversa, refletiam sobre esse tema pela primeira vez.

Conscientizar-me significa compreender bem aonde quero chegar, o que está em jogo, quem está do meu lado, quem é o inimigo objetivo que será um obstáculo, como posso aliar-me ao primeiro e opor-me ao segundo. Em suma, são necessárias tática e estratégia. Preciso ter vanguardas que me orientem ou tornar-me eu mesmo vanguarda. É o processo que já vimos, pelo qual o monte de barro se transforma em tijolo.

Mas hoje a exigência de mudança social é negada ou hostilizada: estamos mudando e avançando no campo tecnológico, mas em todo o resto permanecemos parados ou até retrocedemos. A condição operária, por exemplo, está muito pior do que há vinte anos. Hoje, um funcionário administrativo que tiver sido contratado quando havia certos direitos adquiridos recebe o décimo terceiro salário no Natal e, no verão, o décimo quarto; um rapaz recém-contratado, ao contrário, possui um smartphone, mas, como tem contrato precário, é demitido entre uma estação e a outra. Paradoxalmente, o progresso tecnológico dificulta o avanço dos direitos.

Por quê?

Porque ajuda a tornar supérfluos os corpos intermediários, tanto o partido quanto o sindicato. É a desintermediação de que falou o atual Ministro do Desenvolvimento Econômico referindo-se ao sindicato: para resolver a questão da siderúrgica Ilva, assim como a dos trabalhadores precários da *gig economy*,[15] o Ministro reuniu-se diretamente com os trabalhadores e as empresas, sem passar pelos sindicatos. Matteo Renzi fez o mesmo quando, como presidente do Conselho de Ministros e secretário de um partido de esquerda, disse: "Para os problemas de trabalho, prefiro falar com Marchionne, CEO da Fiat, e não com Camusso, secretária-geral da CGIL".[16]

Os empregadores sempre tentaram passar por cima do sindicato e tratar diretamente com os trabalhadores individuais porque, dessa maneira, a correlação de forças com certeza pende a seu favor. Sem o respaldo de um sindicato, o trabalhador individual é indefeso e sai perdendo. Quando, nos anos 1950, Valletta quis derrotar a CGIL, que mobilizava os operários da Fiat, chegou a criar um sindicato "pelego", emissário da direção da empresa.

A maioria dos empregadores sempre considerou o sindicato irritante, e sempre disseminou a ideia de que seus interesses não são opostos, mas complementares aos dos trabalhadores: "Estamos todos no mesmo barco,

---

[15] *Gig economy*, ou economia sob demanda, compartilhada ou de bicos, compreende trabalhadores temporários e autônomos que prestam serviço sem vínculo empregatício. Ex.: freelancers em geral, Uber, Airbnb, etc. (cf. bit.ly/2zkezGB). (N.E.)

[16] CGIL é a sigla utilizada para se referir à Confederazione Generale Italiana del Lavoro [Confederação Geral Italiana do Trabalho]. (N.T.)

somos uma grande família… Para que defensores intermediários? Não há nada que os ameace".

Em que medida certas formas de comunicação direta – tanto o Twitter quanto o Facebook – entram em conflito com o engajamento coletivo?

As novas tecnologias realmente dão a impressão de que você pode se virar sozinho. Hoje tudo incentiva a abolir as representações, os intermediários. Para uma operação bancária, basta o computador; para reservar um quarto de hotel, uma passagem de trem ou de avião, basta a internet. As colunas de decoração, na rádio ou na TV, visam a transformar a dona de casa em uma verdadeira decoradora. As colunas sobre saúde induzem o leitor a diagnosticar-se e se tratar sozinho. E qual é o resultado final disso? Na política, é o sorteio proposto por Grillo. Se você pode decidir sozinho se vai se casar, ter um filho, como decorar a casa, que aspirina tomar, então também não precisa de alguém que o represente na política. Nesse aspecto, é "uma pessoa, um voto" sob todos os pontos de vista.

"Uma pessoa, um voto" é algo que, na verdade, já está na nossa Constituição: o voto de Benedetto Croce ou de Umberto Eco vale tanto quanto o do analfabeto… A democracia se distingue de outras formas de organização política justamente por isso. Mas o sorteio proposto por Grillo para indicar senadores, já adotado na Itália para a escolha de alguns magistrados e algumas comissões universitárias, pressupõe que todos os potenciais sorteados possuam grau equivalente de cultura e profissionalismo.

O exemplo até hoje não superado dessa democracia direta é a Atenas de Péricles, onde, no entanto, os cidadãos plenos (isto é, os adultos livres do sexo masculino) eram 40 mil. As mulheres, os 20 mil metecos e os 150 mil escravos eram considerados ferramentas, dotadas de voz, mas privadas de alma e de cidadania.

Os atenienses acreditavam que apenas os 10 generais e alguns outros altos funcionários deveriam ser escolhidos, com base em sua competência, para um conjunto de 100 cargos particularmente delicados e especializados, como a gestão do sistema hídrico. Para todos os outros mil cargos, bastava um sorteio entre os 40 mil cidadãos plenos. Entre outras coisas, o sorteio era preferido para que até mesmo os deuses, mestres do acaso, assumissem suas responsabilidades.

É preciso lembrar, no entanto, que todos aqueles cidadãos autorizados a participar do sorteio haviam concluído a escolaridade obrigatória, que ia até os 20 anos; nos ginásios, na academia e na escola, os professores eram do calibre de Platão e Aristóteles; a formação abrangia tanto a esfera física, com exercícios de ginástica e militares, quanto a espiritual; à educação inicial dos jovens, baseada nas disciplinas escolares, somava-se a formação permanente dos adultos, confiada às histórias representadas nos vasos e templos, às narrativas mitológicas, às representações sagradas, às competições poéticas, ginásticas e hípicas, às temporadas teatrais, às esculturas, à música, à dança, às conferências. Aos 40 anos de idade, um ateniense já havia assistido a pelo menos trezentas representações teatrais de dramas e comédias de altíssima qualidade.

Era entre esses cidadãos que se sorteavam os cargos públicos, todos com mandato de um ano. E o método do sorteio era justificado por Aristóteles: "O autor de uma obra não necessariamente é um juiz capaz de apreciá-la mais do que quem não entende da arte: por exemplo, aprecia a casa não só quem a fez, mas também, e melhor, quem nela deve habitar... Da mesma forma, o timoneiro julgará o leme com mais justiça do que quem o fabricou, e o conviva avaliará melhor o banquete do que o cozinheiro".

Sócrates, em clara minoria, diz o oposto: "É absurdo que os governantes da cidade sejam sorteados, pois ninguém empregaria um barqueiro, um carpinteiro ou um flautista escolhido por sorteio, embora os erros cometidos por eles sejam muito menos prejudiciais do que erros no campo da política relativa à coisa pública".

Podemos, portanto, aceitar tranquilamente a proposta de Grillo: escolheremos os senadores por sorteio, mas só quando todos os cidadãos italianos tiverem realizado seus estudos com aproveitamento até os 20 anos e tiverem assistido a trezentas representações teatrais do calibre de *Antígona* e *Édipo Rei*.

Quem são hoje, se existem, os plenamente "engajados"?
Muitos se engajam como voluntários, tanto em associações laicas como religiosas.

Que fique claro: em todos os setores há pessoas engajadas, mesmo naqueles em que as modalidades organizativas são mais excêntricas, e o empregador, mais atento. É o caso da Amazon ou da Foodora, nas quais estão começando a aparecer os primeiros sinais de agregação antagônica, fruto da exasperação dos trabalhadores que ultrapassou todos os limites. Antes, muito menos arbitrariedades e intrusões do empregador já bastavam para suscitar forte reação sindical; hoje, o trabalhador pode ser controlado a cada instante por meio de pulseiras eletrônicas, e li em algum lugar que na China estão experimentando até implantar chips sob a pele para dirigir o trabalhador aos locais desejados pela organização, mantê-lo sob controle constante e avaliar seus mínimos comportamentos. Até mesmo Taylor, com seu cronômetro e sua divisão científica do trabalho, se reviraria no túmulo.

Até na escola e na universidade os estudantes reagem menos?
Em 1968, bastava um pequeno abuso por parte do professor – como mudança na data de uma prova – para gerar greves e ocupações. Hoje, o docente pode fazer o que bem entender e nem um único aluno se rebelará.

Os professores se rebelam menos do que nunca contra os abusos de poder da parte dos governos. Em sete anos, o número de docentes universitários diminuiu 20%, e o financiamento ao ensino superior foi reduzido, embora a Itália tenha um sério déficit de portadores de diploma de nível terciário. Na prática, foi elaborada uma estratégia real, encarniçada, contra a escola e contra a categoria dos docentes, mas quando a luta dos professores precários começou, só uma parcela mínima do corpo docente aderiu à greve.

Com exceção da área de transporte público, a greve parece ter se tornado um instrumento do passado, obsoleto, fora de moda.
Ninguém mais acredita em ação coletiva. Além disso, a mídia está empenhada em convencer-nos de que as greves não servem mais para nada. Não há mais engajamento revolucionário em setor trabalhista algum. Uma parte da classe média se proletarizou, e o proletariado, todo ele, deixou de ser o motor da história, aquele que – segundo Marx –, redimindo-se a si mesmo, teria redimido a humanidade inteira.

O desespero atinge até as paróquias, que não encontram mais clérigos, e as abadessas, que não encontram mais monjas e precisam importá-las da Índia.

O fenômeno das ONGs que socorrem os migrantes no Mediterrâneo não é um exemplo – extraordinário – de novo engajamento?
Não há dúvida. E os que socorrem quase sempre são muito jovens. Deveríamos realmente estudar as pessoas que prestam esse serviço para entender suas motivações. Peter Drucker, grande guru da gestão, escreveu um ensaio muito interessante sobre o que os empreendimentos com fins lucrativos podem aprender com os empreendimentos sem fins lucrativos. Dediquei o último capítulo do livro *Il lavoro nel XXI secolo* [O trabalho no século XXI] a isso, ou seja, ao fato de que a organização do trabalho pós-industrial deveria copiar das organizações sem fins lucrativos o modo de substituir o incentivo do dinheiro e da competitividade pela motivação derivada da alegria de aprender, doar e cooperar.
Às vezes, se você perguntar a um jovem trabalhador precário por que ele faz todos os dias, o dia todo, determinada tarefa em uma empresa que nem sequer lhe paga, a resposta é: "Porque gosto".

Vimos a articulação entre "engajamento" e "projeto". Mas podemos planejar somente se for possível avançar, ou seja, se a sociedade tiver espaço para a mobilidade. Comparada com a atual, a mobilidade social era maior ou menor na sociedade industrial?
Era muito maior do que na sociedade rural, na qual o servo da gleba permanecia nessa condição a vida toda. Mas era raro um operário se tornar colarinho branco. E raro que uma mulher chegasse a cargos de direção. Em compensação, havia pouca mobilidade descendente: uma vez tendo subido de nível, havia muitas chances de ali permanecer. O filho de tabelião seria tabelião, era muito difícil que se tornasse algo menos prestigioso. Se um filho de médico viesse a ser operário, era um escândalo.

Hoje, ao contrário, há muita mobilidade descendente?
Definitivamente. Todos os desempregados são filhos de alguém empregado, o que já seria demonstração suficiente. Os pais dos rapazes

com quem falei no trem com certeza já eram profissionais estabelecidos aos 30 anos de idade. Havia menos postos de trabalho disponíveis, mas eram seguros porque os italianos, que hoje são 61 milhões, eram apenas 45 milhões no pós-guerra imediato.

Mas, ao falar da evolução do mercado de trabalho, é preciso lembrar que a fragmentação do saber também tem uma influência: as poucas disciplinas do passado se dispersaram em dezenas de faculdades, e cada faculdade oferece dezenas de cursos de graduação, porque a massa de coisas a conhecer aumentou enormemente. Primeiro, havia faculdades *generalistas*, como a de Direito. Com esse diploma você podia até ensinar idiomas, além de ser tabelião, advogado criminalista, civilista e magistrado. Hoje a rigidez dos cursos propicia, além disso, menos oportunidades de escolha e de emprego condizente com a área do diploma, e o formando é obrigado a exercer profissões menos prestigiosas. Acontece-me encontrar ex-alunos, talvez graduados com nota máxima e detentores de ótimas pós-graduações, que são garçons de bar ou bilheteiros de trem. Uma excelente ex-aluna minha, especializada em formação gerencial, depois de ter dirigido uma *summer school* de gestão cultural, foi ser encarregada de marketing de um teatro e, quando o empregador reduziu o pessoal, passou a ser autônoma e abriu um centro de massagem.

Caso uma verdadeira esfera coletiva não seja recuperada daqui até 2030, o que pode acontecer?

O oposto da solidariedade e da ação coletiva é o egoísmo. Aumenta o barro e diminui o tijolo. Mas muita atenção: os grãozinhos que formam o barro hoje estão desempregados, ou talvez sejam operários, os *working poors* realmente privados de segurança e garantias. Não são os proletários bem organizados em classe social, com contrato por tempo indeterminado, que trabalhavam na Fiat dos 18 aos 60 anos e depois se aposentavam. São grãozinhos em perpétua oscilação existencial, em um ciclo – muito diferente da alternância escola-trabalho! – em que trabalho e desemprego se alternam sem paraquedas algum.

Com as próximas ondas de progresso tecnológico e a consequente redução drástica das horas de trabalho necessárias para produzir tudo que precisamos, muitos terão de viver com a renda básica de cidadania; ou melhor, renda de sobrevivência. Quem existe hoje terá, por esse simples fato, direito de existir amanhã também. Terá alimento, porque os alimentos serão para todos. E será preciso cultura, crescimento cultural, ofertas culturais para que o tempo livre não seja reduzido à pura vida vegetativa nem degenere em drogas e violência. Não se tratará de *panem et circenses*, como na Roma Antiga, onde a plebe esbanjava uma riqueza imensa, drenada de todo o império, e se embrutecia farreando enquanto, diante de seus olhos, as feras matavam cristãos ou os gladiadores, educados para a matança, eliminavam-se uns aos outros. Todos os escravos e bárbaros do império trabalhavam para saciar e divertir aquela plebe com crueldade obscena; para nutrir e cultivar intelectual, estética e eticamente os cidadãos da sociedade pós-industrial, trabalharão os robôs, os dispositivos de inteligência artificial e as mentes dos criativos.

Existe um modelo que possa servir de inspiração a essa futura era do lazer? Qual?

O modelo ateniense. A escola do futuro deverá se inspirar no único modelo que compreendeu que, quando os cidadãos não precisam trabalhar, o problema é a gestão do tempo. Naquela época não havia robôs, mas o cidadão livre tinha à sua disposição metecos e escravos. No século IV a.C., entre 317 e 307, Demétrio de Falero ordenou um censo geral da Ática, que era habitada por 21 mil cidadãos plenos, 10 mil metecos, ou seja, estrangeiros encarregados do comércio e do artesanato, e 40 mil escravos. Cada cidadão contava, na prática, com mais de duas pessoas sem direitos civis que trabalhavam para ele quase de graça. E os cidadãos se ocupavam principalmente da organização da pólis, cuja gestão tinha como objetivo tornar seus habitantes o mais felizes possível.

Em *O futuro chegou*, abordei de modo específico a comparação entre diversos modelos, do confucionista ao islâmico, do iluminista ao comunista. Mas nenhum me parece mais adequado do que o ateniense para inspirar o modelo de convivência que deveremos adotar quando cada um de nós tiver dois ou três escravos mecânicos trabalhando para si. É claro que hoje temos um planeta inteiro no lugar da pólis, mas os meios de comunicação à nossa disposição transformam o mundo em uma aldeia que, comparada com a Atenas de Péricles, é, em escala humana, ainda menor, além de interconectada.

Com 7 bilhões de pessoas que terão se tornado 8 em 2030?

Aos pioneiros que queriam pradarias maiores na América, bastava deslocar pela força os acampamentos indígenas e apropriar-se de seu território. Aos camponeses pobres do Vêneto ou do Irpinia que procuravam trabalho, bastava emigrar para os Estados Unidos ou para o Brasil para conseguir um emprego decente. Agora ninguém tem a ilusão de que, daqui a cinquenta anos, se faltar de espaço ou trabalho, será possível se mudar para Marte. Portanto, temos a sensação de estar no fim de um ciclo: não há mais o país estrangeiro, a terra estrangeira, o lugar para onde se expatriar. No passado se dizia, de forma quase utópica, que "o mundo inteiro é uma aldeia". Com a globalização agora consumada, essa frase se tornou real: somos uma única aldeia fechada da qual é impossível escapar.

Diante da dificuldade dos Estados Unidos em ampliar suas fronteiras ao infinito em detrimento de outros, John Kennedy propôs aos estadunidenses uma "nova fronteira": não mais estender seu domínio horizontalmente, com porta-aviões e exércitos, mas recuperar verticalmente os marginalizados do país incluindo-os, por meio do bem-estar social, no sistema de oportunidades e proteções reservadas aos privilegiados.

O engajamento que Kennedy pediu aos seus cidadãos para cruzar a nova fronteira dos Estados Unidos é o mesmo compromisso hoje exigido de todos os privilegiados do mundo – 1 bilhão de pessoas do total de 7 –, no intuito de reduzir as disparidades que a economia neoliberal tornou escandalosas.

Sabemos algumas coisas. Sabemos que, com certeza, será preciso cada vez menos trabalho para produzir cada vez mais bens. Sabemos que, com certeza, a crescente carência não é decorrente da falta de recursos, mas do fato de alguns se apropriarem de uma parcela tão exorbitante que empurram outros para a pobreza absoluta. Sabemos com certeza que, se a dividíssemos igualmente, a riqueza produzida bastaria para assegurar o bem-estar de todos. Sabemos, também com certeza, que, continuada a tendência atual, a situação só será resolvida por meio de uma ação revolucionária, porque os detentores da crescente riqueza nunca a redistribuirão espontaneamente.

Mais uma vez, os números nos ajudam a explicar melhor: hoje, o produto interno bruto per capita dos Estados Unidos é de 56 mil dólares; se cada americano realmente tivesse essa quantia, não haveria 40 milhões de pobres. Nos países da zona do euro, o PIB per capita é de 35 mil dólares; se cada europeu realmente dispusesse dessa cifra, não haveria, como há, 117 milhões de pobres. Nos 196 países do mundo, o PIB per capita é de 10 mil dólares; mesmo com essa cifra, se cada um dos 7,4 bilhões de habitantes da Terra pudesse de fato recebê-la, todos poderíamos viver comodamente. Essa redistribuição deveria ser objeto do empenho máximo das Nações Unidas. Infelizmente, no entanto, a grande maioria dos economistas se obstina em ensinar que a pobreza é um mal impossível de eliminar, e que isso talvez seja até bom.

O que podemos esperar no âmbito das migrações? O que acontecerá daqui até 2030?

Sabemos que em 2030 o mundo será mais rico e o PIB per capita se elevará até 15 mil dólares, contra os atuais 10 mil. Sabemos também que a riqueza continuará a ser distribuída de forma desigual: hoje, uma vaca leiteira europeia já recebe um subsídio de 913 dólares, ao passo que um habitante da África Subsaariana recebe 8 dólares. Sabemos que a disparidade entre essa parte pobre da África e a Europa permanecerá mais ou menos a mesma que hoje: um para dez. Por fim, sabemos que, apesar do *mainstream*, a visibilidade dessas desigualdades macroscópicas alimentará movimentos e conflitos. Cem anos atrás, o habitante do Chade ou do Sudão, se não fosse católico, nem sabia da existência de Roma, ao passo que hoje a vê na televisão, assim como vê o esbanjamento ostensivo de toda a Europa.

Além disso, na margem sul do Mediterrâneo, o PIB per capita da Líbia é de 8 mil dólares, o da Argélia, de 4 mil, o do Marrocos, de 3 mil, o do Chade, de 780, e o do Níger, de 361. Na margem setentrional, por sua vez, a Espanha tem 26 mil dólares, a França, 38 mil, a Itália, 30 mil, a Alemanha, 42 mil e a Suíça, 81 mil. Entre essas duas realidades tão defasadas, encontra-se a mais fluida das barreiras: o mar.

Daí que a pressão migratória da África, mas também da Síria e de outras zonas de guerra, será igual ou maior do que a atual, especialmente porque, como vimos na conversa sobre longevidade, a população africana aumentará e a europeia diminuirá. A propensão dos países ricos para explorar, em vez de ajudar, os países pobres permanecerá idêntica, impedindo assim o desenvolvimento destes. Uma manhã, um ouvinte do programa de rádio *Prima pagina*, há muito voluntário em alguns países africanos, resumiu assim a situação: "Hoje, como trinta anos atrás, as crianças nas minas de Gana escavam urânio, que lhes é pago a quatro euros por quilo, mas que, uma vez na Itália, vale quatrocentos mil; as mães desses meninos, como trinta anos atrás, precisam percorrer dez quilômetros para buscar um balde de água. Enquanto isso, oitenta navios partem dos Estados Unidos carregados de detritos tóxicos que serão descarregados na África".

Portanto, o problema são os Estados Unidos e a Europa.

A Europa continuará a se blindar. E se repetirá, desta vez no nível global, uma situação semelhante à vivenciada na África do Sul quando o bairro dos brancos foi cercado pelos negros na Cidade do Cabo. Você pode até trancar Mandela na prisão por 26 anos, mas no final tem de chegar a um acordo.

Poderemos usar o pouco tempo que ainda resta antes que o homem branco seja cercado pelo homem negro para criar uma sociedade multiétnica, reduzir as distâncias culturais entre os povos, aumentar a integração, multiplicar o dom recíproco do saber e da arte.

Em vez disso, está prevalecendo uma pulsão primária, a mais infantil e autodestrutiva: "Fechemos tudo". Uma segunda pulsão, um pouco mais evoluída, mas por enquanto fantasista, é: "Fechemos tudo, mas, enquanto isso, implementemos com urgência um grande Plano Marshall para a África". Para realizar esse plano, contudo, a primeira etapa deveria ser reduzir a exploração, ao passo que os países que erguem os muros são os mesmos que escancaram suas fronteiras quando se trata de abrir passagem para matérias-primas e mão de obra compradas a baixo custo. Os navios podem atracar nos nossos portos para desembarcar urânio ou petróleo, não para desembarcar migrantes.

Qual poderia ser uma terceira pulsão, a mais adulta?

Promover não apenas ajuda econômica, mas também cultural: um vasto plano de desenvolvimento para financiar escolas locais, universidades, laboratórios de pesquisa e mídia para que os países pobres tomassem consciência da exploração a que estão submetidos e encontrassem seu próprio caminho de progresso, libertando-se da subordinação política, militar e financeira por meio da qual são colonizados.

É correto evocar a imagem do Plano Marshall?

Sim. Mas na época foi apenas um país, os Estados Unidos, que ajudou vários países europeus. Hoje, muitos países europeus ajudariam muitos países africanos, de Gana à Mauritânia. Se, por um lado, isso complica as coisas, por outro as torna mais coletivas e meritórias.

Aqui volta a palavra "engajamento". Planejamento contra egoísmo: é isso que se pediria aos países engajados no novo Plano Marshall?

A meu ver, o não engajamento dos jovens, se e quando existe, não é senão a projeção, no nível individual, de uma falta de engajamento mais geral que caracteriza todo o planeta. É preciso admitir que, até agora, nunca tivemos um exemplo histórico de engajamento planetário dos povos privilegiados em favor dos povos explorados. Mas também é verdade que somente agora, pela primeira vez, temos percepção e consciência tangíveis de viver em um planeta fechado em si mesmo, em uma pátria comum, onde compartilhamos um destino comum e, acima de tudo, ecológico.

Entre os anos 1960 e 1970, o engajamento ecológico desfrutou de grande atenção e prestígio. Por que hoje parece ter sido riscado da agenda?

Na verdade, os problemas se agravaram, mas a consciência ecológica também me parece mais extensa e elevada. Nas últimas décadas do século passado, proliferaram tanto as pesquisas científicas quanto os debates de divulgação sobre questões relacionadas aos limites do desenvolvimento, à complexidade e à epistemologia. De Kuhn a Feyerabend, de Lakatos a Edgar Morin, de Bocchi a Ceruti, de Maturana a Varela, houve uma vasta produção de ensaios que sondavam os percursos do conhecimento e as relações do homem com o ambiente. Por fim, o Papa Francisco dedicou uma encíclica inteira, *Laudato Si'*, a esses problemas, pedindo a todos – governos, instituições, indivíduos – que assumissem o compromisso prioritário de resolvê-los.

Qual é a mensagem do papa?

Vale a pena destacar aqui pelo menos três de seus aspectos, estreitamente ligados ao tema do engajamento. Chama atenção, em primeiro lugar, a intenção declaradamente revolucionária dada à carta: "Nunca maltratamos e ferimos a nossa casa comum como nos últimos dois séculos. [...] O que está acontecendo põe-nos perante a urgência de avançar numa corajosa revolução cultural. [...] Toda a pretensão de cuidar e melhorar o mundo requer mudanças profundas nos estilos de vida, nos modelos de produção e de consumo, nas estruturas consolidadas de poder, que hoje regem as sociedades".

O segundo aspecto que salta aos olhos é a concepção unitária e interligada que o Papa Francisco tem do universo e da humanidade. "Tudo está interligado. Por isso, exige-se uma preocupação pelo meio ambiente, unida ao amor sincero pelos seres humanos e a um compromisso constante com os problemas da sociedade. [...] Não há fronteiras nem barreiras políticas ou sociais que permitam isolar-nos e, por isso mesmo, também não há espaço para a globalização da indiferença. [...] O Sol e a Lua, o cedro e a florzinha, a águia e o pardal: o espetáculo das suas incontáveis diversidades e desigualdades significa que nenhuma criatura se basta a si mesma. Elas só existem na dependência umas das outras, para se completarem mutuamente no serviço umas das outras."

O terceiro aspecto importante é a evidência apresentada no que diz respeito à relação entre os privilégios dos ricos poluidores e a miséria dos pobres que sofrem a poluição: "O aquecimento causado pelo enorme consumo de alguns países ricos tem repercussões nos lugares mais pobres da Terra, especialmente na África, onde o aumento da temperatura, juntamente com a seca, tem efeitos desastrosos no rendimento dos cultivos. A isso acrescentam-se os danos causados pela exportação de resíduos sólidos e líquidos tóxicos [...], pela atividade poluente de empresas que fazem nos países menos desenvolvidos aquilo que não podem fazer nos países [...] desenvolvidos ou do chamado Primeiro Mundo".

Seja qual for sua perspectiva de análise, o engajamento é o oposto do egoísmo. O que é o "egoísmo" para um sociólogo?

O egoísmo é uma paixão e, portanto, faz parte da nossa esfera emocional. Assim, exigiria reflexão psicológica e psicanalítica. Não sou nem psicólogo nem psicanalista, por isso me limito a alguns flashes de natureza sociológica e econômica, abordando o conceito sob três ângulos: o de Smith, o de Marx e o da Igreja Católica.

Devemos a Adam Smith, pai da economia liberal, a legitimação do conceito de egoísmo e sua colocação no centro de nossa atuação econômica. É célebre a passagem de sua obra-prima *A riqueza das nações*: "Não é da benevolência do açougueiro, do cervejeiro ou do padeiro que esperamos nosso jantar, mas da consideração que eles têm pelo próprio interesse. Apelamos não à sua humanidade, mas ao seu egoísmo, e falamos de suas vantagens, nunca de nossas necessidades".

E Marx, o que diz?

Marx parte de outro ponto de vista: os seres humanos são egoístas por causa da organização capitalista que torna todos competitivos. Se os meios de produção e os produtos pertencessem a todos, não seríamos egoístas, mas espontaneamente levados à felicidade mútua. O segundo livro do *Capital* termina com esta frase: "Se amas sem despertar amor, isto é, se teu amor, enquanto amor, não produz amor recíproco, se mediante tua exteriorização de vida como homem amante não te convertes em homem amado, teu amor é impotente, uma desgraça".

E por fim a Igreja.

Todas as grandes encíclicas sociais têm como alvo, por um lado, o comunismo e, por outro, o liberalismo. Na *Populorum progressio*, Paulo VI censura severamente "o lucro como motor essencial do progresso econômico, a concorrência como lei suprema da economia, a propriedade privada dos bens de produção como direito absoluto, sem limite nem obrigações sociais correspondentes". Ainda mais drástico é o Papa Francisco na exortação apostólica – *Evangelii gaudium* – de 24 de novembro de 2013. Vale a pena ler uma passagem: "Esta economia mata. Não é possível que a morte por enregelamento dum idoso sem abrigo não seja notícia, enquanto o é a descida de dois pontos na Bolsa. Isso é exclusão. Não se pode tolerar mais o fato de se lançar comida no lixo, quando há pessoas que passam fome. Isso é desigualdade social. Hoje, tudo entra no jogo da competitividade e da lei do mais forte, em que o poderoso engole o mais fraco. Em consequência dessa situação, grandes massas da população veem-se excluídas e marginalizadas, sem trabalho, sem perspectivas, num beco sem saída. O ser humano é considerado, em si mesmo, como um bem de consumo que se pode usar e depois lançar fora. Assim teve início a cultura do 'descartável', que, aliás, chega a ser promovida. Já não se trata simplesmente do fenômeno de exploração e opressão, mas de uma realidade nova. Com a exclusão, fere-se, na própria raiz, a pertença à sociedade em que se vive, pois quem vive nas favelas, na periferia ou sem poder já não está nela, mas fora. Os excluídos não são 'explorados', mas resíduos, 'sobras'. Para se poder apoiar um estilo de vida que exclui os outros ou mesmo entusiasmar-se com esse ideal egoísta, desenvolveu-se uma globalização da indiferença".

Como escapar desse beco sem saída? Qual engajamento devemos assumir?

Hoje a renda mundial é superior a 75 trilhões de dólares. Segundo a ONU, bastariam 100 bilhões por ano para erradicar a fome do planeta. Mas se a quota do PIB destinada a remunerar o capital financeiro continuar a crescer, a riqueza se concentrará ainda mais em pouquíssimas mãos, com desastrosas consequências econômicas, ecológicas e sociais.

As injustas desigualdades, principal fonte de crises e conflitos, só podem ser debeladas por meio de um grande pacto social. Serge Latouche resumiria tudo isso convidando-nos a "substituir a atitude do predador pela do jardineiro". Esse é o engajamento necessário.

Classe
e indivíduos

Há uma figura que circula pelas ruas das nossas cidades e que parece feita para representar nosso mundo em mutação: quase sempre homem, jovem o suficiente para aguentar o esforço físico, pedala o instrumento de trabalho de sua propriedade, uma arcaica bicicleta para entregar pizzas e sushis confeccionados por outros, e faz parte de uma engrenagem que, do cliente ao produtor, se movimenta na internet. Seu horário de trabalho, calcado nas 24 horas da web, não prevê pausas, mas sua remuneração é por entrega, então só contabiliza os minutos efetivos em que, tendo retirado a comida, pedala para levá-la a quem está esperando. Just Eat ou Deliveroo, Glovo ou Foodora: no recipiente térmico que leva na garupa, destaca-se uma dessas marcas multinacionais. A que realidade social pertence esse indivíduo nos pedais? Quais são suas esperanças de ter direitos reconhecidos?

De Masi, se Karl Marx o encontrasse hoje, em que classe o colocaria?

Não resta dúvida: no proletariado. No século XIX, eram chamados de "proletários" os trabalhadores mais pobres, os que, todas as manhãs, indo à fábrica, levavam a própria "prole" consigo, para ajudá-los. Segundo Marx, que enobreceu essa figura social elevando-a ao status de motor da história, era proletário quem não tinha nenhuma segurança de trabalho e alimento, vivia com medo constante de ser jogado ainda mais longe, na extrema periferia da sociedade, onde os subproletários, os "trapos ao vento", tentavam sobreviver.

Até aqui falamos de trabalho, medo, engajamento. Chegou, portanto, o momento de analisar o conceito de classe: o único sujeito coletivo que pode ajudar o indivíduo explorado a superar a desorientação por meio da tomada de consciência de seu próprio estado de subordinação e do engajamento necessário para libertar-se dele.

A palavra "classe" já era usada pelos romanos. Para eles, a *classis* era a frota, ou seja, o conjunto de navios que só podiam ganhar uma batalha se atuassem unidos. Portanto, Marx não inventa o termo, para o qual, contudo, intui um novo significado. A classe reúne os que têm um mesmo parâmetro em comum: pode ser a propriedade – ou não – dos meios de produção, pode ser o nível de instrução, pode ser a conta bancária. Em busca de um parâmetro objetivo a partir do qual começar, Marx identifica a condição econômica: você rico e eu pobre pertencemos a classes diferentes. É o que ele chama de "classe em si". Estamos no primeiro passo.

Ora, aqui está a genialidade de Marx: ao contrário dos liberais, ele diz que a produção de riqueza não acabará mitigando automaticamente as diferenças de classe, mas, na verdade, as agravará. Se olharmos para o mundo de hoje, um século e meio depois, é indiscutível que ele viu corretamente. Mas, nesse ponto, Marx se pergunta: se os ricos são poucos e os pobres são muitos, por que os ricos não são neutralizados ou eliminados? No nosso presente: se hoje, no planeta, 8 pessoas detêm uma riqueza igual à dividida por 3,5 bilhões de pobres, por que essa enorme massa não se apropria dos bens daquelas 8, pondo fim a tão enorme injustiça? Ou, para dizê-lo nas palavras de Voltaire, por que 2.498 aristocratas do século XVIII dividiam as riquezas da França inteira se os franceses eram 23 milhões ou mais?

Aqui está a explicação de Marx: os ricos estão convencidos de seu direito de o serem, e também sabem que seus interesses coincidem, então fazem lobby para defendê-los. Os pobres, por sua vez, introjetaram a ideia, inculcada neles pelos ricos, de que ser pobre não é injusto, mas totalmente natural. A encíclica *Rerum novarum*, de Leão XIII, dirá o mesmo: diferenciamo-nos uns dos outros pela inteligência, pela linhagem, pelas predileções, pela instrução; a diversidade é típica do gênero humano, e por diversidade entende-se hierarquia. A é diferente de B e está acima de B, portanto tem direito a mais dinheiro, mais poder, mais instrução, mais proteções. Só depois da morte, na vida eterna, é que a justiça divina acertará as contas.

Sem ter lido a encíclica, que só seria publicada oito anos após sua morte, Marx já dizia que a religião é o ópio do povo porque, adiando o sonho de justiça para a vida após a morte, entorpece os pobres e os induz a aceitar passivamente as condições de exploração que lhes são impostas na Terra.

A condição objetiva de rico ou pobre é o que Marx chama de "classe em si". Os ricos, como ricos, são por si mesmos burgueses; os pobres, como pobres, são por si mesmos proletários.

Uma vez definida essa dicotomia quase óbvia, a análise marxiana das classes dá um segundo passo afirmando que, além da inserção efetiva na classe dos ricos ou dos pobres, é necessária a *consciência* de pertencer a uma ou à outra. No caso dos proletários, é preciso consciência da injustiça sofrida. Vou dar um exemplo puramente hipotético: suponhamos que, em um universo de cem pessoas, dez sejam ricas, conscientes de que existem diferenças de classe e também convencidas de estarem em seu direito, porque, dizem, "sou mais inteligente, meu pai se esforçou mais do que o seu, tenho mais sorte, porque... porque... porque...; seja como for, sou rico e tenho pleno direito de sê-lo". E admitamos que haja noventa pobres, setenta dos quais estão convencidos de que é natural sê-lo porque lhes disseram na escola, na fábrica, na igreja. Esses setenta, segundo Marx, são "alienados", ou seja, cada um deles é pobre, mas raciocina como se fosse um *alius*, um outro – um rico.

A palavra "alienação" entrou no vocabulário comum. Digamos a verdade: é usada principalmente a esmo. Que significado Marx lhe atribui?

Psicólogos, psiquiatras e psicanalistas mais tarde se apropriaram da palavra "alienação". Para Marx, "alienado" é alguém que, pertencendo a uma classe, pensa e se comporta como se pertencesse a outra. Sou pobre e raciocino como os ricos, isto é, não percebo minha condição como injusta. Sou um americano exposto ao risco de cair na pobreza e voto em um bilionário como Donald Trump, iludindo-me que nossos interesses coincidam. O mesmo vale para o mineiro da região calabresa de Sulcis que vota em Berlusconi.

Outros já haviam falado de alienação, mas as quinze pequenas páginas dos *Manuscritos* em que Marx, aos 26 anos, descreve o "trabalho alienado" representam uma grande descoberta: equivalem, em sociologia, à descoberta do DNA na biologia. Quinze páginas estrondosas em que ele conta como se dá o processo de alienação.

O que dizem de tão estrondoso?

É uma passo crucial do modelo comunista de sociedade. Já falei sobre isso extensamente tanto no livro *O futuro chegou* quanto no mais recente *Il lavoro nel XXI secolo*. Aqui, é mais útil uma rápida síntese.

Toda a injustiça do mundo, pela qual o proletariado sofre exploração total por parte da burguesia, é possível graças ao fato de a maioria dos trabalhadores ser alienada, isto é, estranha ao seu próprio produto, ao seu próprio trabalho, a si mesma, aos outros homens e à sua própria espécie. Essa degradação do trabalhador acontece em função da maior produtividade de objetos de consumo, motivo pelo qual "a *desvalorização* do mundo humano é diretamente proporcional à *valorização* do mundo das coisas".

Um passo complexo. O que significa dizer que o trabalhador é estranho ao seu próprio produto?

Quando o operário termina de produzir um objeto na fábrica, este não mais lhe pertence, torna-se um estranho para ele, vive independentemente de quem o produziu; na verdade, contrapõe-se a ele como um inimigo porque beneficia apenas o capital, ou seja, o seu inimigo. Quanto mais trabalho o operário transfere para a matéria, mais de si mesmo coloca em objetos que depois não lhe pertencerão. Marx diz que o trabalho do operário "produz coisas boas para os ricos; mas produz a escassez para o trabalhador. Produz palácios, mas choupanas para o trabalhador. Produz beleza, mas deformidade para o trabalhador. Substitui o trabalho por máquinas, mas encaminha uma parte dos trabalhadores para um trabalho cruel e transforma os outros em máquina. Produz inteligência, mas também produz estupidez e cretinice para os trabalhadores". Para dar uma medida desse discurso, voltemos aos números que já destacamos: na época de Marx, na cidade mais industrial da Inglaterra e do mundo, Manchester, de cada 100 trabalhadores contratados, 94 eram operários; no início do século XX, nas fábricas organizadas por Taylor e Ford, 85 de cada 100 empregados eram operários e 15 eram encarregados, em sua maioria, de práticas repetitivas. O empresário e pouquíssimos dirigentes monopolizavam toda a parte criativa da organização.

Hoje, em Manchester, como em Detroit, os operários são cerca de 30%, e todos os outros desempenham trabalhos intelectuais. Mas o estranhamento, a alienação que então acompanhava o trabalho físico, hoje acompanha a atividade do empregado administrativo, do *especialista* e até do gerente.

Outro elemento de estranhamento, além do produto: o que Marx quer dizer quando, ainda muito jovem, escreve que o operário é estranho ao próprio trabalho?

Quer dizer que não é ele quem organiza a produção, não é ele quem determina o que e como produzir, não é ele quem atribui funções nem define ritmos. É o patrão, com a sua tecnoestrutura, isto é, com seus gerentes, quem decide tudo. Assim, o operário não se realiza no seu trabalho, não se desenvolve, não libera suas próprias energias físicas, intelectuais e espirituais, não vive satisfeito e feliz, mas se sacrifica, se mortifica, exaure o próprio corpo e destrói o próprio espírito.

O trabalho não lhe pertence mais, e sim ao patrão; não é um trabalho voluntário, mas coagido, forçado. Não é um fim nobre, mas um simples meio estranho e vulgar de sobrevivência. "Seu estranhamento revela-se claramente no fato de que, mal desaparece a coação física ou qualquer outra, foge-se do trabalho como da peste."

Também nesse caso, a alienação que, na época de Marx, dizia respeito ao operário, agora se estende a grande parte dos trabalhadores intelectuais.

Prosseguindo, o que significa para Marx dizer que "o operário é estranho a si mesmo e à sua espécie"?

O trabalho não é para o homem o que o movimento é para o animal. Não é uma mercadoria qualquer, como afirma a economia política, nem é um castigo divino imposto como consequência do pecado original, como diz a religião cristã. Segundo Marx, o trabalho é a essência do homem. Se o trabalho se torna estranho ao trabalhador, o trabalhador permanece estranho à sua própria essência. E como o trabalho serve para transformar a natureza, da qual a espécie humana extrai matérias-primas, sustento e fruição espiritual, tornar-se estranho ao trabalho significa tornar-se estranho à espécie humana. Por meio do trabalho alienado, o indivíduo se torna egoísta e concentra sua atividade coagida na autopreservação, em vez de exercer sua atividade livre, vital e consciente para a vida de sua espécie.

Sob o ferrão da necessidade física e imediata, o animal produz apenas o necessário aqui e agora para si e seus filhotes, e reproduz apenas a si mesmo. O homem, ao contrário, deveria transformar a natureza, e também projetar e produzir seu próprio futuro, o da sua e de todas as outras espécies. Deveria produzir tudo isso de modo universal, útil e belo: "O animal só constrói segundo a medida e a necessidade da espécie à qual pertence, ao passo que o homem sabe produzir segundo a medida de cada espécie e sabe, em toda parte, predispor a medida inerente àquele determinado objeto; portanto, o homem também constrói segundo as leis da beleza". Ao subtrair ao operário seu trabalho e seu produto, subtrai-lhe a beleza e a possibilidade de contribuir livremente para o progresso da própria espécie e de toda a natureza, tornando-o assim inferior até aos animais, inferior à abelha, à formiga e ao castor, que pelo menos são livres para construir seu próprio ninho e o fazem de maneira prodigiosamente estética.

Nesse ponto, é fácil entender o que Marx quer dizer quando escreve que o homem é estranho ao outro homem.

Se cada trabalhador é estranho ao próprio produto, ao próprio trabalho, à própria espécie, então também é estranho aos outros homens, seus produtos, seu trabalho, sua espécie. A indústria capitalista cria oposição entre homem e homem, coloca-os em concorrência um com o outro, torna-os inimigos. É devido a esse estranhamento do homem pelo homem que a atividade de um operário está em concorrência com a de cada um dos demais operários, e todos juntos, uma vez "sob o domínio, a coerção e o jugo de outro homem", não podem deixar de ser-lhe hostis.

Assim, cai por terra toda possibilidade de ação solidária, de colaboração livre, de comunidade, dando lugar à concorrência, ao *mors tua, vita mea* [morte tua, vida minha], ao *homo homini lupus* [o homem é o lobo do homem].

Retomemos nosso discurso abstrato sobre a formação das classes. Havíamos parado no fato de que, de cada cem pessoas, dez são ricas, e noventa, pobres, setenta das quais alienadas a ponto de acreditar que sua pobreza é totalmente natural, fatal e inevitável. O que acontece com os vinte pobres que conseguem escapar à alienação?

Para entender isso, vejamos primeiro como estão os setenta alienados, obrigados a produzir bens e serviços cuja necessidade e propósito não compartilham, a fabricar parafusos sem saber se irão parar em um avião ou em um automóvel, a dar conta de processos explicitamente inúteis. São alienados porque, em vez de comportar-se em sinergia solidária com seus companheiros, são colocados um contra o outro na corrida destrutiva da carreira. São alienados porque, em vez de rebelar-se contra tudo isso, passam horas assistindo na TV a duas "altezas reais" que se casam em Londres desperdiçando milhões de libras dos cidadãos britânicos. São alienados porque, em vez de indignar-se, fingem estar no lugar de Harry da Inglaterra e Meghan Markle, no lugar deles na carruagem, sorrindo para as multidões de súditos apalermados que aclamam.

No entanto, felizmente restam vinte proletários que, refletindo sobre a própria condição, percebem que esta representa uma grave injustiça social, uma exploração vergonhosa a combater e eliminar.

Então, segundo Marx, uma parte, mesmo minoritária, da "classe em si" deu um passo adiante em seu amadurecimento político ao se tornar "classe para si": tem consciência do que é e do fato de que seu interesse não coincide com o do rico, mas, na verdade, a ele se contrapõe.

No entanto, esses vinte proletários, conscientes de o serem, ainda não são uma verdadeira classe proletária propriamente dita. Para que o sejam, precisam atribuir-se um objetivo igualitário a atingir e uma organização com a qual lutar para atingi-lo. Devem, portanto, expressar o que Lênin chamava de "vanguardas", capazes de orientar o processo e identificar com precisão o que está em jogo, os inimigos a combater e os aliados com os quais contar. Só depois de percorrido todo esse caminho seletivo e organizativo é que estaremos diante de uma verdadeira classe e de uma luta de classes eficaz.

Mas toda essa dinâmica social só vale para os proletários?

Muito pelo contrário. Na classe abastada, cria-se um processo especular ao da classe proletária. São Francisco era filho de um comerciante e se fez pobre entre os pobres; a seu modo, alienou-se. O mesmo se aplica a Marx, de origem burguesa e casado com uma mulher de origem aristocrática. O irmão Charles de Foucauld, missionário entre os tuaregues, era visconde de Pontbriand; Albert Schweitzer, médico e músico, foi missionário em Lambaréné; Edoardo, o desafortunado filho de Gianni Agnelli, rejeitou as ideias do capitalismo e simpatizou com um marxismo-leninismo místico.

Outros ricos, ao contrário, têm consciência de sua condição, lutam para defendê-la e melhorá-la ainda mais. Obviamente, são bem mais poderosos os instrumentos da classe abastada, que dispõe dos meios de produção, de atração, de convocação, de decisão e de manipulação, ou seja, da mídia, do lobby, das forças armadas, das agências culturais – em suma, do poder. A luta de classes dos ricos contra os pobres é travada com armas muito diferentes, apenas aparentemente menos violentas daquelas com que os pobres podem combater em sua guerra contra os ricos. Além disso, os ricos, sendo poucos e, justamente, ricos, são mais coesos, conhecem idiomas, estudam mais, muitas vezes no exterior, têm contatos internacionais, beneficiam-se de organizações supranacionais e de consultorias altamente especializadas.

Assim, à medida que passamos de "classe em si" a "classe para si", os números diminuem. Os que tomam consciência de pertencer à mesma classe são menos numerosos que os que pertencem objetivamente a essa classe, e apenas uma parte mínima dos que se conscientizam se organiza depois para defender a própria condição ou melhorá-la.

Em 1974, publiquei uma vasta pesquisa empírica intitulada *I lavoratori nell'industria italiana* [Os trabalhadores na indústria italiana], por meio da qual tentava entender como o mundo do trabalho mudou após a aprovação do Estatuto.[17] Entre outras coisas, eu procurava entender quantos, entre os milhões de operários e empregados administrativos, percorreram todo o ciclo de amadurecimento de classe e estavam concretamente engajados em uma luta de classes. Em particular, interessava-me entender o que impedia os trabalhadores de passarem da condição objetiva de "classe em si" à condição consciente de "classe para si" e, em seguida, empreenderem uma atividade organizativa e combativa.

---

[17] Lei n. 300, de 1970, conhecida como Statuto dei Lavoratori [Estatuto dos Trabalhadores]. (N.T.)

Rancor sem via de saída, por exemplo?

Não necessariamente. Para usar um exemplo literário, o Pai Tomás do romance de Harriet Beecher Stowe identifica-se, ao contrário, com as razões de seu patrão – sulista, escravista, porém "bom". Essa é a sua alienação.

Algo similar acontece sobretudo com funcionários administrativos e gerentes que se identificam com o patrão e falam da empresa como se fossem acionistas majoritários: "Nós, da Fiat...". Os empregadores costumam incentivar essa identificação e, para abrandar o antagonismo dos trabalhadores, praticam um comportamento paternalista acompanhado dos slogans correspondentes como "estamos todos no mesmo barco", "somos todos uma grande família".

O que pode esperar quem dá o segundo passo e se conscientiza de ser explorado?

Há os combativos, convencidos de que a luta é o único horizonte possível, mas fazem isso sozinhos...

O anarquista Bresci, regicida, por exemplo?

Exatamente. Hoje há os que chamamos de "lobos solitários", propensos a atuar livres de vínculos sociais e, portanto, poucos tendentes à união e à organização solidária. O que os bloqueia é a *anomia* de que falava Émile Durkheim: falta de *nomos*, ou seja, de vínculos.

Por tradição sindical e formação política, os operários são mais propensos a se mover coletivamente. São sobretudo os funcionários administrativos, e ainda mais os gerentes, que tentam conduzir suas reivindicações de forma isolada, cada um tratando do próprio avanço em termos de remuneração ou de carreira diretamente com o chefe de RH. É o oposto da solidariedade de classe, é precisamente o comportamento anômico.

Mas, mesmo quando se compreende a necessidade de associação, esta não é forçosamente construída apenas com aqueles que se encontram na mesma condição objetiva de classe, dando origem a uma organização classista. As corporações fascistas, por exemplo, misturavam empregadores e trabalhadores; a Democracia Cristã era um partido declaradamente interclassista; o Partido Comunista de Togliatti era predominantemente classista e proletário, mas suas sucessivas metamorfoses o transformaram em um Partido Democrático capaz de angariar mais votos no elegante bairro de Parioli e na Via Montenapoleone do que nas periferias urbanas.

Se você entende que sua condição é de explorado, está disposto a lutar para sair dessa subordinação e o faz unindo-se aos demais explorados, então você passa a fazer plenamente parte de uma classe – a proletária – e trava a luta de classes proletária.

E assim chegamos à última casa do tabuleiro de um verdadeiro jogo da vida.
Infelizmente, Marx nunca concluiu sua reflexão sobre as classes, à qual dedicou grande parte de suas extraordinárias energias intelectuais. Em alguns textos, fala de sete, oito classes sociais; em outros, de duas ou três. No entanto, gradualmente, se aproxima da ideia de que, afinal de contas, deixando os matizes de lado, há dois grandes agregados, e estes são antagônicos um ao outro: proletariado e burguesia. Essa contradição histórica engloba e resolve todas as outras. Condição masculina e feminina, colonialismo e autonomia, centro e periferia são contradições importantes, mas não podem ser resolvidas se primeiro não se resolver a que existe entre proletariado e burguesia.

No *Manifesto*, escrito a quatro mãos com Engels, Marx fala, por exemplo, da relação homem-mulher e observa: os burgueses dizem que nós, comunistas, também queremos compartilhar as mulheres, porque sabem que queremos compartilhar as coisas e, já que consideram as mulheres como "coisas", acham que também queremos compartilhá-las.

Tanto nas cartas a Engels quanto no primeiro e segundo livros do *Capital*, promete que, no momento oportuno, exporá, de forma exaustiva e sistemática, seu conceito de classes sociais.

E, por fim, o capítulo XXXII do terceiro livro do *Capital* intitula-se "Das classes sociais". Só que, após apenas duas páginas, Engels intervém e escreve "O manuscrito interrompe-se aqui". Porque Marx morreu.

Quem vai retomar o fio, numerosos anos depois, é o sociólogo alemão Ralf Dahrendorf, com um ensaio muito original, que suscitou acalorado debate. Publicado em alemão em 1957, quando o autor tinha apenas 30 anos, e depois em inglês em 1959, seu livro *Classes e conflito de classes na sociedade industrial* dedica um capítulo à reconstrução do pensamento marxiano em torno do conceito de classe. Depois de pinçar na vasta produção de Marx todas as passagens dedicadas às classes sociais, "O XXXII capítulo não escrito" de Dahrendorf imagina o que o próprio Marx teria acrescentado para completar o sentido dessas passagens.

Dahrendorf, plenamente um intelectual do século XX (nasceu em 1929 e morreu em 2009), adere por completo à teoria marxiana, que é do século XIX?

Não, ele registra uma mudança ocorrida no transcurso dos duzentos anos da sociedade industrial e chega à conclusão de que agora a luta de classes já não gira tanto em torno da propriedade dos meios de produção, como aconteceu na época de Marx, mas da distribuição do poder. E como o poder é um jogo de soma zero (se um sujeito tem mais, outro tem menos), o conflito acaba sempre sendo reduzido, por mais articulado que seja o sistema social, a uma oposição frontal entre duas forças.

Portanto, o conflito não é determinado exclusivamente por desníveis econômicos, isto é, estruturais, mas sobretudo por desníveis políticos, ou seja, superestruturais. Hoje, diz Dahrendorf, pode haver pessoas que tenham enorme poder sem possuir nada de patrimonial: nem fábricas, nem casas, nem iates, nem pacotes acionários. Que se pense em Mussolini ou Hitler, mas também em Gandhi ou Mandela.

Portanto, o quadro se articula: além das classes sociais baseadas no ter, há outras baseadas no poder, e nem sempre os dois campos da contenda coincidem, precisamente porque o poder, ao contrário do ter, é sempre um jogo de soma zero. Quando há uma decisão a ser tomada entre empresários e operários de fábrica, entre marido e mulher na família, se um tem mais poder, o outro tem menos. Assim, existe necessariamente conflito entre as classes.

O conflito significa sempre revolução?

Existem três posições em relação ao conflito. Na primeira, ele é sempre prejudicial e está para o corpo social assim como a doença está para o corpo humano: a doença é evitada ou, quando existe, é curada e circunscrita. Essa posição é defendida, por um lado, pela teoria gerencial cujos expoentes são Taylor e Ford, e, por outro, pela doutrina católica, em particular a encíclica *Rerum novarum*, de 1891, que afirma claramente: os ricos e os pobres não são feitos para batalhar entre si. De acordo com a segunda posição, os conflitos são consubstanciais à organização capitalista da sociedade e só podem ser eliminados pela raiz por meio da abolição da propriedade privada. Portanto, tanto em um caso como no outro, o horizonte é a eliminação: prevenindo e reprimindo o conflito, no primeiro; superando-o por meio da revolução, no segundo. No meio do caminho temos os "reformistas conflitualistas" como Dahrendorf ou Lewis Coser. Dahrendorf sustenta que a sociedade é o conflito, e o progresso vem precisamente da dialética entre partes opostas. Mas, para que o conflito não fragmente a sociedade, é necessário um árbitro imparcial: o Estado.

Estamos nos nossos dias. Hoje existem classes?

Marx acredita que o divisor de águas é de natureza econômica e contrapõe os proletários, que trabalham, aos proprietários dos meios de produção, que se apropriam do produto de seus esforços. Dahrendorf sustenta que a contraposição se dá entre os que têm o poder de tomar as decisões e os que sofrem suas consequências.

O socialismo real sabia distribuir a riqueza, mas não sabia produzi-la; nosso capitalismo sabe produzir riqueza, mas não sabe distribuí-la. Além da riqueza, não sabe distribuir poder (como denunciava Dahrendorf) e não sabe distribuir trabalho, saber, oportunidades e proteções. Infinitos problemas nascem do entrelaçamento dessas incapacidades distributivas, e a confusão resultante é tal que, mesmo o socialismo real tendo perdido, não podemos dizer que o capitalismo tenha vencido.

Essa é uma primeira diferença em relação ao tempo de Marx e inclusive ao de Dahrendorf. Há outras?

Muitas, como já apontamos em parte. Pelo efeito combinado de progresso tecnológico, desenvolvimento organizacional, globalização, mídia e escolarização generalizada, o arranjo social de tipo industrial – que durou de meados do século XVIII a meados do século XX e centrou-se na produção de grandes séries de bens materiais – foi gradualmente substituído, a partir da Segunda Guerra Mundial, por um arranjo pós-industrial, centrado na produção de bens intangíveis, como serviços, informações, símbolos, valores, estética.

Os dados, como vimos, são inequívocos: na Itália, durante o último meio século, a proporção de trabalhadores agrícolas caiu de 29% para

3%; a de empregados na indústria caiu de 41% para 27%; a de trabalhadores do setor de serviços subiu de 30% para 70%. No plano mundial, a contribuição da agricultura para o PIB total hoje mal chega a 3%; a da indústria é de 28%; a dos serviços, de 69%.

Essa é a fotografia da situação. Quais foram as consequências sociopolíticas?

Na época de Marx, os que eram proletários o eram em tudo: não sabiam ler nem escrever, sua alimentação era escassa e pobre, eram vulneráveis às doenças, quando adoeciam não podiam se tratar, não tinham direito ao voto, morriam mais cedo que os burgueses, em caso de guerra eram mandados para a primeira linha. Hoje, uma mesma pessoa pode ser dominante na empresa e subordinada em relação à mídia; pode ser muito rica, mas muito ignorante ou, inversamente, pode ser um grande cientista prestigioso, porém mal remunerado quando comparado com um jogador de futebol ou uma bailarina.

Na época de Marx, a classe dominante tendia a aumentar seus poderes projetando o futuro, e a classe subalterna tendia a subtrair-lhe esses poderes. Hoje, como observou Touraine, na classe dominante há tanto os reacionários que se contentam em preservar seus privilégios quanto os progressistas que projetam inovações, assim como na classe subalterna há proletários para os quais basta salvaguardar os direitos adquiridos e proletários que lutam por um projeto de futuro melhor. O sociólogo francês chama tudo isso de "dupla dialética das classes".

Se há empresários e força de trabalho inovadores, temos um Vale do Silício. Se há um ministro, Gianni De Michelis, que quer fechar uma siderúrgica obsoleta e converter a área para a pesquisa científica, mas os operários metalúrgicos o impedem, temos a história de Bagnoli. Mas, na Itália, a situação oposta também é frequente: um sindicato progressista que propõe inovações, enquanto os empresários reacionários as rejeitam. Igualmente frequente é a coexistência, na mesma empresa, de empregadores e trabalhadores conservadores, capazes apenas de gerar estagnação.

Coloca-se a questão: ainda hoje o trabalho representa uma categoria central na vida dos indivíduos e na economia da sociedade?

Na conversa que dedicamos ao trabalho, recordei que, durante séculos, ele foi considerado uma tarefa sórdida realizada por escravos e uma punição divina. Foi preciso chegar a Smith e Marx para enobrecê-lo a ponto de fazer dele a medida do valor de todas as coisas e até mesmo a essência do homem. De lá para cá, a introdução de máquinas cada vez mais potentes e a adoção de sistemas organizacionais cada vez mais eficientes possibilitaram a redução da jornada de trabalho semanal do operário de sessenta para quarenta horas, ao passo que alguns empresários, gerentes e criativos continuaram trabalhando muito mais, a ponto de sacrificar à profissão todos os seus interesses lúdicos e afetivos.

Também recordei que a sociedade pós-industrial dividiu o planeta em áreas: Primeiro Mundo, onde se produzem ideias predominantemente sob forma de patentes; países emergentes, onde estão localizadas as fábricas; e Terceiro Mundo, que fornece matéria-prima e mão de obra barata. Graças ao avanço tecnológico e ao desenvolvimento organizacional, aprendemos a produzir cada vez mais bens e serviços com cada vez menos trabalho humano, motivo pelo qual, sempre que se adotam novas tecnologias, é preciso reduzir a jornada de trabalho, caso contrário aumenta o número de desempregados e precários.

Tudo isso no mercado de trabalho. Dentro da empresa, contudo, a porcentagem de operários e administrativos diminuiu, enquanto a de criativos aumentou. A preponderância de trabalhadores intelectuais tem propiciado modalidades de trabalho como, por exemplo, o *smart working*, desestruturado no tempo e no espaço.

Em suma, como, em média, a quantidade total de tempo que um indivíduo dedica ao trabalho diminuiu e sua vida se alongou consideravelmente, a importância do trabalho recuou, enquanto a do tempo livre cresceu.

Como esse fenômeno se traduz em termos de classe? As classes, se ainda existem, têm interesses divergentes ou convergentes?

Vamos repetir: o aumento da riqueza não significa que ela seja bem distribuída, nem que, com ela, a distância entre ricos e pobres diminuirá. De fato, na Itália, entre o começo e o fim da última crise econômica, o número de pobres dobrou, e muitos ricos se tornaram ainda mais ricos. A totalidade da riqueza produzida no mundo em 2017 aumentou 3,5%, mas 80% de todo esse imenso excedente foi para o bolso de apenas 1.200 pessoas.

Bem o contrário do fim das classes! Os proletários tornaram-se mais numerosos e mais pobres, ao passo que os ricos, hoje, são menos numerosos e mais ricos. Portanto, voltando à terminologia marxiana que recordei no início deste bate-papo, com certeza existem duas grandes "classes em si".

E como uma pode ser tão preponderante sobre a outra? Como é que os pobres, embora sejam a esmagadora maioria, ainda não se rebelaram?

Porque uma dessas duas "classes em si", isto é, o proletariado, está desorientada, alienada, com dificuldade de se tornar "classe para si", ou seja, com dificuldade de reconhecer a própria condição subalterna, os mecanismos por meio dos quais é explorada, quem são os exploradores, quem são os verdadeiros e os falsos companheiros de classe, como se organizar para reverter essa injustiça planetária.

Essa grave fraqueza depende dos vários fatores que em parte já listei – globalização, progresso tecnológico, etc. –, aos quais é preciso acrescentar a séria carência de ideólogos capazes de fornecer o modelo de uma sociedade mais justa a ser construída, assim como de vanguardas capazes de organizar tanto as *pars destruens* da velha sociedade quanto as *pars construens* da nova.[18]

Os jovens da escola de Barbiana entendiam que eram pobres e que deviam estudar para sair dessa situação porque era Dom Milani quem os formava. Não teriam conseguido sozinhos. O proletariado pós-industrial, hoje paga pelo vácuo pedagógico de seus partidos, de seus sindicatos, de seus intelectuais.

A luta de classes é viável no novo milênio? Ou entoou seu canto de cisne nos anos 1970 e hoje deveria ser arquivada como peça arqueológica?

Vejamos, em síntese, o que aconteceu nesse passado relativamente recente. Após a Segunda Guerra Mundial, a classe trabalhadora da Itália e da França viu-se pela primeira vez em posição de grande força: os mais pobres haviam combatido e, em ambos os países, tinham sido protagonistas da resistência e da libertação. Onde quer que os alemães tivessem destruído fábricas, elas haviam sido reconstruídas pelos trabalhadores.

---

[18] Ver nota 2, p. 34 .(N.E.)

Foi assim no caso de Bagnoli, por exemplo. Na Itália, tínhamos o maior partido comunista do Ocidente.

Nos anos 1960, tem início um fenômeno imprevisto: os filhos dos operários começam a frequentar a universidade. Sabem que a condição dos proletários é abominável, de modo que em 1968 as lutas estudantis e a das fábricas compõem uma frente comum. Em poucos anos, conquistam-se, nas fábricas e universidades, direitos jamais obtidos nos duzentos anos anteriores. Em 1970, chega-se ao Estatuto dos Trabalhadores. E a classe dos ricos, entendendo que aquilo não podia continuar, inicia a "sua" luta de classes para anular as conquistas proletárias e retomar completamente todo o poder. Por todos os meios.

Já às vésperas da promulgação do Estatuto, em dezembro de 1969, assistimos ao primeiro dos massacres com a bomba na Piazza Fontana.

A burguesia mobilizou estudiosos, consultores, jornalistas, órgãos de imprensa, televisões, cátedras universitárias; contra-atacou em todas as frentes: bem-estar social, restringindo o sistema público de saúde e a escolaridade; mídia, boicotando a função cultural da televisão; economia, provocando ou endurecendo crises econômicas das quais os ricos sairão mais fortes, e os pobres, mais humilhados. Sobretudo, coincidindo com o retorno neoliberal por meio de Reagan nos Estados Unidos e de Thatcher na Inglaterra, a batalha cultural e material contra o Estado de bem-estar social, o Estado industrial, a social-democracia, a escola e os outros setores públicos como um todo, torna-se massacrante e irrestrita. Em suma, a burguesia se vingou, e não apenas na Itália. Mais tarde, Warren Buffett, um dos homens mais ricos do mundo, iria declarar, sem meias palavras: "Há uma guerra de classes, sem dúvida. Mas é a minha classe, somos nós, os ricos, que estamos fazendo a guerra, e a estamos vencendo".

Entretanto, ocorria algo profundo, como já apontei: a sociedade, antes industrial, estava se tornando pós-industrial. Nas fábricas, os robôs substituíam a força de trabalho operária e, na mesma indústria, o papel principal passava a ser dos criativos.

Assim, as cartas iam se reembaralhando: na época de Marx, a burguesia era, por definição, conservadora, porque defendia o *status quo*, e o proletariado era objetivamente inovador, porque queria mudar o arranjo socioeconômico; a partir de agora, encontraremos conservadores e inovadores em ambas as classes: empresários como Olivetti, que querem melhorar tudo, fábrica e sociedade; e trabalhadores filiados a sindicatos pelegos que visam apenas a conservar os direitos já adquiridos. E que depois votarão em Trump.

O consumismo atenua ou agrava as diferenças de classe? E isso ajuda a tomar consciência da própria condição social ou gera desorientação?

Muitos foram os fatores que impediram o proletariado como "classe em si" de evoluir e tornar-se "classe para si" – antagônica, dotada de um projeto alternativo próprio de sociedade e de uma organização própria para impô-lo. O consumismo é sem dúvida um desses fatores.

Quando o consumo é de serviços, o papel do pertencimento a uma classe é muito especial. Hoje, há uma série de consumos acessíveis a todos: assistem ao telejornal o trabalhador da Fiat e seu CEO, Mike Manley; no Spotify, milhares de faixas de música estão à disposição de um e do outro. No entanto, como eu disse, cada um de nós é burguês em alguns aspectos e proletário em outros. A especialização do saber torna cada um subalterno a alguém. O médico particular é subalterno quando pede um projeto ao arquiteto particular, e o arquiteto particular é subalterno quando um médico particular o opera. Quanto mais os saberes se especializam, mais o fenômeno se multiplica. No entanto, o arquiteto particular e o médico particular pertencem à classe hegemônica, ao passo que, se você é operário, terá de ir ao médico indicado pelo sistema público de saúde. Nesse caso, entre o paciente e o médico existe não só uma diversidade de área de saber, mas também uma diferença de classe, de forma que há uma dupla dependência, um modo bem diferente de pedir e obter o serviço.

Insisto: o consumismo nos torna mais iguais ou é o contrário?

Quando falamos do consumo de coisas materiais, há hoje menos distância do que antes entre o jantar do patrão e o do trabalhador. O consumismo precisa vender mercadorias, portanto é democrático por necessidade, mesmo que a burguesia use esse instrumento, entre outros, para marcar sua superioridade, para distinguir-se e impor os próprios modelos culturais até aos que não têm meios para os pôr em prática. Uma bolsa Prada ou Louis Vuitton serve para impor um cânone estético e para distanciar quem pode pagar de quem precisa se limitar a olhar e desejar.

Outra coisa é o consumo de ideias, de saber. Também nesse caso as diferenças entre burguesia e proletariado são enormes, mas a passagem de milhões de crianças de analfabetas para alfabetizadas abre uma grande esperança, porque a sociedade pós-industrial, com sua mídia e suas redes sociais, disponibiliza gratuitamente algumas fontes de aculturação bem mais fartas do que as concedidas ao antigo operário ou ao antigo camponês. Assim como a água encanada tornou a sujeira menos justificável, a mídia e a escola pública tornaram a ignorância menos justificável. Dom Milani exigiu esforços inauditos de seus alunos camponeses porque "são pobres demais", dizia, "para permitir-se serem também ignorantes".

A burguesia, porém, está sempre pronta para restabelecer as distâncias. Já que todos podem ter acesso à educação, a nova linha divisória agora não é apenas seu diploma mais ou menos prestigioso, mas a universidade em que você se formou, a nota obtida, quem foi o orientador de sua tese. Enquanto as escolas públicas são sistematicamente sucateadas (nos últimos sete anos, o número de professores titulares das universidades italianas caiu 20%), as famílias ricas mandam seus filhos para Boston ou Cambridge. Após a graduação, torna-se discriminatória a possibilidade e a capacidade de abastecer-se de conhecimento preciosos e tempestivos mantendo-se em contato com o circuito das informações mais reservadas através dos lobbies mais exclusivos.

Como o lobby se relaciona com a classe?

Comparado com a classe, o lobby tem limites menos definidos, mais fluidos. É feito de simpatias pessoais, gostos compartilhados, lugares frequentados e interesses complementares. Interesses econômicos, mas também sociais, estéticos e sexuais. Seu protótipo nobre é o círculo de Bloomsbury, com sua Hogarth Press e suas lojas de design. Lobby do saber em estado puro: salvo Keynes, que jogava na Bolsa, e Vita Sackville-West, que tinha riqueza própria, a maioria, Virginia Woolf à frente, era de pés-rapados. Mas você não podia publicar um romance ou obter uma boa crítica se não fosse um deles. Hoje se fala, com ou sem razão, de lobby gay, lobby feminista, o dos que votam no prêmio literário

Strega, o dos maçons… Leonel Brizola, grande político brasileiro, dizia que a verdadeira diferença entre ricos e pobres é que os pobres não têm lobby.

Na verdade, não há um Grupo Bilderberg ou um Aspen Institute dos pobres…

E isso tem fortes consequências, especialmente no mundo globalizado. Um cardeal italiano não está ligado apenas ao presidente da República Italiana, mas também ao da Nicarágua. Um lobista de alto nível passa as noites ao telefone com correspondentes de meio mundo, enquanto os pobres conhecem apenas os vizinhos de casa. Por que o sindicato é fraco e os empresários são fortes? Porque os empresários, sobretudo os mais ricos, são um lobby mundial, ao passo que o sindicato é nacional. As empresas petroleiras de todo o planeta atuam em uníssono quando se trata de definir o preço do barril, e as redes de televisão do mundo inteiro agem de comum acordo quando se trata de salvar a privacidade ou encobrir o escândalo de um magnata. Se, ao contrário, a CGIL entra em greve na Itália, o sindicato inglês ou alemão tem o máximo cuidado de evitar uma greve de solidariedade.

A internacional dos banqueiros, dos financistas ou dos produtores cinematográficos, embora oculta, funciona com perfeição. A internacional dos trabalhadores, ao contrário, faz água por todos os lados. "Proletários de todo o mundo, uni-vos!" A conclamação com que Marx e Engels concluem seu *Manifesto* foi atendida pela burguesia, o que a tornou irrealizável para o proletariado.

A partir daí, na sociedade pós-industrial, essa frente será fundamental. Voltemos, pois, às classes e aos conflitos no presente.

Estamos em uma situação semelhante, em certo sentido, à criada na virada do século XVIII para o XIX, quando a classe dos operários existia "em si", mas lutava para se consolidar, para encontrar uma estratégia de luta e assim se tornar proletariado. Hoje os jovens que trabalham na Amazon, os desempregados, os que nunca trabalharam, os trabalhadores que ganham menos do que o necessário para sustentar a si mesmos e sua família são uma "classe em si" à espera de tornar-se um exército. Como eu já disse, para unir-se, lutar e vencer, é preciso saber de onde se está partindo, aonde se quer chegar, que etapas prever, quem são seus inimigos e aliados de classe, o que está em jogo. Para saber tudo isso, são necessários intelectuais que abracem a causa e se transformem de guias teóricos em vanguarda combativa, como fez Lênin, por exemplo.

Por que esses intelectuais não existem mais? Abandonaram a causa do proletariado, deixando os trabalhadores à mercê dos empregadores?

Quando o modelo liberal entrou em crise, golpeado pela Grande Depressão de 1929, pelo New Deal e pelas críticas corrosivas de Keynes, alguns intelectuais arregaçaram as mangas e o remendaram. Economistas como Alexander Rüstow, Friedrich von Hayek e Ludwig von Mises, filósofos como Louis Rougier, jornalistas como Walter Lippmann, sociólogos como Raymond Aron elaboraram uma espécie de terceira via entre a não interferência (o *laissez-faire*) e o planejamento comunista. Von Hayek reuniu um grupo grande de colegas na Mont Pèlerin Society, fundada precisamente para elaborar e difundir o neoliberalismo. O mesmo fizeram Milton Friedman e José Piñera com a Escola de Chicago. Em pouco tempo, o neoliberalismo passa a ser a teoria mais cortejada pelos intelectuais, a mais ensinada nas universidades, a mais aceita pelas políticas econômicas dos governos.

O marxismo também entrou em crise, afundado pelo fracasso do socialismo real, mas aos olhos dos marxistas o vazio pareceu tão impossível de preencher, e o sucesso do neoliberalismo, tão inegável, que lhes pareceu oportuno adotar suas ideias e elegante exibi-las como patente de renovada modernidade.

Imagine se desses janotas de esquerda – que se identificaram mais com Marchionne e De Benedetti do que com Gramsci e Berlinguer – podiam nascer ideias, ações e organizações capazes de revolucionar o Estado neoliberal para fundar um Estado social-democrata!

Pode-se dizer que, nessas condições, o ciclista que entrega pizza e sushi para uma multinacional nunca conseguirá trilhar o mesmo caminho percorrido pelo operário do século XIX?

Aquele operário antes era camponês, artesão ou desempregado. Depois começou a ir todas as manhãs à mesma hora para o mesmo lugar, no qual pessoas de sua mesma condição compartilhavam com ele a mesma linha de montagem, com o mesmo salário e as mesmas humilhações; se fossem mulheres, sofrendo o mesmo assédio do patrão.

É exatamente essa possibilidade de espelhar-se nos companheiros de exploração e, portanto, de entender que sua condição não é subjetiva, que hoje falta ao nosso ciclista?

Sim. Ele está só: recebe os pedidos pelo celular e vai a uma casa, depois a outra e mais outra. Não compartilha espaços nem horários com os colegas. Não se encontra com eles, exceto fugazmente. Marx havia intuído que, ao contrário do campo ou da oficina artesanal, a fábrica, embora opressiva, também era o lugar onde o trabalhador podia reconhecer-se como classe e se organizar como proletariado. Na fábrica você entende suas fraquezas: compreende que não tem lobby e que a TV, quando fala de você, diz coisas que não correspondem ao que você vive. Mas entende também os desejos e as potencialidades que tem em comum com os outros companheiros.

Falta tudo isso ao rapaz que faz trabalho precário para a Foodora: faltam as condições para transformar-se de barro em tijolo, de "classe em si" em "classe para si". Não tem um Engels e não tem um Marx. O operário do século XIX tinha um Engels, filho do patrão, que, aos 20 e poucos anos, foi de casa em casa perguntando: "Vocês têm banheiro? Quantos moram aqui? Como passa o seu tempo livre? Quantos de vocês se embriagam? Quantos de vocês são drogados pelo patrão?". E daí resultou um livro, *A situação da classe trabalhadora na Inglaterra*, que é um clássico da literatura sociológica e que ainda hoje se lê com proveito. Naqueles anos ocorre algo milagroso: o operário estudado por Engels, e já antes por Owen, e depois também por Marx, contou com uma série de teóricos que, reconhecendo a intrínseca justiça, se dedicaram à sua causa. Como pertenciam à classe burguesa, esses estudiosos sabiam bem como combatê-la para reverter a situação. Dedicavam-se de corpo e alma a transformar o barro em tijolo. E sabiam que levaria tempo. Marx nunca teve a ilusão de que suscitaria uma revolução da noite para o dia.

Enquanto, para os novos explorados, não há Engels nem Marx à vista.

Existem livros descritivos, como *Al posto tuo* [Em seu lugar] ou *Lavoretti* [Trabalhos informais], de Riccardo Staglianò. Há denúncias desalentadas, como o meu *Lavorare gratis, lavorare tutti* [Trabalhem de graça, trabalhem todos], e, acima de tudo, *O horror econômico,* de Viviane Forrester. Existem análises científicas de grande precisão, como as de André Gorz, Dominique Méda e Ulrich Beck. Mas o fato é que, nos últimos anos, surgiram, quase todos os dias, fatores que desmantelaram nossas certezas. Como eu disse, pensávamos que, com o fim da linha de montagem, pelo menos esse tipo de alienação fora resolvido e que a humanidade estava diante de outra problemática, ou seja, a do fim do trabalho. Em vez disso, em dez anos somou-se à população mundial um bilhão de pessoas; as mulheres entraram no mercado em número cada vez maior; graças às novas tecnologias, categorias como os portadores de deficiência também podem trabalhar; a linha de montagem sobrevive em grande medida e, quanto ao resto, transformou-se em *gig economy.*

A quantidade de trabalhadores desempregados ou que nunca haviam trabalhado que entrou no mercado foi tal que reduziu drasticamente seu valor, de modo que, se um robô custa dez, mas um ser humano custa sete, escolhe-se o ser humano. E aqui estão as novas linhas de montagem: as dos depósitos da Amazon e as atípicas, mas igualmente alienantes, da *gig economy.*

Então, não há nada que o nosso ciclista possa fazer?

Pelo contrário. Em lugar da fábrica, o ciclista tem a rede. Essa é sua dor, mas também sua delícia. Se com a rede o patrão o tiraniza, com a rede o ciclista precisa se organizar, unir-se aos colegas igualmente explorados, fazer um programa de resgate e implementá-lo com coragem.

A causa do problema atual da exploração é, antes de mais nada, demográfica?

É um todo: demografia, tecnologia, escolarização generalizada, mídia, globalização. Hoje, quando um empresário que atua na área de informática no Primeiro Mundo tem um problema de conflito em seu país, deslocaliza seu estabelecimento para a Índia, onde encontra excelentes profissionais de TI a preços baixos e sem garantias contratuais. Se tem um *call center*, transfere-o para a Albânia, onde encontra jovens instruídos que custam a metade, falam italiano e, graças à internet, trabalham como se estivessem aqui.

Os sindicatos italianos perceberam tarde demais os efeitos da deslocalização e não souberam opor em tempo hábil, às empresas multinacionais, organizações sindicais igualmente multinacionais. Um dos elementos da fraqueza de classe foi não conseguir ver as coisas *antes* que acontecessem.

Hoje, é mais ampla a defasagem de tempo e lugar entre quem decide como será o futuro e quem deve viver esse futuro. No passado, o patrão experimentava a nova linha de montagem no mesmo estabelecimento onde seus operários trabalhavam e, portanto, estes, com o sindicato, podiam negociar as condições antes que a linha entrasse em funcionamento. Hoje, enquanto estamos sentados aqui, conversando, há alguém, sabe-se lá onde, inventando a máquina que em breve roubará nosso trabalho. Agora, poderíamos intervir no projeto para torná-la menos prejudicial para nós, mas não sabemos quem está projetando essa máquina e onde. Quando estiver no mercado, só poderemos escolher entre comprá-la ou não.

Do que depende essa nova distância?

Em primeiro lugar, do fato de, muito mais que no passado, as invenções não serem elaboradas no lugar onde serão aplicadas. Por exemplo, um computador que introduzirá novidades em empresas têxteis é concebido no Vale do Silício, onde não há indústrias têxteis, só de informática. Também no Vale do Silício pode-se projetar um robô que fabrica sorvete e será usado em sorveterias de meio mundo. O dono do laboratório de informática na Califórnia não tem nada em comum com o sorveteiro que fabrica as casquinhas em Ravello. Não é só a concepção que é distante do uso, mas também a execução do comando: cada vez mais, o patrão de um trabalhador da cidade de Taranto é uma empresa multinacional cujo chefe de RH está em Tóquio, de forma que o destino do metalúrgico de Taranto está nas mãos de um gerente – isto é, de um poder – remoto e abstrato.

Voltemos à luta de classes. Também é preciso raciocinar em escala global sob esse ponto de vista?

Sim, mas, como é compreensível, tudo isso dificulta muito a passagem indispensável da "classe em si" à "classe para si". Hoje posso exportar os produtos fabricados no Terceiro Mundo. Mas também posso, no caso de uma produção não exportável, como a cultura de tomates, importar o Terceiro Mundo, ou seja, um trabalhador nigeriano, e pagar-lhe na Puglia ou na Calábria o mesmo que lhe pagaria na Nigéria.

No passado, o dono do estabelecimento têxtil de Manchester era de Manchester e seus operários também, assim como Adriano Olivetti era de Ivrea, a exemplo de muitos de seus empregados. Se os operários entravam em greve, o patrão saía perdendo e a fábrica corria o risco de fechar. Hoje, o proprietário tem fábricas em Brescia, em Bangalore e na Coreia do Sul. No caso de uma greve na unidade A, acelera a produção na unidade B ou na C. Os custos de transporte de mercadorias têm hoje pouquíssimo peso, 3-4% do preço; portanto, a margem de lucro do empresário que deslocaliza permanece sempre segura e alta. É quase impossível compor uma frente comum de operários de Manchester, Ivrea, Bangalore e Seul devido à distância geográfica, à diferença de idioma e de mentalidade, mas também porque seus interesses, além de diferentes, são por vezes divergentes.

Para não falar das situações em que o operário está concorrendo com uma máquina que, ao contrário dele, não fica doente, não engravida, não precisa de pausas e turnos, não tem oscilações de humor, não faz greve. Portanto, o operário tem contra si tanto as máquinas quanto os colegas que, em outros países, produzem as mesmas coisas com salários inferiores e direitos inexistentes. Os patrões, ao contrário, solidarizam-se não apenas com os outros patrões, onde quer que estejam, mas também com as máquinas, os mercados, a mídia, as universidades, os especialistas. Para eles, o importante é comprar, produzir e vender. Comprar a baixo preço no Terceiro Mundo; produzir a baixo custo onde for mais conveniente; induzir ao consumo o maior número de adquirentes potenciais; vender pelo preço mais alto possível qualquer coisa a qualquer pessoa que tenha sido convencida a consumir.

Voltemos ao nosso ciclista. Ele vive, adicionalmente, a condição de solidão. No entanto, em relação aos trabalhadores de Engels, tem algo mais: é escolarizado. Provavelmente concluiu o ensino médio, talvez esteja matriculado em uma universidade, talvez até já tenha se formado. Não é uma vantagem? Com certeza, mas nem sempre. Depende das escolas que frequentou e dos professores que teve. O mais das vezes, foi educado para a submissão, não para a crítica e a revolta. Quando você ouve que a escola tem de preparar os jovens para o trabalho, isso quase sempre quer dizer que a escola não deve educar para outra coisa senão o trabalho. E não só no nível técnico, mas também no organizacional, no sentido de que deve incutir uma postura de obediência ao sistema organizacional e aos superiores hierárquicos. Assim, quanto mais escolarizado você é, mais é educado para a obediência ou, no máximo, para a negociação individual lubrificada por uma postura obsequiosa.

Por razões históricas, a propensão a aderir ao sindicato e a defender-se coletivamente é muito mais forte no operário do que no empregado administrativo, no gerente e no profissional liberal. Quanto mais intelectualizado o trabalho, menos o trabalhador é sindicalizado. O alto gerente não recorre a um sindicato, mas a um lobby. Se tiver de defender sua situação, o trabalhador intelectual joga sozinho. O gerente que não recebeu o aumento salarial esperado vai falar com o chefe ou com o chefe do chefe e, mesmo se recorresse a um sindicato de categoria, teria que lidar com um sindicato de privilegiados que tendem apenas a defender, preservar e aumentar seus próprios privilégios. Isso também vale para jornalistas como você e para professores como eu.

Do ponto de vista da consciência de classe, o que a identidade trabalhador/cliente envolve?

O nosso ciclista, inserido em um ciclo produtivo que garante entrega rápida de kebabs e pizzas a qualquer hora do dia, é quase com certeza usuário da Amazon ou de outros sites que, como o seu, trabalham 24 horas por dia e que, portanto, empregam figuras profissionais como a dele, igualmente exploradas.

Essa é outra das tantas pequenas astúcias da dinâmica social que conspiram a favor do empregador e contra o trabalhador. Assim, o empregado da Amazon tem dois motivos para estar alarmado: seu trabalho é tão semelhante ao de uma máquina que cada vez mais é possível substituí-lo por uma máquina de verdade, por um drone, por exemplo. Em Cupertino, no Vale do Silício, talvez já estejam estudando a máquina que irá jogá-lo no olho da rua, e, quando ele tomar conhecimento, será tarde demais para se opor e lutar.

Mas já existe aqui e agora um fenômeno que conspira contra o nosso ciclista: a aliança entre patrão e consumidor, que passa por cima do produtor.

Você procura um livro de papel e não está com vontade de percorrer livrarias, ou talvez não haja livraria alguma onde você mora. A Amazon lhe oferece duas soluções vantajosas. Uma: você pode ver se esse livro existe, e aqui está ele na sua tela sem você precisar dar um passo. A segunda: se encomendá-lo, com um pequeníssimo custo adicional ou com um desconto considerável em relação ao preço de capa, eu lhe entregarei o livro... E aqui entra a cumplicidade do consumidor. Em quanto tempo você quer receber esse livro de papel? O ideal seria que, mal você desligasse a tela, o livro se materializasse, o que acontecerá quando houver uma impressora 3D em cada casa. Por enquanto, como essa impressora não existe, o que a Amazon lhe propõe? Poderia dizer que o entregaria em 48 horas e você provavelmente ficaria satisfeito, ainda mais porque essa espera adicional mínima tornaria o livro ainda mais desejado e, em seguida, desfrutado. Em vez disso, a Amazon garante que o entregará em 24 horas e você fica entusiasmado, até orgulhoso, sente-se o consumidor privilegiado de um livro servido em uma bandeja de prata, e elogia a Amazon para os seus amigos que, assim, serão induzidos a também usá-la.

Ao se comportar assim, você, consumidor, terá se tornado cúmplice da Amazon na coação exercida sobre os jovens que têm de encontrar o livro, embalá-lo e expedi-lo para que trabalhem a um ritmo que é o dobro, o triplo, o quádruplo do que poderia ser. Quem trabalha na Amazon tem de correr no ritmo da Amazon, que tem como finalidade seja agradar ao consumidor, que só assim poderá ter seu livro em 24 horas, seja enriquecer a Amazon, que assim não vai distribuir mil livros por semana, mas 10 mil, 100 mil, ganhando cada vez mais.

O motorista da Foodora, por sua vez, é induzido a pensar: eu também corro mais e ganho mais. E assim voltamos à tarifa diferencial de salário, criada por Taylor. Com a diferença de que o operário de Taylor trabalhava 8 horas por dia usando uma máquina do patrão, ao passo que o nosso jovem entregador de pizza usa uma moto de sua propriedade e, segundo o empregador, deveria estar disponível 24 horas por dia.

Em ambos os casos, entre o empresário que quer ganhar cada vez mais e o consumidor que quer receber sua pizza ou livro cada vez mais depressa, cria-se uma conivência letal para o entregador.

Em suma, é por trás da tentativa de acelerar o consumo, fazendo com que ricos e pobres possam receber a pizza em casa em meia hora e um livro em 24 horas, que se ocultam as novas formas de exploração?

Sim, mas a verdadeira novidade também é que em cada um de nós convivem condições de proletário e de explorador. Se, quando peço uma pizza e ela não chega em uma hora, eu ligo para a Foodora gritando: "A pizza não chegou, que porcaria!", nesse momento sou tão canalha quanto o dono das tecelagens de Manchester no século XIX. Mas talvez eu trabalhe para a Uber e seja submetido aos mesmos abusos que o rapaz da Amazon.

O fato é que somos todos mais proletários do que antes. *Proletário* era o trabalhador que levava a própria *prole* consigo para a fábrica, como se os filhos fossem ferramentas adicionais. A sua tragédia era a insegurança: mesmo que tivesse o que comer hoje, não tinha certeza alguma de que amanhã também comeria. Em relação aos anos em que conquistaram o Estatuto, os trabalhadores de todos os setores e de todos os níveis perderam amplas margens de proteção e oportunidade. Somos todos precários. A revogação do Artigo 18 é exemplo e sintoma disso.

Não será preciso uma revolução?

Com certeza. As reformas já não bastam mais.

Inteligência e sentimentos

Em agosto de 2017, em consequência da Conferência Internacional de Inteligência Artificial realizada em Melbourne, 116 cientistas e especialistas do mundo todo subscreveram um apelo à ONU contra os "robôs assassinos". Ou seja, contra o uso da inteligência artificial para fins militares. O risco previsto por eles? Que as smart weapons superem, em poder e velocidade, nossa capacidade, como seres humanos, de compreendê-las e controlá-las. E assim se revelem o perigo mais letal contra a espécie humana. O que pode fazer um "robô assassino" se quem o estiver usando for um grupo terrorista? Apocalípticos versus integrados? O apelo tinha a assinatura, entre outros, de Elon Musk, o visionário (superbilionário) empreendedor da SpaceX, que sonha em colonizar Marte – ou seja, não um saudosista dos bons velhos tempos. Na mesma época, outro a evocar o risco do desaparecimento de nossa espécie por obra da inteligência artificial foi o teórico do Big Bang e dos buracos negros, Stephen Hawking. Na realidade, por trás desses apelos se esconde um conflito nada teórico: os ativistas do "não" às armas inteligentes dizem, na verdade, que o capital investido no desenvolvimento dessas armas se move a uma velocidade que anula qualquer procedimento – lento e burocrático – de regulamentação por parte das Nações Unidas. Mais uma vez, temos o confronto desigual entre o turbocapitalismo financeiro e as regras de convivência humana, em curso há três décadas...

Pode ser, portanto, que daqui a uns dez anos, em sua versão armada, a IA tenha reduzido nós, humanos, à condição de não podermos mais ler estas páginas. Mas... e enquanto isso?

Vamos buscar, primeiramente, uma definição: para o dicionário De Mauro, inteligência artificial é o "conjunto de estudos e técnicas voltados *à criação de máquinas, especialmente computadores eletrônicos, capazes de resolver problemas e de reproduzir atividades próprias da inteligência humana". É a máquina que não se limita a executar uma tarefa, mas, ao fazê-lo, "aprende" e "decide". Basicamente, é aquela função por meio da qual nosso smartphone nos corrige quando digitamos uma SMS e, na segunda vez que escrevemos o nome de uma amiga, se digitarmos "Luzia", aponta que se chama "Luiza". Ou se lembra de que uns meses atrás tínhamos acalentado a ideia de uma viagem à ilha de Capri e então nos sugere todas as ilhas do planeta que tenham rocas... Se você tem um iPhone, é a atenciosa assistente digital embutida, Siri. Ou controla os drones que, como pipas sem fio, passeiam com cada vez mais frequência no céu: em missão na Floresta Amazônica para filmar do alto seu emaranhado ainda inexplorado, por exemplo, ou nos Alpes para ajudar a socorrer um excursionista em perigo, na escuridão e com chuva, ou seja, em condições até aqui proibitivas para um resgate. Dirige os protótipos de carros sem motorista visando ao seu lançamento no mercado em 2020. Mas também, longe dos nossos olhos, já atua em missões bélicas: os Veículos Aéreos Não Tripulados (VANT), drones militares, há uma década, com o perdão dos 116 signatários do apelo, realizam sua função ofensiva onde há guerras e guerrilhas, na Síria, Afeganistão, Iêmen, Iraque. Levam ao extremo aquele processo de "despersonalização" do ato de matar que se desenvolve desde as bombas em Hiroshima e Nagasaki. Aliás, é verdade que, na História, a maior produção de invenções foi sempre desencadeada pela guerra?*

A guerra é um acelerador. Os aceleradores são aqueles oito ou nove desafios que a Natureza sempre propôs a nós, humanos – dor, miséria, tédio, solidão, fome, agressividade, feiura, doenças, morte –, e que nós, em vez de vencermos, muitas vezes acabamos por exacerbar com nossos erros. A guerra é um deles, talvez o pior.

Então, como estamos falando de um mundo em transformação, com um olhar para o futuro, o que nos interessa são a profundidade da mudança e a ruptura com o que vivemos até aqui. Em que medida a IA introduziu um fator de descontinuidade com o ambiente sem inteligência artificial no qual vivíamos até ontem?

O advento da inteligência artificial acelera, na realidade, um processo que iniciamos com a sociedade industrial e aceleramos com o advento da pós-industrial: produzir cada vez mais bens e serviços com cada vez menos trabalho humano. O desemprego demonstra, nada mais nada menos, que em muitos processos a inteligência humana não é mais necessária. Se na Itália temos 3 milhões de cérebros não utilizados, significa que não há necessidade desses cérebros e de sua inteligência no atual sistema produtivo. Essa é a situação.

Se até agora nos perguntamos de quantos braços nossas fábricas precisavam, chegou o momento de nos perguntarmos de quanta inteligência a humanidade precisa para atender às próprias necessidades. Em uma oficina do Renascimento, se havia 50 trabalhadores, 48 precisavam ser geniais, e bastava um par de braçais para auxiliá-los. Na fábrica industrial valia a constatação do economista John Kenneth Galbraith: "A real conquista da ciência e da tecnologia moderna consiste em pegar pessoas normais, instruí-las a fundo em uma tarefa limitada e assim conseguir, graças a uma organização adequada, coordenar sua competência com a de outras pessoas especializadas, mas igualmente normais. Assim, é possível prescindir dos gênios". Portanto, bastavam um empreendedor genial como Henry Ford e uma centena de engenheiros bem instruídos para produzir milhões de automóveis nas linhas de montagem, na qual milhares de operários – de "homens-bois", como os chamava Taylor –, controlados de perto por chefes de seção com olhos de lince, repetiam dezenas de vezes por hora, do modo mais estúpido possível, sempre a mesma operação elementar. No laboratório do futuro próximo, por fim, bastarão um par de trabalhadores criativos auxiliados por alguns executivos e uns quarenta robôs.

Acabamos de sair, de fato, de uma sociedade – a industrial – que utilizava muitos braços e poucos cérebros. Esse desperdício de inteligência que Galbraith considerava uma "conquista" tinha sido ideia de quem?

De dois engenheiros americanos – Frederick Winslow Taylor e Henry Ford – que conseguiram multiplicar a produtividade das fábricas reduzindo quantitativamente o trabalho humano e simplificando qualitativamente todo o resto, de modo a transformar o operário em um apêndice automático das máquinas.

O que o engenheiro Frederick Winslow Taylor fez?
Taylor morreu em 1915, e no túmulo dele, na Filadélfia, está sintetizado em letras garrafais o motivo da sua fama universal: "THE FATHER OF SCIENTIFIC MANAGEMENT" [O pai da administracão científica]. Foi isso que fez o engenheiro destinado a deixar sua marca em toda a sociedade industrial: inventou a administração científica com a qual transferiu o trabalho do mundo do mais ou menos para o universo da precisão, separando claramente as funções de direção das funções operacionais, esmiuçando estas últimas, cronometrando-as e prescrevendo-as aos operários sem deixar nenhuma margem discricionária. Com Taylor, o cronômetro entrou na fábrica, apoderou-se dela, regulou-a e dominou-a.

A tarefa do engenheiro organizador, nesse esquema, era introduzir métodos e técnicas adequadas para obter o máximo resultado reduzindo sistematicamente o tempo e o esforço humano necessários à produção, subtraindo assim a fadiga das atividades humanas e descarregando-a nas máquinas automáticas especialmente projetadas para isso. Já para o operário, o trabalho devia envolver não o estudo, mas a prática; não a concepção, mas a execução; não o prazer, mas a fadiga.

Quando, em um futuro distante, todo o trabalho operacional fosse descarregado sobre as máquinas e sobre a organização, ao homem restaria apenas o tempo livre, os hobbies e a atividade intelectual do tipo criativo: "O estudo e até a invenção", resume Taylor, "são uma distração mental... um enorme prazer, e não um trabalho."

E qual foi a contribuição do colega dele, o engenheiro Henry Ford?
Deu outro golpe mortal na inteligência humana. Em 1913, em sua fábrica de Detroit, introduziu a linha de montagem, graças à qual conseguiu quadruplicar o rendimento de cada trabalhador. Com plena consciência do fato de que seu método bania a inteligência dos departamentos de produção, Ford observou em sua autobiografia: "O resultado líquido da aplicação desses princípios é a redução da necessidade de pensar por parte

do operário e a redução de seus movimentos ao mínimo. Na medida do possível, o operário faz apenas uma coisa com um único movimento".

Portanto, o engenheiro de Detroit tinha consciência de que sua linha de montagem transformava o operário em uma engrenagem da máquina, usando só as mãos, capazes de produzir parafusos, e negligenciando a cabeça, capaz de produzir ideias. Mas logo achou uma justificativa: "O trabalho repetitivo, fazer continuamente uma coisa só, sempre do mesmo modo, é uma perspectiva terrível para certo tipo de mentalidade. É terrível também para mim. Jamais conseguiria fazer a mesma coisa todos os dias; mas para outros tipos de pessoa, e diria talvez para a maioria delas, as operações repetitivas não são motivo de terror. Na realidade, para alguns tipos de mentalidade, pensar é de fato um castigo. Para eles, o trabalho ideal é aquele no qual o instinto criativo não precisa se expressar. Os trabalhos nos quais é necessário empregar cérebro e músculos têm poucos aspirantes...

O operário médio, lamento ter que dizer, deseja um trabalho no qual não tenha que despender muita energia física, mas sobretudo deseja um trabalho no qual não precise pensar".

Ford não só considerava supérflua, se não até nociva ao trabalho, a "inteligência natural" do operário, como nem precisava de seu corpo inteiro: bastavam-lhe algumas partes – uma mão, uma perna, dois olhos – necessárias para completar aquele sistema integrado de engrenagens e membros humanos que era a linha de montagem. Em 1914, para respeitar a cota obrigatória de inválidos que o governo americano impunha às fábricas, Ford mandou realizar uma pesquisa com a qual se concluiu que seus funcionários podiam ser agrupados em 7.882 funções diferentes. Menos da metade delas exigia executores em condição física perfeita ou normal, enquanto 4.034 não exigiam habilidade física plena. Para ser preciso, 670 funções podiam ser realizadas por pessoas desprovidas de ambas as pernas; 2.637 podiam ser realizadas por pessoas com uma perna só; 2 podiam ser realizadas por pessoas sem ambos os braços; 715, por pessoas com um braço só; 10, por pessoas cegas.

Qual foi o resultado do taylorismo e do fordismo no plano social?
A administração científica do trabalho permitiu aos países industrializados dobrar a expectativa de vida e o bem-estar de seus habitantes, mas

também levou o *homo faber* [que faz, que fabrica, que usa ferramentas] a oprimir sistematicamente o *homo cogitans* [que pensa, que inventa] e ainda mais o *homo ludens* [que joga, que brinca, que tem prazer].

O imperativo categórico de Ford era a necessidade absoluta de "aumentar o bem-estar dos trabalhadores, não fazendo-os trabalhar menos, mas ajudando-os a render mais". "Se alguém não gostar de trabalhar à nossa maneira, pode sempre ir embora", dizia. Para "ajudar" os trabalhadores, pretendia forçá-los à linha de montagem e à mortificação total de suas faculdades cognitivas. Foi graças a essa expulsão sistemática da inteligência humana dos departamentos de produção que a Ford conseguiu, até 1921, fabricar 5 milhões de automóveis. O americano médio podia comprá-lo com menos de 600 dólares, enquanto um automóvel da Mercedes custava 18 mil.

A organização industrial transformou primeiro os departamentos de produção, depois a fábrica toda, depois toda a sociedade na *Metropolis* descrita por Fritz Lang em sua obra de arte cinematográfica de 1927. Mas, já antes de Taylor e Ford, o empresário alemão Friedrich Alfred Krupp, morto em 1902, proprietário de uma fábrica de armamentos que empregava 46 mil funcionários, tinha declarado: "O que tentarei conseguir é que nada de importante aconteça sem a ciência da direção; que o passado e o futuro previsível da vida da empresa possam ser conhecidos bastando consultar os planos administrativos e sem fazer qualquer pergunta a nenhum mortal". Praticamente uma empresa de zumbis.

Esse – com total franqueza ou total cinismo – era o pensamento do empresário. Os intelectuais que assistiram à alvorada da sociedade industrial perceberam os custos que a fábrica exigia da humanidade em termos de inteligência desperdiçada?

Perceberam: socialistas como Owen, que propuseram como antídoto a cooperação, e comunistas como Marx e Engels, que consideraram necessária a revolução. Mas os mestres do pensamento liberal também perceberam, sobretudo Smith e Tocqueville.

Adam Smith, ainda em *A riqueza das nações*, publicado em 1776, escreve: "Com o progredir da divisão do trabalho, a ocupação de grande parte daqueles que vivem por meio do trabalho, isto é, de grande parte da população, acaba sendo limitada a algumas operações simplíssimas; frequentemente, uma ou duas. Mas o intelecto da maior parte dos homens é necessariamente formado pelas suas ocupações comuns. Quem passa a vida toda executando algumas operações simples, cujos efeitos, além disso, são talvez sempre os mesmos, ou quase, não tem oportunidade de exercitar o intelecto e a sua criatividade na invenção de expedientes para superar dificuldades que nunca chegam a se apresentar. Portanto, perde naturalmente o hábito desse exercício e se torna tão estúpido e ignorante quanto pode tornar-se uma criatura humana [...]. Parece, assim, que a habilidade em seu ofício específico seja adquirida à custa das suas qualidades intelectuais e sociais".

E o que diz Tocqueville?

A riqueza das nações tinha sido publicado havia 64 anos quando Tocqueville publicou o segundo livro da *Democracia na América*, do qual já recordamos um trecho na conversa sobre medo e coragem. Nessa outra passagem, da qual vale a pena citar um trecho longo, ele retoma quase literalmente a preocupação de Smith acerca dos efeitos devastadores do trabalho industrial sobre a inteligência do trabalhador, e acrescenta a comparação com o patrão, que, em vez disso, tem todas as possibilidades de refinar seu intelecto: "Quando um operário se dedica única e continuamente à fabricação de um só objeto, acaba realizando esse trabalho com uma destreza singular; porém, perde ao mesmo tempo a faculdade geral de aplicar seu espírito à direção do trabalho. Torna-se a cada dia mais hábil e menos industrioso, e pode-se dizer que nele o ser humano se degrada à medida que o operário se aperfeiçoa.

O que se poderá esperar de um homem que tenha empregado vinte anos da sua vida fazendo cabeças de alfinete? E a que se pode agora aplicar aquela poderosa inteligência humana que existe nele e que tantas vezes revolucionou o mundo, se não a buscar o melhor meio de fazer cabeças de alfinete? [...] Enquanto o operário é forçado cada vez mais a se limitar ao estudo de um único detalhe, o patrão estende seu olhar sobre um conjunto cada dia mais vasto; seu espírito se expande enquanto o do outro se estreita. Em breve, ao operário bastará apenas a força física sem inteligência, enquanto o patrão precisará da ciência e quase do gênio para ter sucesso. Um se assemelha cada vez mais ao administrador de um vasto império, o outro, a um bruto".

A figura do operário na linha de montagem ainda está presente em milhões de empresas do mundo, mas agora já em uma fase avançada de superação.
Uma vez transformados os homens em operários-máquinas, menos custosos que os artesãos, foi forte a tentação e rápida a ideia de substituí-los por máquinas de verdade, menos custosas que os operários. Mesmo um país riquíssimo de mão de obra barata como a China aponta, com o plano *Made in China 2025*, para a "produção inteligente", baseada em fábricas automatizadas e *big data*. Para isso, incentiva financeiramente tanto as empresas que produzem quanto as que utilizam robôs e inteligência artificial. A intenção é ultrapassar, já em 2020, a entrada em operação de mais de 100 mil robôs industriais. Segundo os números da International Federation of Robotics, em 2015 a província de Cantão, sozinha, já tinha gastado 150 bilhões de dólares na aquisição de robôs, e em 2016 o país inteiro já havia adotado 87 mil deles. Atualmente, a China produz 30% do mercado global e é ao mesmo tempo a maior compradora de robôs do mundo. Por exemplo, a chinesa Midea comprou a norte-americana Paslin, que produz robôs especializados na fabricação de automóveis, e, por 5 bilhões de dólares, apropriou-se do grupo alemão KUKA, um dos líderes da robótica mundial.

Mas a automação na China não está limitada aos processos industriais: já há robôs empregados como garçons em restaurantes e pubs, outros são enfermeiros nos hospitais, outros, ainda, escrevem artigos para os jornais ou desempenham atividades de âncora nos programas televisivos. Em maio de 2018, Xangai abriu o primeiro "banco-robô", sem nem um funcionário humano sequer.

Os efeitos no mercado de trabalho não se fizeram esperar: "Nos últimos três anos", segundo um recente artigo do *Financial Times*, "a automação em algumas empresas chinesas substituiu até 40% dos trabalhadores, evidenciando os efeitos do impulso de Pequim para se tornar uma superpotência mundial em inteligência artificial." Outros dados: segundo a China Development Research Foundation, alguns centros fundamentais da exportação chinesa, introduzindo a automação, cortaram de 30% a 40% da força de trabalho. Uma recente pesquisa conduzida por Huang Yu, pesquisadora na Hong Kong University of Science and Technology, constatou que, nas quatro grandes empresas que possuíam dados comparativos sobre emprego antes e depois da automação, a taxa de redução da força de trabalho na linha de produção oscilava entre 67% e 85%.

Em qualquer lugar do mundo, a conveniência dos robôs vem do fato de, em comparação com os trabalhadores humanos, eles poderem desempenhar uma ampla gama de funções com maior rapidez e precisão, com melhor qualidade e menos riscos, trabalhando 24 horas por dia e 7 dias por semana, sem necessidade de comida, pausas, férias ou folgas, sem reivindicar aumentos salariais nem direitos sindicais. Porém, na China há dois motivos a mais para se acelerar a robotização e a inteligência artificial: em 10 anos, o custo do trabalho triplicou, e, em razão do envelhecimento da população, a força de trabalho ativa, que hoje é de 998 milhões de pessoas, pode cair para 800 milhões até 2050.

A inteligência artificial substituirá até os trabalhadores criativos? E, se isso acontecer, quais serão as consequências?

Máquinas e robôs tornaram dispensável muita força de trabalho operária, enquanto os computadores tornaram supérflua muita força de trabalho administrativa. Já discutimos isto: somente na Itália, os caixas eletrônicos substituíram mais de 3 mil caixas bancários; hoje, um shopping center altamente automatizado, para cada posto de trabalho que cria, destrói outros sete.

O excedente de operários e funcionários administrativos criou o drama do desemprego: se antes ter 3% ou 4% de desempregados era considerado um dado alarmante, pouco a pouco nos acostumamos a percentuais de dois dígitos, que no sul da Itália beiram 50% entre os jovens e, entre as mulheres, passaram de 60%. Tudo leva a prever que algo análogo acontecerá de agora em diante com os trabalhadores intelectuais, conforme a inteligência artificial conseguir desempenhar tarefas conceituais e até criativas.

Se até 2030 seremos um bilhão a mais, não se sabe se será necessário um bilhão a mais de cérebros para produzir o que precisamos. Pode ser que muitas pessoas, mesmo dotadas de uma inteligência excepcional, não tenham oportunidades concretas para demonstrar e empregar essa qualidade nos setores de produção de bens e serviços.

Em todas as épocas houve desperdício de inteligências, ou porque a oferta de postos criativos não se encontrava com a demanda, ou porque não eram oferecidas a todas as pessoas criativas a educação e as oportunidades necessárias para valorizar a própria vocação. Se Leopold, pai de Wolfgang Mozart, não tivesse sido músico, mas tabelião, teríamos perdido um gênio musical; se Gustavo Dudamel não tivesse encontrado José Antonio Abreu e seu *El Sistema* musical, hoje talvez fosse um traficante de drogas em alguma favela de Caracas.

Mas então, qual é a vantagem de levar adiante pesquisas – além do mais, caríssimas – para desenvolver a inteligência artificial, se temos à disposição tanta inteligência natural?

Também me pergunto. Milhões de jovens no mundo, talvez inteligentes ou até geniais, permanecem analfabetos por falta de escolas, enquanto se investem bilhões para criar bonecos de plástico que mal conseguem balbuciar umas respostas óbvias para perguntas bestas. Mas é claro que, aperfeiçoando esses bonecos, investindo neles muito mais dinheiro do que se investe nos jovens de carne e osso, a inteligência artificial tornará cada vez menos indispensável a humana, ao menos no que se refere à produção de riqueza material. Porém, enquanto todos os trabalhadores embrutecidos pela fadiga física, com exceção dos luddistas, sempre invocaram métodos e técnicas capazes de aliviar seu tormento, a inteligência artificial não foi invocada pelos trabalhadores intelectuais, que em geral não desejam abandonar sua profissão, a qual amam infinitamente mais do que um trabalhador braçal ou um carregador ou um mineiro ou um coveiro amam o próprio labor.

O caminhoneiro, o cirurgião, o advogado, o professor sabem que serão substituídos pela IA assim que ela for mais hábil, confiável e economicamente conveniente do que eles. Por isso, não são eles a subsidiar os laboratórios que visam a produzir autômatos mais inteligentes que o homem. As investigações de ponta em matéria de IA ou são levadas adiante por pesquisadores universitários empenhados em pesquisa pura, que portanto têm pouco interesse nas consequências práticas de suas invenções, ou são promovidas por grandes empresas como Google ou Tesla, que investem no futuro na certeza de obter lucros astronômicos.

Quando a inteligência artificial estiver ao alcance de todas as empresas, como os robôs estão hoje, quais serão os consequências na sociedade?

A meu ver, emergirá aos poucos uma nova estrutura social da qual já se vislumbram algumas características, extrapolando as do atual mercado de trabalho. Como vimos em conversa anterior, enquanto no passado os ricos ficavam ociosos e os pobres trabalhavam duro, agora muitos empresários e altos executivos trabalham mais que os próprios empregados, enquanto seus rebentos ficam deitados, matando o tempo com as redes sociais. É provável que, na nova estrutura, poucos privilegiados tenham trabalho suficiente para preencher seus dias, enquanto a massa de desempregados, cada vez mais escolarizados e cada vez mais assistidos por uma renda de sobrevivência, terá de ocupar o próprio tempo com preguiçosas atividades improdutivas ou inventar modelos de vida novos e dinâmicos. Isso requer uma verdadeira mutação da nossa espécie, da qual os "deitados" representam um prenúncio.

Surgirá então um problema: será cooperativa ou conflituosa a relação entre as pessoas inteligentes e autorizadas a demonstrá-lo e as pessoas menos inteligentes ou que, mesmo geniais, não terão oportunidade de valer-se disso? Podemos imaginar uma espécie de cidade murada, um tipo de campus-astronave como o Apple Park de Cupertino, dentro da qual vivam os trabalhadores criativos mais afortunados, que, com a ajuda de robôs e da inteligência artificial, produzam todo o necessário para a humanidade inteira, enquanto do lado de fora, em um não espaço equipado para o não trabalho, permaneçam todos os outros, os "inúteis", bem mantidos, garantindo-lhes uma sobrevivência confortável, ainda que insignificante.

Não é uma fantasia tão paradoxal. Os "inúteis" já não são, hoje, os expulsos do processo produtivo, os demitidos, os desempregados?

Sim. Mas, junto com o desemprego, os atuais "inúteis" têm a indigência. Já os criativos do futuro próximo, com suas máquinas poderosíssimas, produzirão todo o necessário e talvez até o supérfluo para manter em paz a massa dos "inúteis". Na pior das hipóteses, será repetida situação social da Roma Imperial, quando riquezas imensas chegavam à capital, vindas de todas as periferias do império, e a plebe romana – "enorme monstro de muitas cabeças", como a chamou, se não me engano, Tito Lívio – não precisava trabalhar para viver. Na época, eram as colônias, os escravos e os exércitos que asseguravam à plebe a paz, o trigo e os gladiadores com os quais se alimentar e se divertir; amanhã serão os robôs e a inteligência artificial a sustentar e entreter os "inúteis".

Na realidade, esses bilhões de expulsos do sistema produtivo poderiam utilizar a própria inteligência de outra forma?

Talvez tenha sido o economista Maynard Keynes, que gostava de fazer lúcidas e preciosas incursões no campo da sociologia, quem primeiro se propôs esse problema.

O progresso era visto por Keynes como um longo itinerário da humanidade em direção à libertação intencional, primeiro da fadiga física e, em seguida, da fadiga intelectual. Desde as origens da nossa história até a Idade Média, o homem conseguiu realizar a própria libertação da escravidão; da Idade Média até a primeira metade do século XX, alcançou a libertação da fadiga física; da Segunda Guerra Mundial até hoje, finalmente se aproxima da libertação do trabalho, e ponto final.

De acordo com um provérbio popular espanhol, "*hombre que trabaja pierde tiempo precioso*". Não sei se Keynes conhecia esse provérbio, mas o fato é que escolheu justamente a libertação do trabalho como tema para uma conferência realizada em Madri em junho de 1930, a qual pode ser encontrada no nono volume de seus *Collected Writings* [Obras completas].

Embora distante dos desenvolvimentos subsequentes, já em 1930 o progresso tecnológico devia parecer, para Keynes, um fenômeno impressionante e revolucionário, destinado a crescer em um ritmo de avalanche. É em cima dessa tendência, já perceptível em sua época, que a inteligência aguda de Keynes assentou o próprio raciocínio profético: "O desemprego devido à descoberta de ferramentas economizadoras de mão de obra avança em um ritmo mais rápido que aquele com que conseguimos encontrar novos empregos para a mesma mão de obra. Mas essa é somente uma fase de desequilíbrio transitório. Visto em perspectiva, na verdade, isso significa que a humanidade está progredindo rumo à solução de seu problema econômico".

À medida que o progresso tecnológico for substituindo as massas trabalhadoras, será necessário redistribuir o trabalho residual para que todos possam ser ocupados, nem que seja por um tempo mínimo: "Turnos de três horas ou quinze horas semanais de trabalho podem afastar o problema por um bom tempo. De fato, três horas de trabalho por dia são mais que suficientes para satisfazer o velho Adão que existe em cada um de nós". Nesse ponto, o trabalhador se verá dispondo de um tempo livre no qual pode não saber o que fazer; em outras palavras, "pela primeira vez desde a sua criação, o homem ficará diante de seu verdadeiro e constante problema: como usar sua liberdade das preocupações econômicas mais prementes, como empregar o tempo livre, que a ciência e os juros compostos lhe terão proporcionado, para viver com sabedoria, agradavelmente e bem".

Chegaremos assim à fase na qual o dinheiro será visto como um simples meio para desfrutar dos prazeres da vida, e quem insistir em considerá-lo um fim, dedicando-lhe uma patológica, repugnante paixão mórbida, será encaminhado ao especialista em doenças mentais.

Depois desse período de transição, no qual ainda persistirão a avareza, a usura e a prudência, enquanto alguns ainda se atrasarão perseguindo obrigações intensas e frustradas e outros ainda não saberão encontrar um substituto plausível para a riqueza, a humanidade – profetiza Keynes – finalmente conseguirá encontrar seu pacífico e fecundo modelo pós-industrial: "Vejo então os homens livres retornando a alguns dos princípios mais sólidos e autênticos da religião e da virtude tradicionais: que a avareza é um vício, a prática de usura, uma culpa, o amor pelo dinheiro, desprezível, e que quem menos se aflige pelo amanhã trilha verdadeiramente o caminho da virtude e da sabedoria profunda. Voltaremos a valorizar os fins acima dos meios e preferiremos o bem ao lucro. Honraremos quem souber nos ensinar a aproveitar a hora e o dia com virtude, as pessoas maravilhosas capazes de extrair um prazer direto das coisas, dos lírios do campo, que não trabalham nem fiam".

Com a IA, portanto, estamos concluindo o caminho iniciado alguns séculos atrás ou estamos sendo catapultados para um mundo novo?

Vivemos uma nova descontinuidade. Para indicar a IA, ouço com frequência usarem o nome de "Quarta Revolução Industrial", como se se tratasse de uma simples continuação das fases anteriores: mecânica, eletromecânica e digital. Simplifico ao máximo e quase me envergonho pela banalidade da metáfora à qual recorro: imaginemos que eu tenha uma primeira namorada loura, depois uma segunda e por fim uma terceira, também louras; se depois namorar uma morena, não posso dizer que é "a minha quarta namorada loura".

Entre a Primeira e a Segunda Revolução Industrial, a continuidade era evidente porque nas fábricas passava-se da alimentação das várias máquinas por meio de correias ligadas ao eixo de um único motor a vapor, como nos tempos de Taylor, a máquinas alimentadas cada uma por seu próprio motor elétrico, como nos tempos de Ford.

Já a passagem para o digital foi um salto em um cenário inédito, e de fato eu, a partir do emprego dos computadores, não falo de terceira e quarta sociedade industrial, mas de "sociedade pós-industrial".

A IA constitui uma inovação radical também em relação ao que, até pouco tempo atrás, nos parecia mais futurista, ou seja, os robôs?

A inteligência artificial não é o mesmo que o robô, como se pensa às vezes. Durante toda a sua vida, o robô tradicional sabe fazer uma coisa só, à qual foi predestinado por seu desenvolvedor: por exemplo, sabe apertar aquele parafuso específico ou sabe suturar aquela artéria em particular. A inteligência artificial, vamos repetir, transforma o robô em uma máquina que aprende: você mostra a ele como se aperta um parafuso e ele aprende, como uma criança faria. Mas depois também pode aprender a desapertá-lo ou a falar enquanto o entrega a você. Há um salto claro de qualidade. Nós nos maravilhamos se um cão obedece a uma ordem nossa, quando, por exemplo, jogamos a bola e ele vai buscá-la; porém, comparando esse comportamento simples e repetitivo ao que Maradona consegue fazer com a bola, compreende-se a diferença: o robô tradicional faz como o cachorro; o robô dotado de IA está a caminho de fazer o que Maradona fazia.

Então, para as máquinas, existe uma escala evolutiva?

Em 1958, quando as empresas ainda não tinham descoberto o computador, J. R. Bright, professor na mítica Graduate School of Business Administration da Universidade de Harvard, publicou o estudo *Automation and Management* [Automação e gestão], destinado a se tornar um clássico da literatura gerencial. O livro relatava os resultados de uma cuidadosa pesquisa conduzida em treze estabelecimentos industriais para apurar os diversos níveis possíveis de mecanização. Os níveis encontrados foram dezessete, e iam dos trabalhos feitos simplesmente com as mãos, sem nenhum utensílio, aos trabalhos feitos com utensílios manuais, como uma serra, a máquinas capazes de se autorregular, como um termostato, até máquinas capazes de prever o desempenho necessário e ajustar-se com base nessas previsões.

Hoje, Bright teria que acrescentar três ou quatro níveis à sua escala evolutiva. Nós, para simplificar, podemos dizer que até pouquíssimo tempo atrás tínhamos familiaridade com dois tipos de máquinas: aquelas simples que tinham muitos usos e aquelas complexas que tinham um só. A um martelo você pode pedir para bater um prego ou, caso necessário, para esmagar uma cabeça; à britadeira, pode pedir apenas para quebrar o asfalto.

E aqui acrescento uma observação aguda que roubo de Simone Weil: dentro de cada máquina se esconde uma ideologia. Se um arqueólogo, daqui a 10 mil anos, encontrar um martelo, compreenderá que foi pensado para muitos usos e feito para ser usado da maneira mais cômoda possível; portanto, quem o inventou sabia que teria que usá-lo ele mesmo. Já se o nosso arqueólogo encontrar uma britadeira, perceberá que é mais potente que um martelo, mas pode desempenhar uma única função; além disso, é extremamente incômoda de usar e barulhentíssima; portanto, é muito provável que o inventor soubesse que nunca a usaria pessoalmente, mas mandaria um subordinado manobrá-la.

Até ontem, quanto mais complexa era a máquina, mais específico era o seu uso: a geladeira serve apenas para manter frios os alimentos, a lavadora, para lavar as roupas; o automóvel, é verdade, pode servir para ir ao escritório ou ao cinema, ou para viajar nas férias, mas de qualquer forma desempenha sempre a mesma função: transporta você de um ponto A a um ponto B.

Agora estamos nos familiarizando com um terceiro tipo de máquina: aquelas capazes de unir a versatilidade do martelo com a complexidade e a potência da britadeira. Com um smartphone, por exemplo, você pode fazer centenas de coisas e, baixando um app, pode acrescentar ainda mais funções: pode escutar todas as rádios do planeta, ou saber em tempo real em que ponto do percurso se encontra um avião comercial em voo. E, se tiver carregado seus conteúdos para a nuvem, pode acessá-los de onde estiver, com qualquer computador e uma simples senha.

Assim, chegamos a outro aspecto da transição histórica da fase industrial para a pós-industrial. Cada máquina mecânica e eletromecânica é capaz de responder a uma e somente uma pergunta: se é geladeira, mantém os alimentos frios; se é fogão, esquenta-os. Em vez disso, toda máquina digital, seja um notebook, um smartphone ou um dispositivo de inteligência artificial, é capaz de responder a muitas perguntas: a mais perguntas do que eu consigo lhe fazer.

A onipotência das máquinas é um dos fatores da nossa – dos seres humanos – desorientação?

Diante das novidades tecnológicas, não reagimos todos na mesma velocidade, com a mesma consciência e a mesma confiança. A curiosidade varia de pessoa para pessoa e, na mesma pessoa, de um campo para outro. Eu nutro muita curiosidade pelas novidades informáticas e não consigo deixar de entrar em uma loja que exponha os produtos mais recentes; tenho amigos com a mesma curiosidade quando se trata de automóveis, mesmo que não precisem comprar um; outros amigos não têm nenhum interesse nem pelos produtos eletrônicos nem pelos automóveis, mas, se passam diante de uma livraria, não conseguem deixar de entrar para ver as últimas novidades editoriais.

No caso da informática, hoje se fala do abismo digital não só entre quem tem familiaridade com o computador e quem ainda escreve com caneta-tinteiro, mas também entre quem se limita a usá-lo como uma simples máquina de escrever e quem passeia por suas infinitas possibilidades.

Quem tem familiaridade com as máquinas, seguindo sua evolução e beneficiando-se de sua ajuda cada vez mais flexível e inteligente, adquire uma base formidável para superar a desorientação. Heráclito dizia: "É na mudança que as coisas repousam". E, muito mais tarde, com igual sabedoria, Voltaire acrescentava: "Quem não vive o espírito do seu tempo, do seu tempo colhe apenas os males".

Porém, quem fica subjugado pelas máquinas é enfeitiçado por elas, copia seus ritmos e introjeta seus paradigmas, acaba trocando os meios pelos fins, caindo nas incuráveis alucinações que Umberto Galimberti impiedosamente analisou em um texto fundamental como *Psiche e techne: o homem na idade da técnica*.

Até aqui, falamos da versão pacífica da IA.

Por trás da inteligência artificial, assim como de muitas invenções e descobertas, há uma longa incubação ocorrida no campo militar, no qual vigora o segredo. Só quando um produto está decididamente ultrapassado e o exército já possui uma versão muito mais poderosa é que ele é comercializado entre os civis. É assim com os computadores, com os robôs e mais ainda com a IA.

Voltemos, aliás, a essa função original: a IA que sabe matar. Se digitamos "drone" e "guerra" no Google, aparece uma avalanche de vídeos mostrando pequenas aeronaves, semelhantes a jatos, capazes de sulcar os céus e agir sem um humano a bordo, mas aparece também o Sea Hunter, o "caçador dos mares", o navio da marinha americana que, a partir de 2018, seguirá, sem marinheiros a bordo, os submarinos inimigos. De um ponto de vista militar, são "convenientes" para quem os usa: sem tripulações, reduzem ao mínimo as despesas e o custo das guerras em vidas humanas. Há uns dez anos, é aos drones que são confiadas as operações militares dos americanos no Afeganistão.

O drone é uma série de coisas. Assim como, para descrever um automóvel, você tem que começar dizendo que tem quatro rodas, uma carroceria e faróis, a mesma coisa acontece para um drone. Existem centenas de tipos deles, conforme a especialização: há aquele para a caça e aquele para fazer tomadas cinematográficas.

O drone não é uma simples invenção: é o ponto de chegada de uma série de invenções. Nele há peças tradicionais como as rodas, tão velhas quanto a Mesopotâmia, e coisas de ponta como os novos materiais. Mas ele pode ter também uma inédita capacidade de se autocontrolar, seguindo uma ou mais pessoas que estão fugindo e talvez aplicando a teoria dos grafos, que otimiza os percursos.

Na técnica, reina o processo cumulativo mais que em qualquer outro ramo do saber. Não que seja um processo exclusivo dela, mas nela é primordial. A acumulação do saber está até na estética: se você compara um quadro de Picasso e um de Rafael, sabe qual foi pintado antes e qual depois; percebe logo que Rafael nunca tinha visto um quadro de Picasso, enquanto Picasso viu muitos quadros de Rafael.

Em que posição mental, comportamental, ética se encontra quem aciona, do Pentágono, um drone que mata no Afeganistão ou na Síria?

Imaginemos que "alguém", sem sair dos Estados Unidos, por meio de um vídeo e um mouse, acione o míssil de uma arma poderosa, precisa, implacável, mirando na tela um pequeno alvo marcado com uma cruzinha, que na verdade se encontra do outro lado do mundo, no Afeganistão. Quando a bomba atinge o alvo, a cruzinha na tela indica uma pequena nuvem branca. Dentro daquela nuvem há mortos, feridos gritando, agonizantes gemendo. O "alguém" não ouve ruídos nem sente cheiros. Ao desligar o computador, volta para casa como um funcionário qualquer e janta tranquilamente com sua familiazinha querida.

Assim se completa o processo de despersonalização da morte, iniciado com as armas de fogo e afinado no século XX até o lançamento da bomba atômica.

Pensemos no *Estrangeiro,* de Camus. Ali Meursault, condenado à morte, reflete sobre o rito macabro que o aguarda e diz: "Vocês do pelotão de fuzilamento amanhã serão capazes de disparar contra mim porque estarão a alguns metros de distância; se tivessem que encostar o cano de seus fuzis em meu peito, a uma distância tão curta, muito provavelmente não teriam coragem de puxar o gatilho".

Naquele caso se tratava de uma distância física de uma dezena de metros entre o condenado e o pelotão de fuzilamento. Já no nosso caso, a distância entre os Estados Unidos e o Afeganistão é abissal, psicologicamente mais ainda do que geograficamente. Quem mata não está de uniforme militar e não se encontra no palco da guerra: está em uma sala com ar-condicionado e à noite jantará com sua família, assistirá a uma série de televisão na Netflix e falará de beisebol com os filhos.

Perde-se a crueldade e tudo se assemelha cada vez mais a um jogo, aliás, a uma daquelas brincadeiras infantis em que nos divertíamos fazendo "bum" e matando seres inventados, pequenos insetos ou crianças. Você não ouve o grito. Acionou o drone e o drone matou… Perdeu-se definitivamente a igualdade de condições: aquela de baioneta contra baioneta; eu estripo você e você me estripa. Aquela igualdade que foi respeitada até nas touradas. Por que os picadores estocam o pescoço do touro? Porque senão seria impossível para o toureiro matá-lo. Por que o jogo na arena não pode durar mais de 25 minutos? Porque nesse lapso de tempo os picadores, bandarilhas e muletas cansam e desorientam o touro, mas este teve a oportunidade de compreender as táticas do toureiro e, a partir desse momento, é mais forte que ele.

O que acontece com nossos sentimentos no novo mundo pós-industrial?

As emoções estão ligadas, além de à nossa estrutura psicofísica, também aos acontecimentos a que assistimos, ao contexto material e social no qual estamos imersos, às categorias de tempo e espaço que introjetamos. Na longuíssima sociedade rural, a maior parte das mudanças se realizava em um arco temporal muito superior ao de uma vida humana. Raramente um príncipe via concluído o palácio que tinha iniciado; raramente uma geração inteira via terminada a construção de uma catedral. Eram necessárias dez gerações para que mudasse uma técnica de cultivo, enquanto hoje, em uma vida, podem-se ver dez mudanças provocadas pela invenção de dez fertilizantes diferentes. Calcula-se que 80% dos produtos à venda hoje ainda não tinham sido inventados dez anos atrás.

Com quais inovações poderemos contar – ou quais precisaremos enfrentar – no futuro próximo?

Os computadores e a IA serão capazes de desempenhar todas as tarefas repetitivas, muitas tarefas flexíveis, algumas atividades criativas.

Em 2030, com mil dólares será possível comprar o poder de processamento equivalente a um cérebro humano; em 2050, com o mesmo valor, será possível comprar um poder de processamento equivalente a todos os cérebros humanos.

Graças à edição do genoma, poderemos evitar muitas anomalias físicas e, graças à cirurgia, poderemos modificar profundamente o nosso corpo. Produziremos carne de frango e de porco sem matar animais, mas partindo de suas células. Muito mais do que hoje, poderemos levar no bolso todas as músicas, os filmes, os livros, a arte e a cultura do mundo, mas permanecerá o problema de como transferir esse patrimônio do bolso para o cérebro.

Quais dessas inovações mais condicionarão nosso modo de pensar e agir? Haverá fatores capazes de influenciar nosso senso ético e estético? E a mutação entrará em nossa esfera mais íntima, dos sentimentos?

A farmacologia nos permitirá inibir nossas emoções e nossos sentimentos, aguçá-los, simulá-los, combiná-los. A informática afetiva conseguirá dotar os robôs de empatia. A imensa maioria dos trabalhadores estará empregada no setor de serviços, no qual a confiabilidade e a qualidade constituirão a primeira vantagem competitiva. Portanto, a ética dos profissionais constituirá seu requisito mais apreciado. Assim como a sociedade industrial foi mais honesta e transparente que a rural, da mesma forma a sociedade pós-industrial será mais honesta e transparente que a industrial. Então, se quisermos ter sucesso, teremos que ser cavalheiros.

As tecnologias serão mais precisas do que o necessário para aqueles que as utilizarão: já hoje os relógios de pulso têm um desvio de um milionésimo de segundo por ano e são duzentas vezes mais precisos do que o necessário para os usuários normais. Então, o valor de mercado dos objetos dependerá cada vez mais da beleza e da grife; o dos serviços dependerá da pontualidade, da cortesia e da elegância. Enfim, a qualidade formal dos objetos interessará mais do que sua perfeição técnica, que já será *esperada*. Por isso, a estética se tornará um dos principais fatores competitivos, e quem se dedicar a atividades estéticas será mais recompensado, inclusive economicamente, do que quem se dedicar a atividades práticas.

Quais serão as consequências previsíveis na nossa cultura?

De muitas tivemos a oportunidade de falar até aqui. A uniformização global prevalecerá sobre a identidade local. Contudo, cada um tenderá a se diferenciar dos outros no que se refere aos desejos, aos gostos e aos comportamentos subjetivos. A cultura digital suplantará a analógica. A produção e transmissão do conhecimento ocorrerá segundo o critério de "muitos para muitos": como na Wikipédia ou no Facebook, todos contribuirão para a produção de informações e ideias e todos usufruirão delas.

O significado de paternidade, maternidade, parentesco e filiação será mais impreciso que hoje. Valores considerados tipicamente femininos, como a estética, a subjetividade, a emotividade e a flexibilidade colonizarão também os homens. Nos estilos de vida, serão difundidas a fluidez sexual, a pansexualidade e a androginia.

O conceito de privacidade tenderá a desaparecer. Será quase impossível esquecer algo, perder-se, entediar-se, isolar-se. O componente humano continuará fundamental para codificar, monitorar, regular, manter e reparar as máquinas. A intromissão das tecnologias poupará a exigência humana de criatividade, estética, ética, colaboração, pensamento crítico e resolução de problemas.

Em 1759, Adam Smith, que durante nossas conversas citamos várias vezes em relação a seu célebre ensaio sobre *A riqueza das nações*, publicou um livro que ficou menos famoso, intitulado *Teoria dos sentimentos morais*. Nele, o autor defendia que, na lista de tais sentimentos, à simpatia sugerida também por Hume era necessário acrescentar o dever, a obrigação, o autocontrole e a consciência, em coerência com seu tempo.

Nos 31 anos seguintes à primeira, Smith publicou outras cinco edições da *Teoria,* sempre revisando e ampliando-a. Em todo esse arco temporal, o progresso tecnológico se limitou a substituir os camponeses e tecelões por debulhadoras e teares mecânicos. Hoje, se Smith fosse preparar a sétima edição de sua obra moral, levando em conta a agitação cultural produzida pelas máquinas digitais e pela inteligência artificial e querendo contribuir para vencermos a desorientação, seria obrigado a acrescentar ao seu repertório de sentimentos morais também a honestidade, a transparência, a estética, a empatia e a coragem.

Os sentimentos, esses modos diferentes de perceber com os sentidos e com o coração, esses estados de ânimo ao mesmo tempo cognitivos e afetivos, mais tenazes que as simples emoções e menos pungentes que as cáusticas paixões, equidistantes da emotividade enganosa e da racionalidade fria, podem ajudar-nos a alcançar aquele nível de consciência que, segundo Leibniz, coincide com a felicidade mental e, segundo Bergson, revela a verdadeira essência da realidade.

Se a emoção confunde, o sentimento compreende e, portanto, pode nos oferecer uma grande ajuda na luta contra a desorientação e na busca por balizas mentais e sociais às quais podemos nos atracar para prosseguir com segurança em nosso caminho, depurado da angústia e da insensatez.

Felicidade e leveza

Na conversa anterior, evocamos Heráclito: "É na mudança que as coisas repousam". O que nos comunica essa frase? Talvez que, em um momento primordial, quando a exploração do mundo ainda estava no início, a mudança não gerava ansiedade, ao contrário, era um componente do repouso. No encerramento do nosso alfabeto do futuro, você, Domenico De Masi, propõe que partamos daqui para chegar à palavra final: "felicidade".

Nós, os "desorientados" – habitantes de um mundo em contínua flutuação –, podemos tentar apoiar os pés na terra toda conhecida e estável sobre a qual refletia o filósofo de Éfeso. E, desemaranhando o fio a partir daquele ponto, podemos reler o significado que nós, humanos, demos à palavra "felicidade" nos dois milênios e meio que nos separam de Heráclito. Afinal de contas, é esta palavra – "felicidade" – que, embora pareça enfática e piegas, representa a música de fundo, a sedutora sereia da nossa existência.

Cada um de nós ama frases, definições, jogos de palavras que considera particularmente significativos e que, portanto, tem em mente e costuma citar. Para refletir sobre a felicidade e a evolução de seu significado no transcurso dos séculos, parece-me cômodo tomar emprestadas algumas dessas rápidas reflexões consolidadas.

Já me aconteceu de fazer algo do gênero há dez anos, quase como uma brincadeira. O presidente de um banco da Emilia-Romagna me telefonou propondo que eu escrevesse um texto sobre a felicidade que seria um presente de Natal para seus clientes. O texto seria ilustrado por uma série de fotografias coerentes com os conceitos que contivesse. Propus como fotógrafo meu amigo Oliviero Toscani, que aceitou o convite feito sob forma de desafio. "Você está acostumado a fazer retratos perfeitamente nítidos; aqui, ao contrário, trata-se de fotografar um objeto como a felicidade, fugaz e ambígua por natureza, de contornos imprecisos. Seria capaz?". Obviamente, Oliviero venceu o desafio e produziu uma pequena joia estética.

Comecemos então por Heráclito.

Quando esse filósofo pré-socrático diz que "é na mudança que as coisas repousam", está justamente sugerindo que houve um tempo inicial no qual o significado da mudança era oposto ao que hoje lhe damos.

Na literatura, lemos Dante e Shakespeare; na filosofia, lemos Kant, lemos Sêneca, lemos Platão. Heráclito não lera ninguém, nunca vira um filme, nunca assistira sequer a uma tragédia de Sófocles. Esta é a força dos pré-socráticos: o fato de serem os primeiros a plantar bandeiras em uma tábula rasa do conhecimento. Em um quadro de Picasso, há toda aquela densidade de estudo, trabalho e retrabalho, há toda uma espessura histórica porque Picasso viu Caravaggio, Michelangelo, Giotto. Em Giotto não há igual elaboração, porque ele não pôde ver Michelangelo, nem Caravaggio, nem Picasso.

Uma aurora como a dos pré-socráticos nos permite ver na mudança o aspecto tranquilizador que em seguida distorcemos gradualmente, a ponto de degradá-lo até sua atual forma degenerada de ansiedade, choque e estresse. Assim sendo, podemos extrair dessa frase de Heráclito um estímulo para enfrentar as mudanças como fases auroreais e orientar os resultados rumo a desfechos felizes.

Aristóteles tem sua própria ideia sobre esse tema?

Em relação a Heráclito, já haviam transcorrido 150 anos de reflexão sobre infelicidade, dor e fugacidade da vida. Aqui se faz útil retomar nosso Giambattista Vico quando diz que a primeira atitude do homem diante do mundo e a primeira explicação que concebe são de ordem religiosa; as seguintes, de ordem poética; as completas são racionais, filosóficas. Quando diz a frase que citei em nossa conversa sobre a longevidade – "O tempo é uma criança que brinca" –, Heráclito está definindo a realidade em termos poéticos. Com Aristóteles, ao contrário, estamos em uma visão primorosamente racional, para a qual a felicidade se traduz quase em uma lista matemática de atributos contabilizáveis: "Podemos definir a felicidade como a prosperidade aliada à virtude; como uma vida independente; ou como a certeza de desfrutar do máximo prazer; ou como uma boa condição de bens e de corpo, somada ao poder de defender os próprios bens e o próprio corpo e fazer uso deles. Dessa definição decorre que a felicidade é constituída das seguintes partes: bom nascimento, abundância de amigos, bons amigos, riqueza, bons filhos, abundância de filhos, boa velhice e boa condição física, ou seja, saúde, beleza, força, alta estatura, físico atlético, além de fama, honra, fortuna e virtude".

Essa lista é tanto mais interessante por autorizar cada um de nós a fazer sua lista pessoal igualmente minuciosa das coisas que lhe são mais caras, porque delas, em ordem hierárquica, espera maiores contribuições para sua felicidade. Esse é, entre outras coisas, um exercício que, por si só, torna mais felizes os que o praticam...

Qual é o truque?

Você descobre quantas coisas a menos pode fazer. Quem me recomendou esse exercício foi meu amigo Frei Betto, prestigioso mestre brasileiro da teologia da libertação, dominicano, preso e torturado pela ditadura que dominou o Brasil de 1964 a 1985. Juntos, escrevemos um livro chamado *Diálogos criativos*, no qual um ateu e um religioso são chamados a se confrontar respeitosamente no tocante a alguns aspectos cruciais da sociedade e da vida.

Durante aquela troca de ideias, Frei Betto revelou a brincadeira que costuma fazer e que, desde então, também faço. Você para diante de uma vitrine e avalia quais e quantas são as coisas ali expostas de que você *não* necessita. Descobre que há uma infinidade delas. Há muitíssimas coisas diante das quais, mesmo se fossem um presente, você responderia: "Obrigado, mas eu realmente não saberia o que fazer com isto". Você pode repetir essa brincadeira até em sua casa, certamente cheia de objetos sem utilidade. Por exemplo, olho este cinzeiro e pergunto: "Preciso dele? Não". O critério, nesse caso, não é mais de ordem estética – gosto/não gosto –, e sim prática: – preciso/não preciso.

Obviamente, precisamos de beleza, mas também há muita beleza nas coisas que não custam nada – uma nuvem, um pôr-do-sol, o quadro em uma igreja – e que tantas vezes esquecemos de admirar. As duas avaliações podem se cruzar. Pode haver algo de que eu necessite e aprecie: então, é duplamente gratificante. Mas o consumismo compulsivo nos leva a comprar seja como for, pelo simples impulso de nos apropriarmos de um bem, mesmo se este não tem utilidade ou não nos agrada; até sem ter o dinheiro para comprá-lo e recorrendo a uma dívida que se transformará em tormento.

Voltando à genealogia da felicidade: depois de Aristóteles, quem é útil ouvirmos?

Ainda de Aristóteles, eu destacaria a frase: "A guerra visa à paz, o trabalho visa ao repouso, as coisas úteis visam às coisas belas". Daí se deduz que paz, repouso e beleza são os três objetivos a privilegiar para sermos felizes.

Mais tarde, Horácio refletirá sobre o tema sob uma ótica totalmente diferente, ainda mais prática, como é próprio dos romanos. É, por assim dizer, um pensamento menos profundo que o aristotélico, porém mais sanguíneo, mais renascentista. Diz: "Meu caro, aproveite os bens da vida enquanto há tempo e nunca se esqueça de que seus dias estão contados. *Carpe diem*".

Portanto, não existe um estado duradouro de felicidade. A felicidade não é uma linha, mas uma sequência descontínua de pontos. Se você for capaz de aproveitá-los em sua fugacidade, é o seu conjunto que o presenteará com uma vida, se não propriamente feliz, com certeza menos infeliz.

Do Carpe diem *de Horácio ao* Triunfo de Baco e Ariana *de Lourenço, o Magnífico, há um salto de um milênio e meio, mas a distância entre as ideias parece breve.*

A ideia de felicidade expressa por um poeta como Horácio é muito próxima, quase inspiradora, da formulada por um político como Lourenço de Médicis: "Como é bela a juventude/ que, no entanto, foge!/ Quem quiser ser feliz, que seja:/ do amanhã não há certeza".

Mas no Renascimento também reina a consciência de que a felicidade é um fato autopoiético, ou seja, ela depende do indivíduo, que pode construí-la ou destruí-la: "Tu, como juiz nomeado graças à tua honra, és o criador e o artífice de ti mesmo".

Quem disse isso?
O filósofo humanista Pico della Mirandola. E acrescenta: "Podes esculpir-te na forma que preferires".

Transcorrem quase trezentos anos e chega-se a escrever a palavra "felicidade" em um documento político, a Declaração de Independência dos Estados Unidos, país recém-nascido. Como isso acontece?
O Iluminismo sente a necessidade de transferir para o Estado a responsabilidade pela felicidade do indivíduo: só o cidadão individual pode ser feliz, mas apenas o Estado pode assegurar-lhe as condições objetivas da felicidade. Se indivíduo, então, irá aprimorá-las ou não, essa é outra questão.

Estamos em junho de 1776 quando Thomas Jefferson escreve isso em seu diário. Um mês depois, em 4 de julho, transfere textualmente seu pensamento para a Declaração de Independência. Ali se lê: "Consideramos estas verdades como autoevidentes, que todos os homens foram criados iguais, que foram dotados pelo Criador de direitos inalienáveis, que entre estes estão a vida, a liberdade e a busca da felicidade". O Estado deve assegurar as condições para tanto, e depois cabe ao indivíduo aprimorá-las, buscando a felicidade e, se for capaz, alcançando-a. Ele é livre para tanto, e fazê-lo ou não é problema seu.

Naturalmente, isso é um prelúdio ao que virá a ser, pouco depois, o utilitarismo inglês. O conceito, nesse caso, é que cada um tem uma ideia precisa do que é útil ou inútil para si, do que é útil ou inútil para os outros. Para ser feliz é preciso não visar diretamente à felicidade: "Só são felizes aqueles que fixam sua atenção em algum objeto diferente da própria felicidade".

É uma mudança radical de perspectiva...
É um ponto de vista muito interessante inclusive porque coloca em primeiro plano os aspectos psicológicos, quase psicanalíticos, da

felicidade. Para ser feliz – diz – devo, por exemplo, assumir objetivos como reduzir a fome no mundo, ajudar as crianças portadoras de deficiência, acolher os imigrantes. Devo, em suma, fixar minha atenção "na felicidade dos demais, no progresso da humanidade, em uma arte ou uma pesquisa, considerando-os não como meio, mas como fim em si". Se eu me aplicar a esse fim como fim ideal, "portanto, com o olhar posto em outra coisa" – a fome no mundo, digamos –, encontrarei "a felicidade ao longo do caminho. Pergunte a si mesmo se está feliz e deixará imediatamente de sê-lo", diz ainda. "A única possibilidade de ser feliz consiste em tratar como objetivo de vida não a felicidade em si, mas algum fim alheio a ela." Esse é o pensamento de John Stuart Mill.

De Masi, você concorda?

Sim, foi o que vivenciei no campo da formação dos meus estudantes: os jovens que acabavam sendo felizes eram os que eu conseguia fazer com que se apaixonassem por uma pesquisa. Seus momentos felizes aconteciam quando se reuniam em grupos para organizar e desenvolver seu trabalho, quando continuavam até altas horas porque o prazo de entrega ia expirar, quando conseguiam encontrar uma explicação inédita para um problema social. Se você está feliz ao escrever um livro, não está pensando na felicidade, está pensando no livro; mas quando, mais tarde, recorda a total entrega à obra, a lembrança é de um tempo feliz.

Continuemos esta cavalgada pela história da felicidade.

Hegel é ainda mais explícito ao indicar a interdependência entre a felicidade do indivíduo e a do seu grupo de referência. De certa forma, soma-se aos iluministas e a Adam Smith ao dizer: "Na atual busca de atingir fins egoístas", isto é, enquanto todos tentam fazer o que lhes dá felicidade, "há um sistema totalmente formado de interdependências no qual a vida, a felicidade e a condição jurídica de cada um estão ligadas à vida, à felicidade e aos direitos de todos. Desse sistema depende a felicidade individual". Não sei se está claro: mesmo falando de felicidade coletiva, Hegel refere-se à individual, porque a felicidade é sempre um fato pessoal.

Marx explica esse conceito ainda melhor do que Hegel, com uma frase que, a meu ver, continua capital no discurso sobre a felicidade: "A experiência define como felicíssimo o homem que fez o maior número de outras pessoas felizes. Se escolhemos na vida uma posição na qual podemos trabalhar melhor pela humanidade, nenhum peso pode nos vergar, pois os sacrifícios são em benefício de todos; então não experimentaremos uma alegria mesquinha, limitada e egoísta, mas nossa felicidade pertencerá a milhões de pessoas, nossas ações viverão silenciosamente, mas para sempre". Esse é, na minha opinião, o ponto culminante da investigação humana do conceito de felicidade. E só Marx poderia atingi-lo, pois ele foi um dos homens que se dedicaram, com obstinado altruísmo, à busca não de sua própria felicidade, mas da felicidade coletiva.

O século XX sabe dizer algo novo a esse respeito? Nós, os "desorientados", sabemos e podemos, a nosso modo, ser felizes?

Entre o final do século XIX e o início do século XX, há um turbilhão de novos fermentos culturais, uma sucessão e um entrecruzamento de novos paradigmas. Lobachevsky renova a geometria e, como recordei anteriormente, Einstein renova a física, Picasso renova a pintura. Em relação ao nosso tema, é Freud que reconhece sem meias palavras: "Os homens lutam para alcançar a felicidade". Façam o que fizerem, é o que desejam, afinal de contas, "querem tornar-se felizes e assim permanecer. O que chamamos de felicidade em sentido estrito provém da satisfação, predominantemente provisória, das necessidades até certo ponto obstaculizadas". Para Freud, portanto, o obstáculo oposto a uma necessidade é a pré-condição da felicidade, que consiste em superar o obstáculo e satisfazer essa necessidade. No entanto, segundo o pai da psicanálise, a felicidade, "por sua própria natureza, só é possível como fenômeno episódico".

E aqui estamos de volta a Horácio e ao *Carpe diem*: a felicidade pode consistir em um instante, não mais: "Quando qualquer situação desejada pelo princípio do prazer se prolonga, produz no máximo uma satisfação moderada". Portanto, a felicidade é fugaz pela própria natureza, caso contrário não é mais felicidade, mas simples satisfação, ainda por cima moderada. Na concepção de Freud, a felicidade, acrescentemos, tem a natureza de um orgasmo, porque "somos feitos de tal maneira que só podemos ter um prazer intenso a partir de um contraste, e muito pouco de uma situação estática".

Também nesse período, Nietzsche – que morre exatamente em 1900, ano em que Freud publica a *Interpretação dos sonhos* – opta por menos sutileza: "Todos os homens", diz, "distinguem-se em escravos e livres, porque quem não dispõe de dois terços do seu dia é um escravo". O que os homens livres fazem para ser felizes nesses dois terços de dia disponíveis? "O sexo é a felicidade que se torna parábola da suprema felicidade e da suprema esperança." Portanto, Nietzsche valoriza o sexo não em si mesmo, mas como metáfora, símbolo, alusão tanto à suprema felicidade quanto à suprema esperança.

Além dos filósofos, quem mais podemos chamar para testemunhar sobre o conceito de felicidade?

Pode-se dizer que o discurso sobre felicidade e infelicidade representa o mínimo denominador comum de toda a literatura, arte e filosofia do século XX. O epistemólogo Gaston Bachelard, por exemplo, sustenta que a felicidade consiste na doçura do devaneio, da fantasia. Em sua opinião, o problema hoje não é mais uma questão de bens e recursos escassos, mas de desejo. Ao dispor de mais recursos do que desejamos, é quase impossível ter os instantes de felicidade que provêm da satisfação das necessidades. Se você sempre tem a geladeira cheia, nunca experimentará grande prazer ao comer. Gaston Bachelard diz que a oração pós-industrial não é mais "O pão nosso de cada dia nos dai hoje", mas sim "A fome nossa de cada dia nos dai hoje".

Muitos recorrem a uma explicação análoga também para a vida sexual, e vinculam o declínio do desejo e do erotismo entre os jovens de hoje ao fato de não enfrentarem as proibições de natureza sexual em vigor na era vitoriana, que por tanto tempo marcaram a famílias burguesas. A felicidade, nesse ponto, dependeria de uma série de fatores: imaginação, ócio criativo, capacidade de dar sentido às coisas, mesmo mínimas. Assim, aqui estamos dentro da fortaleza da felicidade.

No mundo descrito por Bachelard, a que máximas podemos recorrer para alimentar nosso devaneio?

Muito antes de Bachelard, Mozart já dissera que "a felicidade é só imaginação", assim resolvendo a questão de uma vez por todas. Portanto, a felicidade pertence a quem tem capacidade de imaginá-la. Isso implica, no entanto, que o que conta não é a densidade do objeto da nossa imaginação, e sim nossa capacidade de dar sentido a essa densidade.

Aqui convoco Fernando Pessoa: "Benditos sejam os instantes, e os milímetros, e as sombras das pequenas coisas". Nele, o sentimento de felicidade se aproxima de certas modalidades orientais segundo as quais, por meio da meditação, você pode aproveitar ao máximo até as pequenas mutações do espírito, imperceptíveis interstícios.

Se a felicidade é um estado psíquico, no Oriente estão seus mestres...

Que se pense em quanta felicidade encerra uma palavra brevíssima como *"iki"*, declinada no livro homônimo, com refinamento sublime, por um intelectual perspicaz e cultíssimo como o japonês Kuki Shuzo, falecido em 1941. Ele próprio adverte que lhe parece difícil explicar esse conceito à maioria das pessoas, assim como é difícil, talvez impossível, explicar a um cego de nascença o que é cor.

Tentei fazê-lo em *O futuro chegou* e em *Uma simples revolução*, mas me perdi em mil palavras para explicar a mínima e leve *"iki"*. Entende-se por *iki*, se compreendi bem, a sedução sensual, acompanhada da tensão, do ar perturbador e da coqueteria com os quais uma pessoa estabelece uma relação com outra. Não se trata de um ato sexual, mas de tudo que o precede, sobretudo se não for seguido do próprio ato. *Iki* é tensão, descontração e sedução como fins em si, é "jogo autônomo, gratuito e desinteressado", amor antes de se tornar amor, é um relacionamento singular sem amarras e sem saudades. É graça, doçura, distinção, modéstia e sensualidade. É semitom vibrante. Fora do relacionamento humano, as expressões do *iki* estão na arquitetura, que é música solidificada, e na música, que é arquitetura fluida.

Em suma, nada a ver com a vulgaridade vistosa, a ostentação tosca e a languidez piegas, as frequentes minissaias e as meias de cor nude tão difusas na cultura ocidental.

Eu, no entanto, pertenço a essa cultura, é desse ponto de vista que estou falando.

Indo além de Pessoa?

Gosto de recordar Bertrand Russell, que em 1935 reuniu, sob o título de *In Praise of Idleness,* alguns artigos já publicados na *Harper's Magazine.* Nesse livrinho delicioso, traduzido no Brasil como *O elogio ao ócio,* atribuía pelo menos parte da infelicidade à nossa estúpida recusa em aproveitar as novas oportunidades oferecidas pela industrialização: "Continuamos a desperdiçar tanta energia quanto a que era necessária antes da invenção das máquinas. Nisso fomos idiotas, mas não há razão para continuar a sê-lo. O caminho para a felicidade e a prosperidade passa pela diminuição do trabalho". Russell entende por trabalho aquele que é brutal, entediante e perigoso, no qual a fadiga física ofusca, condiciona e aliena a mente, impedindo-a de pensar. Daí a necessidade de reduzir a jornada de trabalho à medida que a tecnologia aprende a produzir o que antes só o homem podia.

O doloroso absurdo do excesso de fadiga, não obstante o desenvolvimento tecnológico, pareceu incompreensível e injustificável tanto a um grande filósofo como Russell como a um grande economista como John Maynard Keynes, e ambos propuseram uma redução drástica da jornada de trabalho, acompanhada de uma formação inteligente para o lazer.

Em *Possibilidades econômicas para nossos netos,* de que já me vali em conversa anterior, Keynes escreve que os trabalhadores incansáveis trarão abundância econômica, mas quando deixar de ser necessário trabalhar mais de quinze horas semanais, "só os que sabem manter viva e levar à perfeição a própria arte de viver, e que não se vendem em troca dos meios de vida, poderão desfrutar da abundância".

O fato é que nos acostumamos, por muito tempo, a labutar sem nos divertir, então o tempo livre nos parece como que vazio de vida, em vez de cheio de felicidade: "A julgar pela conduta e pelos resultados das classes ricas de hoje, em qualquer região do mundo, a perspectiva é realmente deprimente. Essas classes são, na verdade, a nossa vanguarda, as que desbravam para nós a terra prometida e ali plantam suas tendas.

E, em sua maior parte, elas, que têm renda independente, mas nenhuma obrigação, vínculo ou associação, sofreram uma derrota estrepitosa, parece-me, na tentativa de resolver o problema que estava em jogo".

Portanto, os espaços infinitos da felicidade que o tempo livre porá à nossa disposição não podem ser desperdiçados com os disparates das atuais classes abastadas. "Tenho certeza", conclui Keynes, "de que, com um pouco mais de experiência, usaremos o novo dom generoso da natureza de modo completamente diferente dos ricos de hoje e traçaremos para nós um plano de vida completamente diferente que não tem nada a ver com o deles."

Está então traçada uma primeira articulação entre cultura e felicidade. Bertrand Russell avança no mesmo sentido?

Segundo John Dewey, grande pedagogo americano, "educar significa enriquecer as coisas com significados" e, assim, aumentar a felicidade de quem aprende. Tanto Keynes quanto Russell teriam compartilhado esse pensamento, pois ambos consideravam que o nível de felicidade depende do nível de cultura. Tomemos, por exemplo, este pensamento de Russell, luminoso em sua simplicidade: "Passei a saborear com muito mais gosto os pêssegos e damascos quando fiquei sabendo que começaram a ser cultivados na China, no início da dinastia Han; e que os chineses tomados como reféns pelo grande rei Kanishka os introduziram na Índia, de onde se espalharam para a Pérsia, chegando ao Império Romano no primeiro século de nossa era. Tudo isso adoçou essas frutas para mim, e gosto muito mais delas".

Como exerço a profissão de docente, também estou perfeitamente convencido de que educar para a felicidade significa enriquecer as coisas com significados. Se, no final de duas horas de aula, os alunos veem nas coisas significados que antes não viam, se descobrem nos damascos um testemunho da história e das trocas interculturais, isso significa que a aula não foi em vão. Então, junto com meus alunos, sinto uma felicidade consciente por termos entrado em harmonia e compartilhado significados.

Para mim, que sou intelectual, tudo isso significa que tenho o privilégio inestimável de possuir uma chave preciosa – a cultura – para regalar e regalar-me com momentos de felicidade. Além disso, tenho o grande privilégio de morar aqui, no centro de Roma, onde, a poucos passos ao meu redor, tenho não apenas obras-primas de Rafael, Michelangelo, Bernini e Borromini, mas também muitas coisas aparentemente menores que se tornam densas de significado quando se conhece sua história. Por exemplo, aqui no palácio atrás do Senado morava o nobre de quem Caravaggio era servidor artístico; então, toda vez que você passa por lá, pensa: "Quem sabe quantas vezes Caravaggio também pisou nesta soleira!". Ou, para permanecer com ele, a Via della Pallacorda, onde ocorreu a tragédia, aquele duelo que depois o obrigou a fugir pelo resto da vida. Entre minha casa e a Piazza del Popolo deve haver cinquenta, sessenta lugares sensacionais nesse sentido: na Via del Corso, você entra em contato com Percy Bysshe Shelley e sua esposa Mary, "filha do amor e da luz", que moraram lá; na Via della Scrofa viveram São Luís Gonzaga e Torquato Tasso; na Via di Ripetta, Eleonora Pimentel Fonseca.

Muitos pensam que, entendida como "instrução", a cultura pertence mais à esfera do dever do que à do prazer. De Masi, na companhia de Keynes e Russell, você a recomenda a nós, do terceiro milênio, como um ingrediente para a felicidade?

Mas também como incentivo, tormento, estímulo, obrigação de lutar para que a cultura continue sendo ingrediente de felicidade e nunca se torne nem objeto de mercado nem instrumento de dominação. Em troca da felicidade que a cultura oferece, o intelectual tem o dever de nunca trair e nunca desertar. Sua função é ser incômodo, criticar os ordenamentos vigentes e indicar outros melhores. Portanto, fazer inimigos.

Os jovens iluministas que ousaram questionar a existência de Deus e o poder do monarca pagaram com sua própria pele por esse atrevimento necessário: Voltaire e Diderot foram para a cadeia, Rousseau foi um exilado constante, Condorcet perdeu a vida.

Mas, independentemente da missão política, o que caracteriza hoje o trabalho intelectual? Qual é sua consistência em uma época dominada pela cultura pós-moderna?

Uma máxima zen diz: "O mestre na arte de viver distingue pouco entre trabalho e tempo livre, entre sua mente e seu corpo, sua educação e sua religião. Tem dificuldade de saber o que é o quê. Persegue simplesmente sua visão de excelência em tudo o que faz, deixando que os outros decidam se é trabalho ou jogo. Ele pensa sempre em fazer ambas as coisas juntas." Esta é a melhor definição do que chamo de ócio criativo: à medida que passamos do trabalho físico e da linha de montagem para o trabalho intelectual, é difícil entender se alguém está trabalhando, jogando, se divertindo, aprendendo. Você e eu podemos chamar de trabalho o que estamos fazendo? Se o chamamos assim, o confundimos, de forma temerária, com o que um mineiro, um metalúrgico, um enfermeiro ou um coveiro são obrigados a fazer. Então encontrei outra expressão – ócio criativo – com a qual posso marcar a especificidade do trabalho intelectual que dois terços da chamada força de trabalho agora realizam.

Voltemos ao conceito de felicidade e às máximas que podem nos ajudar a captar sua essência. Os poetas e romancistas têm muito a dizer, naturalmente. Quem é útil citar aqui?

Saint-Exupéry expressa de modo meloso um conceito que, no entanto, me agrada: "Se quiser construir um navio, não convoque homens para pegar madeira e distribuir as tarefas, mas ensine-lhes o anseio pelo vasto e infinito mar". É uma frase de papel de bala, mas o sentido é válido: se quiser atingir um objetivo que requer esforço coletivo, não é tão útil compartilhar com os demais um protocolo lógico-matemático estipulado contratualmente; útil é o que os gerentes têm prazer em chamar em inglês de *mission*, a motivação.

A antropologia nos oferece algum apoio?

Muitos. Bastaria reler *Tristes trópicos*, de Claude Lévi-Strauss, ou os numerosos livros preciosos de Darcy Ribeiro sobre os indígenas. Ambas as fontes dizem respeito ao Brasil e me fazem pensar em outra contribuição, embora indireta, do grande antropólogo do Recife, Gilberto Freyre, que diz: "Se depender de mim, nunca ficarei plenamente maduro nem nas ideias nem no estilo, mas sempre verde, incompleto, experimental". Acredito que uma sensação de pânico é a que vem de sentir-se concluído, e, ao contrário, uma sensação de felicidade é a que vem de sentir-se sempre disposto, e quase obrigado, a experimentar coisas novas, não tornar a trilhar velhos caminhos que causam tédio, mas sempre traçar novos que, após a ansiedade inicial, oferecem a ebriedade do conhecimento.

Sociologia, filosofia, antropologia. Que outra disciplina podemos incluir nesta discussão?

Depois da sociologia, a disciplina que mais amo é a arquitetura. Alguns dos meus amigos mais queridos – como Filippo Alison, Cesare de Seta e Oscar Niemeyer – são arquitetos. Colaborei com Giancarlo De Carlo no projeto do Villaggio Matteotti, em Terni, e com Vittorio Gregotti no projeto de um centro de pesquisas da empresa Montedison.

Um pensamento que talvez possa ajudar-nos a entender a felicidade vem de Le Corbusier: "O espírito criativo afirma-se ali onde reina a serenidade". Nunca pensei que a criatividade pudesse ser favorecida por estados de espírito particularmente tempestuosos ou sob a influência perturbadora das drogas. Penso que até os numerosos criativos atormentados por uma vida infeliz expressaram sua criatividade em nível máximo precisamente nos intervalos serenos e lúcidos de sua existência, nos parênteses tranquilos de seu mundo caótico.

Jacques-Louis David perguntou a Napoleão, cujo retrato pintaria: "Majestade, como quer ser representada?". Napoleão respondeu com uma frase napoleônica: "Sereno sobre um cavalo empinado." Em suma, até mesmo um gênio da guerra e do comando como Bonaparte quis expressar sua genialidade comunicando isto: "Olhem para mim, sou tão singular que permaneço sereno sobre um cavalo empinado". O oposto de certas vidas contemporâneas, de certos gerentes, por exemplo, que vivem como que perseguidos por uma mosca varejeira, empinados sobre cavalos serenos.

Voltemos aos arquitetos.

Le Corbusier era suíço, e da sua "suicídade" fez um estilo: o estilo racionalista, todo linhas e ângulos retos. "O que amo", escreveu ele, "é a linha reta, a linha mais breve entre dois pontos, a linha criada pelo homem, a linha dos bulevares [...]. A vida da cidade moderna está praticamente toda traçada com base na linha reta [...]. A linha reta é a diretriz ideal do tráfego; é um santo remédio, digamos, em uma cidade dinâmica e vibrante [...]. Tortuosa é a estrada do burro, reta a do homem. A estrada curva é um resultado arbitrário, fruto do acaso, do descuido, de um fazer puramente instintivo. A estrada retilínea é uma resposta a uma solicitação, é fruto de uma intervenção precisa, de um ato de vontade, um resultado atingido com plena consciência. É algo útil e belo."

Le Corbusier, já idoso, projetou o edifício-sede das Nações Unidas junto com Oscar Niemeyer, este ainda jovem. Trinta anos de intensa amizade com Niemeyer ensinaram-me a apreciar, junto com suas obras, também seu pensamento, amadurecido na cultura latino-americana e, também por isso, diametralmente oposto ao pensamento racionalista de Le Corbusier, amadurecido na cultura helvética. Niemeyer escreve, em clara antítese a Le Corbusier: "Não é o ângulo reto que me atrai, nem a linha reta, dura, inflexível, criada pelo homem. O que me atrai é a curva livre e sensual, a curva que encontro nas montanhas do meu país, no curso sinuoso dos seus rios, nas ondas do mar, no corpo da mulher preferida. De curvas é feito todo o universo, universo curvo de Einstein".

Então, De Masi, você toma partido pela linha curva, pela flexibilidade e pela doçura, contra a linha reta, a inflexibilidade, a intransigência?

Anos atrás, fazendo uma pesquisa sobre a criatividade coletiva dos principais grupos artísticos e científicos que atuaram na Europa entre meados do século XIX e meados do século XX, dei-me conta de que sua fecundidade dependia não da preponderância do emocional sobre o racional, ou vice-versa, mas da síntese quase mágica de imaginação aguda e concretude sólida. Intitulei o livro *A emoção e a regra*, combinando uma frase de Georges Braque ("Amo a regra que corrige a emoção") com uma de Juan Gris ("Amo a emoção que corrige a regra"). Braque desejava uma felicidade que, a seu ver, só podia ser alcançada colocando as rédeas da razão nos cavalos exuberantes de sua imaginação; Gris, ao contrário, sentia-se bloqueado por um excesso de regras introjetadas e sonhava em superá-las por meio de um ímpeto emocional.

Com que outras máximas completamos o quadro?

Certamente com Primo Levi e Samuel Beckett. Eles concordam em um ponto crucial para nosso discurso. Levi diz: "Todos descobrem, mais cedo ou mais tarde na vida, que a felicidade perfeita não é realizável, mas poucos se detêm a pensar na consideração oposta: o mesmo vale para a infelicidade perfeita. Os momentos que se opõem à realização de ambos os estados-limite são da mesma natureza, e são provenientes da nossa condição humana, inimiga de tudo o que é infinito. Opõe-se a eles o nosso sempre insuficiente conhecimento do futuro; e isso se chama, em um caso, esperança; no outro, incerteza do amanhã. Opõe-se a eles a certeza da morte, que impõe um limite a toda alegria, mas também a toda dor".

A primeira parte desse pensamento é tão óbvia quanto surpreendente e imprescindível. Vamos relê-la juntos: "Todos descobrem, mais cedo ou mais tarde na vida, que a felicidade perfeita não é realizável, mas poucos se detêm a pensar na consideração oposta: o mesmo vale para a infelicidade perfeita".

Samuel Beckett diz a mesma coisa, mas de modo mais fulminante: "As lágrimas do mundo são uma constante. O mesmo vale para os sorrisos".

Há uma frase que você colocou como protetor de tela do seu computador. É de Paul Valéry...

"É preciso ser leve como o pássaro e não como a pluma."

A pluma está à mercê dos ventos, é destituída de intenção e leve demais para poder decidir com autonomia sua meta e seu percurso. A andorinha, ao contrário, é aquela que vence as correntes de ar, sabe aonde ir e conhece a melhor trajetória para lá chegar.

Assim, no final das contas, voltamos à sorte inigualável do homem de ser dotado de uma mente capaz de compreender e de querer. Anos atrás, organizei um encontro entre o grande coreógrafo Maurice Béjart e os estudantes da escola de especialização em gestão cultural que eu fundara em Ravello. Passamos em revista todas as coisas ruins do mundo e Béjart, ao concluir, explodiu: "*Malgré la merde, je crois*"[Apesar da merda, eu acredito]. Uma frase tão bela que, quando me tornei diretor de uma das faculdades da Universidade "La Sapienza" de Roma, escrevi-a em letras garrafais no pátio da universidade.

Para nós, "desorientados", esse é o melhor conforto?

Advertência

A palavra com que começamos a concluir este livro não marca uma décima primeira etapa em nosso percurso: "advertência", na verdade, remete a um como ou a um porquê, e não – como "longevidade" ou "androginia" – a "alguma coisa". O dicionário Treccani diz que a "advertência" é um "breve texto anteposto ou adicionado a uma obra para fins ilustrativos ou declarativos". Isso em sentido estritamente editorial. Mas nos deparamos com a palavra, no plural, na bula dos medicamentos, ali onde diz que devemos "ler cuidadosamente as advertências". Na versão inglesa, "warning" destaca-se nos rótulos de produtos industriais, de forma cada vez mais insistente, para sinalizar a possível presença de substâncias nocivas, até – segundo o protocolo elaborado na Califórnia em agosto de 2018 – na simples água engarrafada. Além desses, há o significado primorosamente adequado que a teologia católica lhe atribui, quando afirma que um pecado é mortal, isto é, condena à morte a alma de quem o comete e impede a graça e a salvação, se o pecador tiver agido "com plena advertência e consentimento deliberado", ou seja, com lucidez e liberdade.

Seja como for, a palavra "advertência" pede, em suma, que estejamos atentos. Mais com desassossego do que com placidez.

Atentos a quê? E por que este livro precisa de uma "advertência" que explique como usá-lo?

Perguntemos, pois: quem o exige é o mundo atual, no qual o livro vem à luz?

"O mundo ainda é jovem." Com uma frase de Giambattista Vico, cheia de luminosa confiança em um longo futuro a ser construído, intitulamos estas nossas conversas que seguem um fio condutor da desorientação à felicidade. Partimos de uma constatação óbvia e positiva: o mundo em que nos encontramos não é o melhor de todos os mundos possíveis desejado pelo Pangloss de Voltaire, mas é o melhor dos mundos que existiram até agora. Entre os vários desafios que a natureza nos lança desde sempre – fome, miséria, dor, doença, tédio, solidão, agressividade, feiura, morte –, conseguimos retardar a morte e, quanto a todos os demais, nos aparelhamos com instrumentos cada vez mais capazes de assegurar uma sobrevivência confortável. Isso se aplica ao menos a nós, no nosso continente e na bolha afortunada em que temos a sorte de respirar.

Não obstante, muitos outros lugares – e não só os derrotados, mas também um bom número dos que superaram esses desafios – passam por uma fase de desorientação que muitas vezes se traduz em um sombrio cenário de futuro e no desengajamento em relação a uma atuação para projetar outro melhor. A causa desse desalento reside, a meu ver, na falta de um modelo ideal de vida e de sociedade coerente com os novos tempos, capaz de inspirar o progresso material e o desenvolvimento cultural. A construção de tal modelo é obstaculizada por um déficit de análises sociológicas, motivo pelo qual a farsa das *fake news* prevalece sobre a consistência áspera da vida real.

Por deformação profissional, sou levado a crer que o melhor antídoto para essa desorientação pode ser justamente a análise de algumas das questões mais sérias de nosso tempo, realizada com o paciente empirismo da sociologia, distante tanto do catastrofismo complacente de tantos jornalistas contemporâneos quanto da pretensão de Nietzsche, triunfante na cultura das redes sociais, segundo a qual não há fatos, só versões.

A restauração do primado do cérebro sobre o estômago, dos sentimentos sobre as emoções, juntamente com um engajamento inteligente e coletivo, poderia conduzir a uma felicidade vivida com leveza, não ilimitadamente fabulosa, mas concretamente circunscrita aos limites das possibilidades humanas.

O privilégio de viver no melhor dos mundos que já existiram até agora exclui a possibilidade de sermos pessimistas e inteligentes ao mesmo tempo, porém não pretendo levar meu otimismo ao extremo da cegueira diante da condição pré-fascista em que nos encontramos. Por isso, sinto-me no dever de encerrar estas dez conversas com uma advertência.

"Pré-fascismo" é uma expressão que pontuou nossa conversa. Em vez de avançar, estamos às vésperas de um retorno ao passado?

A desorientação só pode ter duas saídas: felicidade ou angústia; e a felicidade só pode florescer em um mundo livre. A história humana, por sua vez, não segue uma trajetória linear e irreversível da escravidão à liberdade, do autoritarismo à democracia. Como ensinaram Políbio e Giambattista Vico, ditadura, monarquia, oligarquia e democracia sempre se alternaram em um ciclo, talvez perpétuo, de ocorrências e recorrências, de forma que nenhuma fase de liberdade é imune ao perigo de recair na escravidão da qual saíra. O risco, na verdade, é precipitar-se em uma situação pior do que a inicial, dado que, no período entre a ocorrência e a recorrência, a tecnologia certamente progride, pondo mais armas letais à disposição das novas barbáries.

A história nos oferece muitos exemplos dessa decadência. A França, por exemplo, após a matança revolucionária em que, segundo o historiador Donald Greer, o Terror guilhotinou 17 mil condenados e liquidou pelo menos outros tantos sem sentença, retornou a formas de governo ainda mais autoritárias do que as que extirpadas pela revolução. Tocqueville escreve em *O Antigo Regime e a Revolução*: "Das entranhas da nação que havia derrubado a monarquia saiu, subitamente, um poder mais extenso e absoluto do que o que nossos reis haviam exercido".

Mais tarde, Lênin ampliou o olhar e constatou que tudo o que Tocqueville dissera sobre a França podia então ser estendido ao mundo inteiro: "Os povos que, à frente dos outros, mais lutaram pela liberdade nos anos 1789-1871 transformaram-se, após 1876, com base em um capitalismo altamente desenvolvido e 'hipermaduro', em opressores e subjugadores da maioria da população e das nações do mundo inteiro. De 1876 a 1914, seis grandes potências mantêm mais de meio bilhão de homens subjugados nas colônias".

Na linguagem política dos últimos anos, é tempo de neologismos, como "democradura", ou oximoros, como "democracias não liberais". O modelo democrático do século XX está em crise definitiva?

Três anos atrás, concluí um livro no qual dediquei todo um capítulo ao perigo sempre iminente do retorno à ditadura. Constatei que 85 dos 196 Estados eram oprimidos por governos totalitários. Recordei que, longe de ser uma condição definitiva, a democracia é um bem instável que deve ser cultivado com cuidado, caso contrário dá lugar ao autoritarismo de forma quase despercebida. Também assinalei que, em relação ao ano anterior, 48 nações democráticas do mundo haviam regredido a níveis mais autoritários. Esses dados que demonstram o malogro da democracia foram avalizados pelo preciso Índice de Democracia, publicado anualmente pelo semanário *The Economist*.

Em 2018, o mesmo índice classifica 167 países: o mais democrático é a Noruega, e o menos, a Coreia do Norte; a Itália está em 27º lugar. O Índice agrupa os países em quatro tipos: 19 nações são democracias plenas, como Noruega e Alemanha; 57 são democracias imperfeitas, como Índia e Itália; 39 são regimes híbridos, como Turquia e Marrocos; 52 são regimes autoritários, como Rússia e China. Em suma, apenas 4,5% de toda a população mundial vive em democracia plena.

Que consequências podemos vislumbrar a partir desses dados?

Para reafirmar meu estado de espírito e deixar aos leitores uma mensagem precisa, concluí aquele livro como estou concluindo também este: com um convite a reler o romance *A peste*, de Albert Camus, grande alegoria da nossa desorientação. Como se sabe, o livro é uma crônica, atribuída ao médico Rieux, do súbito surto de uma epidemia em uma cidade esquecida e tranquila, da fúria desoladora da doença, de seu súbito desaparecimento, da empolgação festiva e insensata com que os sobreviventes tentam eliminar a lembrança da tragédia recente.

E a crônica conclui: "Ao ouvir os gritos de alegria que vinham da cidade, Rieux lembrava-se de que essa alegria estava sempre ameaçada: ele sabia o que essa multidão eufórica ignorava e que podia ser lido nos livros – o bacilo da peste não morre nem desaparece nunca, pode ficar dezenas de anos adormecido nos móveis e na roupa, espera pacientemente nos quartos, nos porões, nos baús, nos lenços e na papelada. E sabia, também, que viria talvez o dia em que, para desgraça e ensinamento dos homens, a peste acordaria os seus ratos e os mandaria morrer numa cidade feliz."

A Europa está correndo o risco da peste?

Não sei se hoje a Europa está feliz. Com certeza, catorze das dezenove democracias que o severo Índice de Democracia considera plenas estão no velho continente. No entanto, justamente na Europa sopram ventos pré-fascistas: no que diz respeito aos imigrantes, Macron aplica a mesma política que teria sido a de Marine Le Pen; na Áustria, governa um pré-nazista como Kurz;[19] na Hungria, um pré-stalinista como Orbán; na Polônia, um clérico-fascista como Duda; na Itália, o ministro Minniti, de esquerda, antecipou a mesma política relativa aos imigrantes que seria continuada por Salvini, Ministro do Interior de direita.

Paralelamente, o contexto mundial mudou para pior em relação aos anos que assistiram ao nascimento do fascismo: durante a ascensão de Mussolini, Lênin experimentava a democracia dos sovietes na Rússia e, nos Estados Unidos, o presidente era Woodrow Wilson, reitor da Universidade de Princeton e Prêmio Nobel da Paz. Nada a ver com Putin e Trump.

E na Itália?

Não é a primeira vez que há regurgitações fascistas na Itália. Nos mais de setenta anos transcorridos desde a entrada em vigor da Constituição democrática, sombras análogas se adensaram pelo menos três vezes: em 1960 e 1964, dois complôs amadureceram na loucura obtusa de camarilhas político-militares; no início dos anos 1970, a tentação fascista, nascida em grupos restritos de reacionários ultrajados pelas conquistas operárias, contagiou um número maior de cidadãos pertencentes àquela classe média que havia anos perseguia pequenos privilégios. Nos três casos, as tentativas alucinadas entraram em choque – e perderam – com as massas populares, então sob a hegemonia do PCI, o mais forte partido comunista do Ocidente.

A palavra "fascismo", cujo nascimento se deu em um ano e um contexto precisos – os "Fasci di Combattimento" [Feixes de Combate] são fundados por Mussolini na Itália em 1919–, tornou-se um termo para referir-se a fenômenos análogos em diferentes épocas e países. O que se entende hoje por "fascismo"?

Em um opúsculo providencialmente reimpresso nesses dias, Umberto Eco afirmava que o fascismo de Mussolini era um totalitarismo *fuzzy*, isto é, confuso, impreciso, um "desconjuntamento ordenado". E

---

[19] Kurz foi destituído em maio de 2019, após um escândalo envolvendo um ex-aliado. (N.E.)

distinguia essa manifestação histórica – determinada, irrepetível, que nasceu e morreu na Itália em um período definido – do *fascismo eterno*, que ele chamava de *Ur-Fascismo*, presente em todas as formas históricas de fascismo: de Mussolini a Salazar, de Franco a Hitler, de Ezra Pound a Julius Evola, de Perón a Pinochet. Cada uma dessas formas históricas é uma manifestação contingente do fascismo eterno, do Ur-Fascismo, em que se encontram ponto por ponto alguns ingredientes básicos que caracterizam a natureza fascista.

Eco enumera catorze: o culto da tradição, donde o amontoado de contradições entre teoria e prática; a recusa da modernidade, donde a identificação do Iluminismo com a origem da degradação moderna; a ação pela ação, donde a suspeita em relação aos intelectuais e à cultura; a rejeição da crítica e do desacordo, donde a substituição da filosofia pela retórica; o medo da diferença, donde o racismo; o uso ardiloso da frustração, donde o consenso das classes médias frustradas devido à concorrência do proletariado; a concepção da vida como luta e da sociedade como guerra, donde a necessidade de uma solução final; o desprezo pelos fracos, donde o elitismo popular de massa, segundo o qual todo cidadão se orgulha de pertencer ao melhor povo do mundo e todo líder, a partir do chefe absoluto, despreza seu subordinado; o heroísmo como norma, donde todos devem ser educados no culto da morte, na impaciência em morrer para tornar-se herói; o machismo, donde a inveja do pênis; o populismo qualitativo, donde a falta de direitos do indivíduo como tal e a impossibilidade do povo, por sua vez, de ter uma vontade comum e, portanto, sua necessidade de um líder que a interprete, opondo-se assim aos "podres" governos parlamentares; a neolíngua, que consiste em um léxico pobre e uma gramática elementar, donde a limitação dos instrumentos para um raciocínio complexo e crítico.[20]

Fora o culto da morte e a impaciência em morrer, que atualmente parecem ser patrimônio exclusivo da direita mais extrema e militante, ou seja, da direita declaradamente neofascista, os ingredientes listados por Eco podem

---

[20] De Masi fala em catorze ingredientes, mas cita apenas doze, deixando de fora a obsessão pelo complô e a humilhação pela riqueza e pela força do inimigo (cf. bit.ly/2xe6l1H). (N.E.)

ser encontrados hoje na Itália em um sentimento comum generalizado e, lá e cá, na linguagem política. Acima de tudo, no que se exprime na nova ágora, as redes sociais.

Daqui a um regime totalitário, chame-se ele fascismo ou não, qual é o salto?

Todos os analistas do fenômeno fascista concordam que, para ser fascismo, é necessária a participação popular: "Essa participação das massas", escreveu o grande sociólogo americano Talcott Parsons em um ensaio dedicado ao tema democracia e estrutura social na Alemanha pré-nazista, "é exatamente o elemento que distingue o fascismo do conservadorismo tradicional". Mas é preciso pouco para ultrapassar o limite entre este e aquele, e todo o século passado foi marcado por deslizamentos de regimes liberal-democráticos para regimes primeiro autoritários e, imediatamente depois, totalitários.

O jogo – como já expliquei em outro lugar – se dá em quatro etapas: 1) Quem tem o poder, talvez conquistado por meio de instrumentos formalmente democráticos, e pretende transformá-lo em regime autoritário, começa por dilatar, esfumar ou confundir os limites constitucionais para, em seguida, criar facções oligárquicas só aparentemente pluralistas. 2) As eleições populares, em um primeiro momento manipuladas, são depois totalmente eliminadas para que o déspota possa autolegitimar-se sem ter mais de prestar contas ao Parlamento nem ao povo. 3) Passo seguinte, o poder concentra-se inteiramente nas mãos de um só e de sua facção, enquanto o Estado de direito é transformado em Estado autoritário. 4) O jogo funciona porque o grupo dominante promete tirar o país da profunda crise em que está imerso e depois devolvê-lo à democracia plena.

O jogo, por fim, funciona porque o ditador e seu grupo terminam por controlar todos os aspectos da vida individual e social através da escola, da propaganda, da polícia e do medo. A essa altura, o Estado é totalitário para todos os efeitos.

Nem sempre, mas muitas vezes, há um quinto movimento que, no entanto, é alheio à vontade do ditador, porque nesse ponto não é mais ele quem dá as cartas, e sim seus súditos, que o esperam na Praça de Loreto.[21]

---

[21] Praça onde o corpo de Mussolini, fuzilado, ficou exposto à execração do povo, que o chutou, baleou, cuspiu, etc., e depois o pendurou de cabeça para baixo. (N.T.)

Então, a escalada fascista representa um caso exemplar desse jogo?

Exatamente. Basta ler as declarações do *Duce* e observar as respectivas datas.

Em 1919, Mussolini diz: "O fascismo é uma mentalidade especial de inquietudes, intolerâncias, audácias, misoneísmos até aventurosos".

Em 1922, ano da Marcha sobre Roma, diz: "Tocamos todas as cordas da lira: da violência à religião, da arte à política".

Em 1923: "O fascismo é um fenômeno religioso de vastas proporções históricas e é produto de uma raça".

Ainda em 1923: "Quero governar, se possível com o consenso do maior número de cidadãos; mas, enquanto esse consenso não se forma, nutre e fortalece, aquartelo o máximo das forças disponíveis. Porque pode acontecer por acaso que a força faça com que se chegue ao consenso e, de qualquer maneira, quando falta consenso, temos a força. Em relação a todas as medidas, até as mais duras, que o governo tomará, colocaremos os cidadãos diante deste dilema: ou aceitá-las por elevado espírito patriótico ou suportá-las".

Em 1924, com o regime já estabelecido: "O fascismo é emoção, teoria e prática; são sentimentos, ideias e ações; é algo sentido, algo pensado e algo feito; é inspiração espiritual, substância de doutrina e sistema de política de Estado".

Em 1925, com o regime consolidado: "Hoje o fascismo é um partido, é uma milícia, é uma corporação. E não basta: deve tornar-se um modo de vida. Deve haver os italianos do fascismo, como há, com seus caracteres irrefutáveis, os italianos da Renascença e os italianos da latinidade".

Em 1926: "Meus preferidos são os que se dedicam ao trabalho de forma dura, seca, sólida, com obediência e, possivelmente, em silêncio".

Em 1929: "Nesses seis anos, concedi mais de 60 mil audiências; interessei-me por 1.887.112 casos de cidadãos que foram enviados diretamente à minha Secretaria particular".

Em 1930: "A Itália hoje é realmente como eu a desejava: um exército de cidadãos e soldados, prontos para as obras de paz, laboriosos, silenciosos, disciplinados". "Quando o fascismo se apodera de uma alma, não a deixa mais."

Três anos mais tarde, em discurso de 18 de fevereiro de 1933, Winston Churchill diz: "O gênio romano, encarnado em Mussolini, o maior legislador vivo, mostrou a muitas nações como se pode resistir ao socialismo".

Isso quanto à fenomenologia do fascismo de Mussolini. Cabe-nos ver o quanto esta reflete, em suas primeiras fases, o que está sucedendo na Itália de 2018. Será que existe uma analogia entre as causas que então levaram à ditadura e nossa atual situação econômica e política?

Segundo as ideias que Parsons expõe em outro ensaio, intitulado "Some Sociological Aspects of the Fascist Movements" [Alguns aspectos sociológicos dos movimentos fascistas], as causas sociológicas do advento do fascismo devem ser encontradas na industrialização forçada, no êxodo rural, na urbanização, no desemprego, nas rápidas mudanças do padrão de vida, no turbilhão de modas e ideologias, no abandono das tradições, na rejeição de muitos valores éticos e religiosos, na substituição de todos os modelos unívocos de comportamento por uma quantidade de alternativas possíveis.

Praticamente todas essas condições estão presentes hoje, embora em termos atualizados, na Itália e na Europa: avanço tecnológico, emigrações em massa, terror nuclear que obrigou até Trump a correr à Coreia para tratar com Kim, ameaça ecológica, conflitos religiosos disseminados pelo Islã, desemprego, crises financeiras, aumento das desigualdades, revolução sexual.

Hoje, como então, tudo isso desorienta sobretudo as classes médias e incentiva muitos sacrificados, desiludidos e frustrados a compensarem a desorientação refugiando-se nos braços acolhedores de um líder disposto a assumir o papel despótico ao qual, por si só, já era chamado por nascimento e educação.

Não por acaso, foi Umberto Eco quem identificou dois dos catorze ingredientes do Ur-Fascismo na pobreza cultural: a aversão dos fascistas pelos intelectuais e a pobreza do léxico. Essas também são características da Itália de hoje?

Além das condições estruturais, as características superestruturais indicadas por Eco como próprias do Ur-Fascismo – que concorrem para a criação daquele clima pré-fascista que, com pudor de democracia tardia, todos insistem em chamar de "populismo" – também estão presentes em nossa sociedade atual.

A desconfiança em relação à cultura induz a eleger uma classe dirigente com total desinteresse pela densidade intelectual – senão contrária a ela – que deveria fortalecer a política em todos os setores e níveis. Não por acaso os dois últimos governos foram os que tiveram, da unificação da Itália aos dias de hoje, o menor número absoluto de ministros e subsecretários com diploma universitário. Nos últimos sete anos, o nível do financiamento, já ínfimo, dos estabelecimentos de ensino foi constantemente reduzido, e o número de professores universitários caiu 17%. Os portadores de diploma universitário são só 23% da população (contra 66% na Califórnia); de 100 alunos que concluem o ensino médio, apenas 39 se matriculam na universidade, destes, apenas 31 concluem a graduação e, destes, apenas 20 concluem a especialização. A porcentagem de estudantes entre os jovens em idade universitária é de 41%, ao passo que na Coreia do Sul, nos Estados Unidos, na Rússia e na Espanha supera os 80%. Hoje, nossos gastos nacionais e regionais com bolsas de estudo são de 280 milhões; na Alemanha, de 2 bilhões, assim como na França. O salário de um diretor de faculdade é só 5 vezes mais alto que o de um bedel, enquanto o salário que Marchionne recebia era 1.100 vezes superior ao de um operário. Três anos depois de formados, apenas 56% dos portadores de diploma de graduação encontraram emprego, contra 93% na Alemanha.

Incongruente e desigual, o mundo universitário é a fábrica do proletariado intelectual tão mais desiludido quanto mais propenso à rendição incondicional a um governante fascista.

Passemos aos outros ingredientes listados por Eco...

O medo da diferença, difundido capilarmente através de um racismo cada vez mais tosco e insolente, legitimou tanto o machismo e o desprezo explícito pelos fracos – imigrantes, sem-teto, desempregados, pessoas com síndrome de Down – quanto a linguagem arrogante para interpelá-los, tornando todos os nativos-homens-brancos-empregados descaradamente arrogantes e prepotentes em relação ao outro, inferior por definição.

O uso ardiloso da frustração castiga as classes médias, acostumadas a um bem-estar crescente e, agora, cada vez mais proletarizadas por uma crise econômica que as deixa indefesas diante da espada de Dâmocles do desemprego, da redução implacável do bem-estar social, da evaporação dos velhos partidos de referência. A vida social e os contextos em que se desenvolve são envenenados por uma guerra de todos contra todos, por uma luta cada vez mais cínica pela sobrevivência, acirrada pela crise e pelas necessidades frustradas. O culto à pessoa, ao corpo e à imagem do líder reflete a atitude subserviente do povo disposto a delegar a ele decisões e destinos. O desprezo pelos políticos, parlamentares, ministros – que o modo antimeritocrático como são selecionados os torna cada vez mais desprezíveis – traduz-se em corte dos privilégios e símbolos de poder (de carros oficiais a remunerações vitalícias) para afirmar, também no plano dos ritos e mitos, que – exceto o líder máximo – cada um vale um voto e o Parlamento não vale nada.

Eco aponta que o advento do fascismo sempre comporta uma mutação da linguagem. Também está acontecendo?

Hoje, mais do que nunca, a metamorfose da democracia em fascismo é precedida e acompanhada pela mutação lexical que, na onda triunfante da informática, adota a apodicticidade, a incontestabilidade telegráfica do Twitter usado pelos líderes, a falsidade inescrupulosa da mensagem dos seguidores no Facebook, a deferência das hordas de telespectadores para com apresentadores de *talk shows* que concentram nas mãos o imenso poder de selecionar, construir, enfatizar, atenuar, distorcer e ocultar as notícias. Dessa forma, toda a cultura de um povo é privada dos instrumentos cognitivos necessários para decifrar e criticar uma realidade cada vez mais complexa e imprecisa: a linguagem se reduz a um punhado de expressões, tão mais vazias quanto mais repetidas; emergem palavras que acreditávamos arquivadas para sempre, como o líder chamado de "comandante", para não dizer *"duce"*.

Por enquanto, na divisão dos papéis, Di Maio faz o trabalho limpo, e Salvini, o sujo; mais tarde, Salvini fará o limpo, e o CasaPound, o sujo.

Assim serão gradualmente recuperados, sem timidez, a impaciência do heroísmo de D'Annunzio, o *"Viva la muerte!"* dos falangistas, a presunção de alguns primados a marcar e alguns impérios a conquistar, o fanatismo nacionalista que desencavará novas provas da nossa pureza racial, a petulância de perseguir por decreto-lei os imigrantes, os gays, os judeus e os ciganos.

Pergunto a você, De Masi, sociólogo, mas também cidadão politicamente engajado e eleitor: você declarou seu voto no Movimento 5 Estrelas. Sente-se representado por este governo?

Alguns meses atrás, fui convidado por jornalistas da associação da imprensa estrangeira a conversar sobre a situação do nosso país. Durante o debate que se seguiu à minha exposição, a conversa recaiu sobre o Movimento 5 Estrelas. Pelo teor das perguntas, tive a impressão de que, embora fossem correspondentes na Itália de grandes jornais estrangeiros, os que as faziam não estavam minimamente informados a respeito desse movimento. Para testar, perguntei quem dos presentes – eram pelo menos cinquenta – sabia o que significa "5 Estrelas". Só um respondeu, e de forma aproximada. Em outras palavras, jornalistas prestigiosos, pagos pelos principais periódicos do mundo para viver na Itália, conhecer e relatar com exatidão os acontecimentos do nosso país, nem sequer sabem o que significa o nome de um movimento que, em suas próprias palavras, representa uma novidade política relevante na Europa. Revelei a eles que as cinco estrelas que seu nome reivindica representam as temáticas do movimento: em um primeiro momento, água, meio ambiente, transporte, desenvolvimento e energia; em um segundo, água, meio ambiente, transporte, conectividade e desenvolvimento. Basta acessar o site do movimento, ou só a Wikipédia, para descobrir.

Não sei se os jornalistas podem se permitir tão grave desinformação; um sociólogo com certeza não pode. Se nasce um movimento sociopolítico único no gênero, que usa uma plataforma digital para relacionar-se com a base, que gasta pouco dinheiro em suas campanhas eleitorais mas passa de zero a 32% dos votos e é guiado por um líder de 31 anos, se tudo isso ocorre em um país sonolento como o nosso, é impossível que um estudioso das ciências sociais deixe de sondar uma novidade tão evidente, contentando-se com a informação irrisória da tagarelice televisiva.

Assim, quando alguns deputados do Movimento que eu nem conhecia, membros da Comissão de Trabalho, pediram que eu fizesse um seminário sobre os assuntos de minha competência, aceitei de bom grado. Eu teria feito o mesmo para deputados de alguns outros partidos, mas, nesse caso, havia um motivo a mais: a possibilidade de conhecer por dentro um movimento tão original. Daquele seminário nasceram uma pesquisa e uma palestra sobre o futuro do trabalho. Dessa experiência surgiram, por sua vez, outras duas análogas: com os parlamentares da Comissão de Turismo e da Comissão de Cultura. Em suma, tive a oportunidade de acompanhar por alguns anos cerca de quarenta parlamentares do 5 Estrelas, e pude entender como o Movimento funciona e em que consiste a plataforma Rousseau.

Votei no 5 Estrelas porque, fortalecendo seu componente de esquerda, me pareceu mais fácil chegar a um governo composto justamente pelo Movimento e pelos partidos de esquerda. Infelizmente, as coisas evoluíram de outra maneira, e o Movimento 5 Estrelas foi empurrado para os braços de Salvini. Portanto, não me sinto representado por este governo. Temo que Salvini acabe "colonizando" o 5 Estrelas e fazendo dele o governo mais à direita da Itália do pós-guerra e de toda a Europa de hoje. Um governo pré-fascista.

Você é considerado o inspirador de um capítulo fundamental do atual programa de governo, a renda básica de cidadania.

Limitei-me a fazer pesquisas sobre o futuro do trabalho na Itália para o 5 Estrelas. Quanto à renda básica de cidadania, sua necessidade é evidente: a economia neoliberal criou milhões de pobres, ao passo que a vida laboral, que antes acompanhava ininterruptamente os indivíduos da entrada no mercado de trabalho à aposentadoria, agora é composta de períodos de trabalho separados por intervalos de desemprego. Hoje, na Itália, há 6 milhões de pobres e 3 milhões de desempregados. Por enquanto reagem com depressão e suicídio; mais cedo ou mais tarde, poderão mudar de alvo.

Um país como o nosso, com o oitavo PIB de 196 países, não pode tolerar que milhões de cidadãos passem fome. Para combater o desemprego e a pobreza, quase todos os países recorrem à "renda de inclusão" ou aos seus numerosos sinônimos, mas hoje se fala cada vez mais de "renda básica de cidadania", proposta na Suíça e na França, em experiência na Finlândia, na Índia e no Alasca.

Por "renda básica de cidadania" entende-se uma forma universal de bem-estar social que prevê um subsídio para todos os cidadãos desempregados ou pobres, independentemente de renda, sexo, idade, condição profissional e disposição para trabalhar.

Por renda mínima, por outro lado, entende-se um subsídio garantido apenas aos cidadãos em condições comprovadamente desfavorecidas em termos de renda, saúde e idade, dispostos a procurar emprego, a participar de atividades de formação, etc. Para verificar todas essas condições e sua persistência no tempo, é necessário um aparato complexo, lento e oneroso. Por isso, alguns especialistas, com base na constatação de que quem está morrendo de fome não pode esperar, resolvem a questão de uma vez por todas preferindo a renda básica de cidadania à renda de inclusão. Sou um deles.

E quais são, para você, De Masi, as falhas da esquerda?

A montante do atual pré-fascismo, e perfeitamente funcional a ele, mesmo se não intencional, está a evaporação da esquerda e da oposição drástica a essa regurgitação fascista, que teria sido sua missão realizar. Do pós-guerra até hoje verificou-se uma conversão gradual do Partido Comunista Italiano (PCI) do comunismo para o liberalismo. A partida foi disputada em quatro lances, e estava em jogo a conversão radical do partido, tanto no nome quanto na ideologia, no programa, nas alianças, na ação. A derrota foi clara e irreversível. "No final", como escreveu Luciano Canfora, "não sobra mais ninguém, e aquela larva de formação política, que atende pelo insípido nome de 'Partido Democrático', é habitada por figuras das mais diversas – ou nenhuma – procedências, permeadas por pulsões e rivalidades de tipo meramente personalista".

De Gramsci a Berlinguer, passando por Togliatti, o PCI foi o ponto de referência do proletariado, fiel à ideia democrática, cada vez mais europeísta e autônomo em relação à União Soviética. A partir de 1991, seu nome foi mudado para Partido Democrático da Esquerda (PDS, na sigla original), e, encabeçado por Achille Occhetto e Massimo D'Alema, deu a virada para uma social-democracia que amava se definir como pós-comunismo. A partir de 1998, seu nome foi novamente trocado, agora para Democráticos de Esquerda (DS, na sigla original) e, liderado por D'Alema, Veltroni e Fassino, coloriu-se de "liberalismo social". A partir de 2007, o nome mudou mais uma vez, para Partido Democrata (PD), o qual, encabeçado por Veltroni, Franceschini, Bersani e Epifani, tornou a mudar de opinião colorindo-se, além de "liberalismo social", também de "cristianismo social".

A essa altura, o partido estava pronto para se tornar, sob a falsa aparência de PD, uma formação política completamente liberal que, segundo rumores insistentes, seria chamada de "Partido da Nação". Matteo Renzi foi escolhido para fazer esse quarto e último movimento necessário para dar xeque-mate no comunismo e na social-democracia; em apenas dois anos, fez todo o trabalho sujo: marginalizou os sindicatos, reduziu os impostos, iniciou a desoneração dos capitais enviados ao exterior, sucateou a Equitalia[22] e cancelou muitas sanções associadas, empobreceu o bem-estar social, revogou o Artigo 18 do Estatuto dos Trabalhadores, distribuiu, de forma populista, subsídios indiscriminados destinados mais a obter consensos do que a incentivar o consumo, tentou modificar a Constituição em sentido mais centralizador. Enquanto isso, o número de pobres dobrou, o de desempregados, transformados em precários, diminuiu ligeiramente, e os trabalhadores perderam as garantias do Artigo 18.

Contudo, por uma estranha alquimia do destino, o resultado do referendo rejeitou clamorosamente, com 60% de "Não", o projeto neoliberal de Renzi. A seguir, nas eleições políticas de 4 de março de 2018, a derrota foi definitiva: para a Câmara dos Deputados, o PD obteve 18,7% dos votos, contra 32,7% do Movimento 5 Estrelas e 17,3% da Liga.

Logo após as eleições, começaram as tratativas para formar o novo governo. Fracassada uma longa negociação entre o 5 Estrelas e a Liga,

---

[22] Estatal italiana, fundada em 2006, que era encarregada de cobrar tributos em todo o território nacional, com exceção da Sicília. Foi dissolvida em 2007 e substituída pela Agenzia delle Riscossione (Agência de Cobranças), órgão público (cf. bit.ly/2cGKq9w). (N.E.)

Di Maio ofereceu ao PD a oportunidade de sentar-se à mesa e negociar as condições de uma honrosa aliança governamental. Em 24 de abril, terça-feira, Luigi Di Maio declarava à mídia: "Registremos o sinal de abertura da parte do secretário do PD, Martina. Neste ponto, ou governo com o PD ou novas eleições". Nos dias subsequentes, a ideia conquistou tal consenso que, para debelá-la, Matteo Renzi correu ao programa de TV *Che tempo che fa* no domingo, 29 de abril, e, sem combinar nada com seu partido, do qual não era mais secretário, fechou todas as possibilidades de acordo com o 5 Estrelas, jogando-o de volta nos braços da Liga, condenando a esquerda a permanecer anos fora do governo e entregando o país em uma bandeja de prata ao pré-fascismo de Salvini.

Piero Ignazi, cientista político, atribuiu uma cobiça de governar à liderança de Luigi Grillo. Podemos confiar em um líder e em uma classe de eleitos que acreditam poder aliar-se indiferentemente com uma extrema-direita e com a esquerda? E já não havia um explosivo problema de democracia no fato de acreditar que o eleitorado poderia ser passivamente encaminhado em uma ou outra direção?

Na fase histórico-política dos anos 1960, caracterizada pela centralidade da Democracia Cristã, foi Giulio Andreotti o artífice da ideia de que, para adquirir o pão (ou seja, para atender a seus próprios interesses aliando-se a outras forças), seu partido deveria, dependendo das oportunidades, usar um dos dois fornos que tinha à sua disposição: o forno de esquerda (os socialistas) ou o forno de direita (os liberais e, eventualmente, também os do Movimento Social Italiano – MSI).

Hoje, o Movimento 5 Estrelas é como um monte de areia no qual convivem grãos de direita e grãos de esquerda. Segundo um estudo do Instituto Cattaneo, no momento das eleições, 45% do seu eleitorado era de esquerda, 25%, de direita, e 30%, flutuante. Ainda segundo Cattaneo, no dia 4 de março, votaram no 5 Estrelas 37% dos professores, 37% dos operários, 38% dos desempregados e 41% dos funcionários públicos. Um de cada três filiados à CGIL votou no 5 Estrelas, assim como 2 milhões de ex-eleitores do PD.

Nada garante que operários, funcionários, docentes e desempregados, como tais, sejam de esquerda, mas com certeza são portadores das reivindicações que os governos de esquerda deveriam assumir. O PCI de Berlinguer pescava exatamente nesses estratos sociais. O PD de Renzi, ao contrário, abasteceu-se em bairros ricos como Parioli, de Roma, enquanto o 5 Estrelas venceu nas periferias urbanas. Essa diferença entre as respectivas bases sociais impediu a confluência em um governo que podia se tornar a primeira grande social-democracia do Mediterrâneo.

Ao aliar-se com o Movimento, o PD teria que passar por cima da presença, nas fileiras do 5 Estrelas, do componente de direita, tentando convertê-lo ao seu próprio modelo de sociedade. Não teve coragem de fazê-lo, entregando o governo a Salvini, e a Itália, à direita. Salvini, ao contrário, não teve medo de se aliar a um movimento que inclui um forte componente de esquerda. Agarrou o touro pelos cornos e o está domesticando de tal forma que as pesquisas hoje lhe dão o dobro das intenções de voto de três meses atrás.

Os italianos estão prontos para um novo Ventennio?[23]

No pós-guerra, os italianos começaram a construir uma democracia sobre os escombros de vinte anos de fascismo; os alemães fizeram o mesmo após doze anos de nazismo. Em 1974, os gregos reconstruíram a democracia após sete anos de ditadura dos coronéis; em 1975, foi a vez dos espanhóis, depois de trinta e seis anos de franquismo; em 1985, coube aos brasileiros, após vinte e um anos de governos autoritários. A repugnância popular acumulada durante esses anos de degradação fascista foi para as instituições democráticas que renasciam uma espécie de vacina, garantindo-lhes uma invulnerabilidade sem precedentes diante de qualquer tentativa de restauração.

Hoje, na Itália, a situação é totalmente diferente: a ditadura caiu setenta anos atrás, e uma porcentagem mínima da população atual viveu aquele período pessoalmente, motivo pelo qual já não se pode contar com a repugnância dos cidadãos mais jovens em relação ao fascismo, pois estes, olhando a distância – e só por ouvir falar – aqueles anos, subestimam seus riscos e até são atraídos por eles.

---

[23] As duas décadas durante as quais Mussolini esteve no poder na Itália. (N.T.)

Para saber quantos desses cidadãos se encontram em uma fase mental psicologicamente pré-fascista, podemos ter em mente um parecer de Erich Fromm, segundo o qual o fascista em potencial "admira a autoridade e tende a submeter-se a ela, mas, ao mesmo tempo, quer exercer autoridade própria sobre outros indivíduos". Um clássico pode nos ajudar ainda mais – *A personalidade autoritária*, livro publicado em 1950 pelo famoso sociólogo Theodor Adorno e outros. Com base nos resultados da pesquisa, esses sociólogos chegaram à conclusão de que as convicções políticas, sociais e econômicas de um indivíduo potencialmente fascista, ligadas a uma psicologia sadomasoquista, "muitas vezes formam um amplo desenho orgânico, como se fossem aglutinadas por uma *mentalidade* ou um *espírito unificador*, e que esse desenho é a expressão de tendências profundamente enraizadas na personalidade."

Os fascistas em potencial se aninham em seis grupos: os que agem com base em um "ressentimento superficial", jogando as responsabilidades nas costas de minorias ou de estrangeiros, como judeus, imigrantes, etc.; a maioria silenciosa, que aceita incondicionalmente os modelos culturais predominantes; os que só conseguem um equilíbrio através da obediência que lhes permite identificar-se com o pai; os que têm uma postura niilista e violenta, tendendo a perseguir sadicamente os mais fracos e indefesos; os maníacos, que se isolam em um mundo interno baseado no preconceito e no racismo; os manipuladores.

Vamos terminar com a pergunta clássica: o que fazer?

Em 1966, o escritor Vassilis Vassilikos publicou o romance *Z*, no qual descreve em detalhes os movimentos dos golpistas e o atentado letal de 1963 contra o deputado socialista Gregoris Lambrakis em preparação para a tomada violenta do poder. Em 21 de abril de 1967, os coronéis se apossaram da Grécia por meio de um golpe de Estado. Em 1969, após o golpe, o diretor Costa-Gavras baseou no romance de Vassilikos o filme homônimo, que ganhou o Oscar e o prêmio do júri em Cannes. O filme terminava com os créditos que eu gostaria de reproduzir aqui: "Ao mesmo tempo em que davam o golpe, os militares proibiram cabelos compridos, minissaias, Sófocles, Tolstói, Mark Twain, Eurípides, quebrar os copos ao estilo russo, Aragón, Trótski, as greves, a liberdade sindical, Lurçat, Ésquilo, Aristófanes, Ionesco, Sartre, os Beatles, Albee, Pinter, dizer que Sócrates era homossexual, a ordem dos advogados, aprender russo, aprender búlgaro, a liberdade de imprensa, a enciclopédia internacional, a sociologia, Beckett, Dostoiévski, Tchekhov, Gorki e todos os russos, o *Who's Who*, música moderna, música popular, matemática moderna, movimentos pela paz e a letra 'Z', que em grego antigo significa 'está vivo'".

O filme de Gavras me leva a uma última reflexão, sobre o papel dos intelectuais em uma fase pré-fascista como a atual. A meu ver, continua idêntico ao que os sociólogos Robert e Helen Lynd prescreveram a seus colegas, porém válido para qualquer pessoa que tenha o privilégio de exercer uma profissão intelectual: "A tarefa das ciências sociais é ser incômoda, criticar as instituições vigentes e indicar outras melhores".

Este livro foi composto com tipografia Adobe Garamond Pro e
impresso em papel Off-White 80g/m² na gráfica Rede.